신자유주의와
한국농업의 위기

수입개방 이후 농업통상 그리고 정책과 관련하여

신자유주의와 한국농업의 위기

고영수 지음

KOREA
NATIONAL
AGRICULTURE

한국학술정보㈜

어린 시절에 보았던 아름다운 풍경은
어디로 간 걸까.
새가 가득 내려앉던 숲은
저녁에 고요함은.
우리는 계절의 아름다운 변화를 그리워하는
최후의 낭만주의자들일까.
어린 시절 냇가에서 꺾던 꽃들은
어디로 갔을까.
그것들은 이제 그림에서 밖에 찾아볼 수 없는 것일까.
기억해두자, 지구의 얼굴은 우리의 얼굴과 같은 것.
우리는 이 소행성의 여행자에 불과하며
우리가 소유할 수 있는 것은
이 세상에 아무것도 없음을.

이반 라코비크 크로아터(유고슬라비아 화가)

어릴 적 내가 기억하는 아버지는 항상 새벽 4시에 일어나 일을 하셨다. 아직 깜깜한 밤인데도 나무하러 가신다고 산을 오르내리며 큰 나무토막을 이고 지고 날라다가 장작을 패 집 밖에 쌓아 놓았다가 장날이 되면 나무시장에 내다 팔곤 하였다.

이런 새벽의 웅성거림으로 잠꾸러기인 나는 곧잘 새벽단잠에서 깨어나곤 하였다. 가끔 아버지와 나무를 하러 가면서 어떻게 하면 이런 생활에서 벗어날 수 있을까라는 생각을 해 본 적이 한두 번이 아니었다. 외할머니 역시 조그만 농경지에서의 농산물로 두부를 직접 만들어 쌀과 함께 시장에 내다 파시고 그 수익금으로 생활을 하셨다. 한결같이 어려운 살림을 꾸려 가시는 것을 보고 왜 그렇게 가난에서 벗어나지 못하는지 그 의문은 쉽게 풀리지 않았다. 그분들은 가난을 자신의 숙명적인 업보로 여기셨는지 항상 개인적인 부지런함만을 훈계하셨다.

그분들은 가난을 개인적인 게으름과 무능 탓으로 돌리고 게으른 나를 항상 꾸짖고는 당신처럼 살지 않기 위해서는 좀 더 부지런하라고 가르치셨다. 그러나 나는 천성이 게을러서인지 제대로 아버님의 말씀을 실천하지 못했다.

이제 세월이 흘러 아버지와 외할머니는 가난하게 돌아가셨지만 그분들이 내게 남겨 준 문제의식은 그대로 내가 물려받은 꼴이 되었다.

나는 그 가난이 개인적인 게으름 때문이 아니라 가난하게 하는 그 무엇이 있다는 것을 어린 마음에도 확신을 가졌었다. 그리고 내가 사회학을 공부하면서 가난의 굴레와 계급의 문제에 대해 관심을 갖게 되고 사회구조에 대해 생각하게 되었다. 그 후 내 나름대로의 생활로 지속적인 관심은 어려웠지만 중간 중간 그 관심의 영역은 내 뇌리를 떠나지 못했다.

할머니나 아버지와 같은 소농들의 숙명적 가난을 해결할 수 있는 방법은 없는 것일까? 아직까지 마땅한 해결책이 없어 농업의 공산화, 협업화, 자본화 등 여러 가지를 생각해 보았다. 그러나 지금과 같은 자본주의 체계 속에서 현실성에 가까운 접근방법 등을 모색하려면 지금 우리가 가까이 경험하고 있는 신자유주의가 무엇인지 알 필요가 있어야 한다고 생각했다. 우리가 경험하고 있는 신자유주의는 급변하는 상황에 유연하게 처신할 수 있는 유연성을 강조한다. 그런데 이러한 유연성은 갑자기 다가오는 변화도 능숙히 받아들일 능력과 도전을 시도하려는 모험심, 그리고 공식절차에 대한 의존도 등도 줄여야 하는 속성들이다.

이러한 시대에 사는 사람들은 평안보다는 걱정이 먼저 앞선다. 어떤 위험이 닥칠지, 어떤 길을 추구해야 할지 모르는 불확실성의 사회에 살고 있기 때문이다. 그런데도 사람들은 이러한 유연성이 마치 자신들에게 보다 많은 인생의 자유를 주는 듯한 착각을 한다. 사실 새로운 자본주의는 규제를 철폐하기보다는 오히려 새로운 통제를 만들어 내는데도 말이다. 바라기는, 이러한 신자유주의 이념에 경도된 정책으로 한국농업을 만들어 내는 것이 아니라, 나름대로 규율있는 탈신자유주의에 의거 한국의 농업이 이루어졌으면 한다. 이것이 바로 내가 말하는 친환경적 지역농업체계라 불리는 것이다.

이 책은 원래 논문으로 준비했던 것이다. 따라서 아직 글이 많이 거칠고 다듬어지지 않은 부분이 많으리라는 생각이 든다. 이러한 부족함에도 우리 농업과 농촌이 더 나아지기를 바라는 마음에서 시작하였다.

약간의 공식적인 인터뷰도 시행했는데 그 인터뷰에 응했던 농업인들의 응답을 바탕으로 여러 가지 비공식적 의견들도 제시하였다. 사실 이것이 당초 단행본으로 엮어졌다면 역사적 자료, 사회이론, 경제자료 등을 복합적으로 많이 이용할 수도 있었을 텐데 그 부분을 많이 인용하지 못해 아쉽다. 우선 이 글에서 부족한 대로 신자유주의에 대한 사회 경제적 개념을 살펴보고 이것을 한국농촌의 구체적인 현실에 적용하거나 그에 비추어 변화된 현실을 기술하는 방식을 쓰려고 했다. 사실 이러한 이념적 개념은 구체적 경험의 무게를 적응해야 하고 그렇지 않으면 추상적인 관념에 그치게 되기 때문에 이를 조심하려고 애썼으나 결과적으로는 주관적 관념에 그치고 말았다는 생각이 들어 아쉽다.

이 글은 10여 년 전 필리핀국립대학의 월든벨로로부터 신자유주의에 대한 수업을 받으면서 많은 영향을 받았다. 그 외 필리핀국립대학의 다른 교수들도 질적 방법론과 철학에 대해 많은 도움을 주었다. 내가 신자유주의에 대해 적극 관심을 갖게 된 것은 아마도 월든벨로의 영향이 아닌가 싶다. 그리고 정책에 관한 관심은 서강대학교의 전상진, 윤여덕 선생님의 영향이 컸다. 농업에 관한 관심은 농협에 근무하는 동안 얻어진 실무적인 영역이 관심을 증폭시키는 데 많은 도움이 되었다.

끝으로 그동안 집안일에 충실하지 못한 아빠를 널리 이해해 준 가족들에게도 고맙다는 말을 전하고 싶다.

요즘 먹거리에 대한 안전성과 환경에 대한 문제가 세계적으로 또는 국내적으로 큰 관심을 끌고 있다. 이러한 관심들은 얼마 전 중국과 국내에 파문을 일으킨 멜라닌파동의 문제에서 잘 나타내 주고 있으며, 계절의 급격한 변화나 가뭄현상, 기름유출로 인한 바다오염 현상 등은 한국 환경문제의 현 주소를 잘 나타내 주고 있다.

지금까지 한국은 산업화에 매진하면서 "앞으로… 앞으로… 절대 뒤를 돌아보아서는 안 되는" 것이었다. 이러한 분위기에 정보화 사회라는 기술혁신이 이루어지면서 이러한 분위기는 더욱 고조되고 경쟁과 효율성을 최고의 가치로 여기면서 한국의 모든 농업인들이, 나아가 생태계 전체가 소리 없이 병들어가고 있다. 이러한 경쟁력 강화를 위한 정책이 많아질수록 그 파괴성의 정도는 그에 비례해 커지고 있다. 바로 이러한 경쟁력 가속화를 위한 이데올로기가 신자유주의인 것이다.

이러한 신자유주의는 서로에게 유익하고 인간다운 삶을 살게 하겠다는 장밋빛 약속을 이행하고 있는가 하는 의문점은 뒤로하고라도, 인간이 인간답게 가치 있는 삶을 살기에 적절한가 하는 성찰을 할 필요가 있다.

과연 먹거리의 근원인 농업부문도 신자유주의 분위기에 휩쓸려 합리성, 효율화의 명분으로 정책을 시현하고 규모화를 해서 발전이 라는 진보의 믿음을 가지고 앞으로만 나가야 하는 것일까?

요즘 흔히들 위기의 시대라 하고 한국 농업 또한 그러하다.

그렇다면 한국의 농업위기를 어떻게 이해할 것인가? 한국농업 위기는 신자유주의 위기의 일부인가? 이 글에서는 한국농업의 위 기를 구성하는 것이 신자유주의 이념에 의한 무역통상과 자본축적 의 위기에 있음을 나타낸다. 이러한 위기는 자본축적을 위한 신자 유주의가 농업을 상품화함으로써 자본의 위기극복에 도움이 되도 록 한다는 것이다. 따라서 결과적으로 농업과의 연결 관계는 취약 해져서 농업부문의 산업화를 가져오게 된다. 여기서는 농업부문의 갈등과 그것에 연결되어 있는 신자유주의에 대한 직접적인 분석을 제공하지는 않지만, 분명한 것은 작금의 농업현실에 대한 분석은 제공해 줄 수 있다는 점이다.

이 글은 한국농업위기의 외부적 요인으로 신자유주의 이데올로 기를 지적하고 그 신자유주의의 구체적인 형태로서 농업협상을 살 펴본다. 그런데 이러한 신자유주의 근본적인 성격은 케인즈주의에 대한 프리드만과 하이에크의 통화주의를 중심으로 한 그들의 비판 에서 신자유주의가 발생하게 되었다는 것으로 본다.

자본의 추상적인 부(富)라는 왜곡된 형식을 내포하는 농업협상은 신자유주의 구성에 다름 아니라고 보는 것이다. 따라서 신자유주의 에 대한 비판은 이러한 DDA/FTA로 대표되는 농업협상에 대한 비판으로 나아간다.

이 글에서는 주요 문헌조사, 통계자료의 분석, 농업인에 대한 인터뷰 조사 등을 통해 있는 현실을 그대로 기술하고 간간이 정책적 비판을 섞어 놓았다.

3장의 농업현실에 대한 내용에서는 최근의 통계자료까지 부분적으로 실었으나 본래 내용의 취지가 한국농업의 위기를 언급하는 것이어서 그리고 최근의 자료도 그 추세에 큰 변동이 없어 2006년 중심의 내용으로 많이 언급하였다.

농업정책은 위기극복을 위한 중장기적인 종합정책을 진지하게 고민하고 수립 실천해야 한다. 그 정책의 방향은 자본이 요구하는 합리성과 효율성이 아니라 진정한 농업인들의 소망을 담은 현실성을 느낄 수 있는 방향으로 세워져야 한다. 이를 위한 구체적인 방법으로 소농과 대농이 함께 공유할 수 있는 공간과 친환경적 지역농업체계를 통해 세우는데 그 정책적 지원을 아끼지 말아야 한다.

한국농업에 있어서 신자유주의 이데올로기에 대한 방향은 농업의 "국제적질서"라는 국제기구의 농업협상에 대해 한국농업의 현실을 담은 의지를 분명히 출현해야 할 필요가 있다. 좀 더 현실을 감안한다면 농업정책의 대안은 자치적인 친환경지역농업체계(클러스터)가 되고, 이러한 친환경지역농업이 바로 실천되기 위해서는 지금의 농업생산수단들이 해방의 생산수단으로의 변형이 필요하다 할 것이다. 이것도 다소 미흡하기는 하다.

마지막으로 오래전에 읽었던 책 이야기로 마치도록 한다.

그 책은 가브리엘 마르케스의 『백년동안의 고독』이라는 책인데 이 소설에서 어느 한 마을 사람들의 이야기를 전하고 있다. 이 마을은 모든 것을 쉽게 망각하게 하는 전염병이 돌고 있었는데 나이 많은 사람들부터 시작해서 전 마을로 퍼지면서 일상생활에 필요한 이름과 사람들까지도 잊게 만들었다. 그런데 이 와중에도 아직 병에 걸리지 않은 청년이 있었는데 그는 모든 사물에 이름표를 붙여 피해를 줄이고자 하였다. 그는 또한 마을 입구에도 두 개의 커다란 표지판을 세웠는데 이 중 한 표지판에는 이 마을의 이름은 "마콘도 입니다"라고 썼으며, 좀 더 큰 다른 표지판에는 "신은 존재한다"라고 썼다.

이 소설은 인간은 살아가면서 모든 것을 잊고 또 망각하는 자체는 살아가는데 큰 지장은 없지만 우리가 어디에 소속되어 있고 신이 존재한다는 사실까지도 잊게 된다면 인간의 가치까지도 모두 잃어버리게 된다는 의미가 아닐까 한다.

우리가 살아가면서 먹고 마시는 것에 필수적인 것은 농업 생산 활동을 통해서이다. 그런데 이 중요한 것을 우리가 속해 있는 지역의 생산물이 아닌, 원거리에서 생산된 수입농산물을 이용한다면 아무리 품질에 만전을 기한다고 하지만 그것은 결코 안전한 먹거리가 되지 못할 것이다. 물론 현대사회에 있어 먹거리의 생산도 경제적 행위를 통해서 이루어지고 있다. 하지만 이런 경제적 행위도 신자유주의적 경제행위에 집착할 경우, 이는 다른 가치 있는 것들을 배척하는 행위로 이어지게 될 것이다. 그런데 일부에서는 오로지 신자유주의만이 살길이라고, 무역자유화 해야 먹고 산다고 세계를 상대로 제안하고 실천하고 있다. 지금 세계적으로 금융불황과 국가부도설까지 나오는 상황에서 보호무역주의로 오히려 회귀 경향을 보이고 있는 현실이다. 그런데도 이들은 농업부문의 먹거리마저 외국의 넓은 땅을 임대해 농산물을 생산하여 국내로 들여온다고. 농업에 있어서는 우리의 본질적인 주체가 무엇인지 아는 것이 중요하고 우리 땅에서 생산된 것을 소비하는 것이 중요한데… 너무 먹거리를 상품화하여 소홀히 하는 경향이 있다. 그래서 나는 이렇게 간판을 내걸고 싶다. 여기는 "한국"입니다. 그리고 더 큰 간판으로 "대한민국 신토불이(身土不二)"라는 간판을 적고 싶다.

지금 새로운 세계질서는 너무나 빨리 변화하고 있다. 지금까지 지배적 이데올로기였던 신자유주의는 아마도 새로운 형태의 국제질서로 나타날 가능성도 있다. 아직까지 지난 패러다임에 매여서 질서와 규정을 따져 망설일 것이 아니라 미케아벨리의 말처럼 필요하다면 전통적인 패러다임을 포기하고 새로운 방향을 신중히 검토해야 할 때인 것이다.

바란다면 적어도 농업부문에 있어서 신자유주의는 새로운 가능성을 여는 과정 속에서 그 개념을 정립하는데 일조한 이데올로기로서만 기억되고, 이제는 그 대안으로 새로운 농업시스템이 창출되기를 바랄 뿐이다.

목 차

제1장

들어가는 말

신자유주의에 대한 대안은?

농업정책의 방향은 문제가 없나?

친환경 지역농업체계 – 공동체 지향

이 글에서는 농업사회학적 접근인, 종합적인 관점을 시도할 것이다. 농업을 경제적인 논리에서만 보면 회의적인 시각이 많을 것이고, 사회적인 논리에서 보면 농업은 식량 공급뿐만 아니라 자연환경, 사회적인 안정, 전통문화의 보존유지 기능 등 다양한 역할을 담당하고 있다는 시각이 될 것이다.

어떤 관점에서 평가하느냐에 따라 농업은 밑 빠진 독, 부담스러운 산업, 식량안보와
생존을 위한 기간산업, 정치·사회·경제 전반을 안정시키는 산업, 기술농업으로 발전
할 성장산업으로 보일 수도 있다. 지금은 새로운 가능성을 모색하려는 노력이 필요
한 때이고 현실을 잘 전망하면 그 돌파구를 찾을 수 있다.

```
┌─────────┐
│  제1장  │
└─────────┘
```

들어가는 말

제1절 필요성 및 문제제기

1. 본 글의 필요성

현재 널리 확산되어 있는 신자유주의[1]는 상호 이익이 된다는 명분으로 자유무역을 통한 통일된 시장가치로 모든 부문을 평가하려 하고 있다.

이러한 현실은 한국농업 분야에 커다란 영향을 주고 있으며, 신

---

1) 신자유주의를 한마디로 정의하기는 어렵지만 대체적으로 시장주의 원리에 맞게 추진하는 이데올로기이면서 각종 규제들을 해체하려는 초국적인 정치의 논리로 본다. 경제적 측면에서는 시카고대학의 프리드먼을 중심으로 하는 이론으로 1970년대 이후 스태그플레이션이 장기적으로 이어지자 케인즈주의를 비판하고 경제적 자유방임주의를 주장하면서 본격적으로 대두되었다. 자유시장과 규제완화, 국가 개입을 완전히 부정하지는 않지만 국가 개입은 가급적 하지 말아야 한다는 입장이다. 또한 공공복지의 축소를 주장하는데 이의 부작용으로 재정의 팽창과 복지병을 야기한다는 주장을 편다. 따라서 세계화실천의 방향타이자 논리적 무기라고 볼 수 있다.

자유주의의 주도적 흐름은 도하개발협상(DDA)과 자유무역협상(FTA)을 통해 자유무역체계를 더욱 안정화·구체화시키는 방향으로 움직이고 있다.[2] 현재 도하개발협상(DDA)은 무기한 연기되어 있어 대부분의 국가들이 지역협정인 자유무역협상(FTA) 쪽으로 방향을 돌리고 있는데 그중 한미 FTA(Free Trade Agreement)는 한국 농업에 커다란 영향을 줄 것임에 틀림없다.

중요한 것은 이러한 신자유주의의 파고를 어떻게 대비하고 준비하느냐의 문제인데 한 사회의 발전은 반드시 외부로부터의 개방을 통해서만 발전하는 것이 아니고, 내부에서 자발적으로 일어나는 다양한 형태의 성장 동력들을 키우고 보호해서 이를 복합적으로 잘 운용할 수 있을 때 더 큰 발전이 될 수도 있다. 이미 전 세계적으로 확산되어 있는 신자유주의화의 완전경쟁을 통해 얻어지는 경제성장 또는 양극화 현상의 해소 등은 사회안전망의 확보 없이는 불가능하다. 하지만 외부적인 존재로서 국제기구(WTO)[3]들은 오히려 이러한 협상을 통해 강대국들의 시장논리를 더욱 구체화시키고 있다.

그런데 이러한 외부적 현실에 대해 지금까지 한국농업시장 자유화에 관한 연구는 대부분 신자유주의 논리 혹은 재현에 불과한 정책만을 나열하였다. 그러나 진정으로 개방적인 선택을 하려면 신자유주의의 획일적인 논리가 아니라, 그 다양성을 엄밀히 분석하고 자유로운 자기결정을 인정하는 분위기이어야 할 것이다. 그런데 현

---

2) 예전의 GATT/UR협상이 시장개방의 선택문제와 방식의 문제였다면, 최근의 DDA, FTA협상은 그 선택된 노선 위에서 시장개방의 대상폭과 그 속도와 방법 등을 논의하는 문제로 협상하고 있다.

3) UR협상 결과 95년 1월 1일 WTO라는 국제무역기구를 탄생시켰으며 2008년 1월 기준 153개국이 WTO의 회원국으로 가입하고 있는데 이들이 세계무역의 90% 이상을 차지하고 있다.

재의 신자유주의는 개인의 동기에서 시장제도를 설명하고, 시장 자율적 메커니즘을 보편적인 형태로 보고 있다. 이러한 개인적인 동기는 먹고사는 문제에 관한 한 시장에 맡기자는 시장근본주의 성향과 시장이 잘 움직여 경제가 성장하면 양극화 문제와 농업문제도 저절로 해결된다는 논리의 이데올로기가 시대정신으로 급부상했기 때문이다. 그러나 이 글에서는 전체적인 관점에서, 즉 사회제도(자본주의)로부터 파생하는 시장의 이데올로기로서, 규제있는 자본주의를 살펴볼 것이다. 또한 자본주의적 농업변화를 이해하기 위해서는 농업사회학적 접근이 유용하다는 점을 언급하고 현재의 농업변화와 현상들을 분석할 것이다. 그리고 농업 부문의 크고 작은 정책에 대해서도 의견만 있고, 이해가 없는 정책이 아니라 균형 있는 정책의 이해를 돕기 위해 신자유주의 이데올로기의 한 형태인 UR / DDA / FTA 등의 무역협상들을 살펴보고 그 협상과정에서 나타나는 농업의 현상적인 결과들과 앞으로의 대응방향을 중간 중간에 간략히 언급한다. 그리고 농업의 위기는 단순히 농업과 농촌만의 위기가 아니라 먹고살아야 하는 우리 모두의 위기라는 점을 상기시키면서 신자유주의에 대응하는 한국농업의 실천방향을 제시하고자 한다.

2. 문제제기

이 글에서 신자유주의는 경제적 합리주의와 효율성, 경쟁을 최고의 가치로 여기면서 상대적으로 취약한 농업 부문을 약화·축소

시킨다는 문제의식에서 출발한다.[4]

이 같은 문제를 이해하기 위해서는 농업문제의 개념을 먼저 언급할 필요가 있는데 이는 농업을 축소화시키려는 자본축과 농업적 요소를 재생산하고자 하는 축의 대립을 의미한다(박길성, 1996: 154). 이들 간의 대립문제가 곧 농업문제이며 이는 바로 모두의 식량문제로 다가온다는 점이다.

이 글에서 식량위기문제가 농업·농촌문제와 서로 연관되어 있다는 인식을[5] 가지고 신자유주의와 관련된 농업위기의 본질적 속성과 농업정책의 대응방안을 살펴보고자 한다. 신자유주의 이념을 적극 실천하는 무역자유화가 중요한 외부환경의 요소로 작용하면서 그것이 점차 내부환경의 질적 변화를 가져오고 있다. 그 내부환경의 질적 변화란 농업 부문에 영향을 미치는 수입개방문제라 할 수 있다.

우선 무역자유화와 관련하여 농업개방을 해야 한다고 주장하는 사람들은 '국제경쟁력 있는 농업만이 살 길'이라고 주장하면서 농업구조조정을 적극적으로 홍보하면서 끊임없는 경쟁력을 강조하고 있다. 이런 경쟁력과 효율성의 가치에 기반한 신자유주의 이데올로기 공세는 보수언론과 재계의 강력한 지원을 받으며 국가경제정책의 기조를 형성하고 있다(박진도, 2005b). 이들은 '국익론'을 앞세

---

4) 신자유주의는 경제적 세계화의 과정으로 이해되지만 상당 부분 정치적, 이데올로기적 차원의 의미를 가지는 것으로 이해된다. 경제적 세계화는 본질적으로 신자유주의 정치와 이데올로기에 의해 형성되었으며 대체적으로 신자유주의라고 불린다(미쉬라(Mishra, R), 2002).

5) 농업문제와 더불어 농촌문제 및 농민문제라는 용어가 있는데 이들은 결국 같은 말이라고 할 수 있다. 왜냐하면 농업은 농촌에서 농민에 의해 영위되는 산업이기 때문에 이들은 불가분의 관계에 있고 농업문제를 지역적으로 표현한 것이 농촌문제이고, 주체적으로 본 것이 농민문제이다. 농업문제는 효율성 문제로, 농업인 문제는 복지문제로, 농촌의 문제는 지역문제로 나누어 볼 수 있으나 본 글에서는 서로 밀접하게 연관되어 있다는 인식이다.

우며 농업·농촌의 보호와 보수성을 주장하는 사람들을 국수주의자, 이기주의자라고 비판하고 있다. 이들은 합리성을 기반으로 한 효율성의 가설6)을 주장하고 있다.

　다음으로 농업개방을 반대하는 사람들은 무역자유화가 외국인 직접투자와 밀접한 관련을 가지고 있는지에 대해 의문을 제기하며 자본화된 농업문제를 염려한다. 즉 무역자유화와 투자는 필요조건은 될 수 있지만 필요충분조건은 아니라는 것이다. 또한 완전시장 개방은 하나의 통합효과를 불러올 수는 있지만 동시에 한 국가의 고유문화를 잠식하는 대체와 분열을 야기할 수도 있다. 이들은 우리 농업을 보호하기 위해서는 보호망을 유지, 존속해야 한다는 보충성의 가설7)이 필요함을 주장하고 있다. 그럼에도 현재 신자유주의 핵심개념인 무역자유화는 여러 측면에도 불구하고 자유무역 압력을 계속 가하고 있다.

　본 글에서는 신자유주의가 농업인들의 삶의 터전(농촌)을 훼손하고 식량의 위기와 다원적 기능을 상실시킨다는 현실과 관련하여 다음 문제를 제기하고자 한다.

　첫째, 신자유주의 요구대로 무역자유화를 통해 하나의 시장이 되면 정말 더 농업인들의 삶의 질이 풍요로워지고 식량위기가 극복될까? 그러나 그 대답은 쉽게 정리하기 어렵다. 무역자유화를 통해 초국적 자본이 들어오게 되면 농업정책의 자율성이 침해되고 한 국가의 사회적 보호체계를 약화시켜 결국 농업의 위기를 가져오게

---

6) 효율성의 가설은 세계화의 입장을 불가피한 것으로 보고, 신자유주의를 수용하여 사회적 보호 기제를 축소해야 한다는 영미권 국가들의 신자유주의적 논리를 말한다(송호근, 2001: 40).

7) 세계화에 능동적으로 대응하여 복지제도를 유지하거나 존속내지 확충하고자 하는 복지국가의 유산을 지키려는 입장을 말한다(송호근, 2001: 40).

할 것이다.

자본주의는 기본적으로 인간을 상품으로 그리고 화폐를 신으로 만드는 체계이며 인간이 누릴 진정한 행복보다는 단지 소비의 행복, 소비의 자유만을 더 추구하는 제도이다(박시종 2001b: 22 - 24). 따라서 신자유주의는 자본축적을 위해 식량을 생산, 가공, 유통, 분배를 통해 이윤추구를 하며 식량, 종자, 생명의 지배를 통해 그 영향력을 행사하게 될 것이다.

선진 주요국들은 자신들의 자본이윤 축적에 장애가 되는 각 국민국가들의 농업보조금등과 농업의 다원적 기능들을 폐지 혹은 대폭 축소해야 한다고 주장하고 있다. 그러나 주요 선진국늘은 오랜 기간 동안 자국의 농업보호를 위해 보호관세와 보조금을 사용하고 수입을 제약하였다. 그 예로 미국이나 유럽연합(EU)의 경우 자국의 농업보호를 위해 농업보조금 등을 형태만 바꾸어 지원하면서 개도국에는 농업보조금을 폐지해야 한다고 지속적으로 주장하고 있다. 미국의 경우 농업보조금은 감축대상보조금[8] 이외에도 최소허용보조[9]로서 환경보전이나 자연자원에 지원하고 있는데 이러한 보조금은 WTO협정의 기본정신에 역행한다는 여론에도, 막대한 규모의 농업보조금을 지급하고 있다.[10] 이렇듯 주요 선진국들은 자국의 농업을 보호하면서, 이제 농산물이 경쟁력을 갖추거나 잉여농산물

---

8) 생산이나 가격에 영향을 주는 무역왜곡효과 때문에 감축해야 할 국내보조금을 말함. 약어로 AMS라고도 한다.

9) 최소한으로 허용되는 국내보조금 수준을 말한다. 농업생산액 대비 일정 수준을 국내보조할 수 있도록 한다. 일반적인 용어로 de - minimiss라고도 한다.

10) 그 예로 최근 5년간 미국이 집행한 농업보조금은 연평균 169억 달러로 연간 농업소득 총액의 약 30%에 달하고 있다. 쌀 보조금의 경우 호당 60,213달러로 쌀소득의 57.6%를 차지하고 있다(농협중앙회, 2006, CEO Focus 제164호).

이 많아지자 자신들의 수익을 위해 자유무역을 통한 수출을 강조하고 있다. 이를 위해 농업을 WTO체제 안으로 끌어들여 무역자유화 품목으로 만드는 데 성공하였다.[11] 따라서 한국농업의 특성을 고려하지 않고 효율성과 자유무역만 강조하여 신자유주의 논리를 그대로 신봉하다가는 양극화로 인해 농업인들의 삶의 질 저하와 그로 인한 농업의 축소로 이어져 미래의 식량이 주요 문제가 될 것이 틀림없다.

둘째, 내부적인 한국농업정책의 기본방향에 대한 의문이다.

물론 이 내부적인 부분도 외부적인 환경변화 충격에 대응하는 정책으로 볼 수 있는데 정부는 그 대응방향으로 농업 부문에 재정자금 119조 원을 지원해 농업의 경쟁력과 수익다변화 전략으로 농정의 기본방향을 영농규모의 확대와 시설의 현대화로 수입농산물과 경쟁할 수 있게 한다는 계획이었다. 따라서 정부는 자립기반을 구축할 목적으로 1992~2004년까지 42조와 15조 원을 투자해 왔다. 이는 연평균으로 따져 약 4조 원 정도 투자해 온 셈인데 이 기간 동안 정부의 1년 예산이 1992년 약 50조에서 2004년 100조에 이른다는 점을 감안해 볼 때 그다지 큰 규모라 볼 수는 없다(각 연도 농림통계).

그나마 국민의 정부에서 그 틀을 재정립하는 차원에서 1999~2004년에 45조원 규모의 투융자 계획을 새롭게 수립한 것은 농업투자에 대한 고무적인 계기를 마련하였다. 그러나 이러한 정책방향

---

11) 독일 경제학자 프리드리히 리스트는 영국은 관세와 보조금을 통해 경제적 패권을 장악해 놓고 정작 다른 나라들엔 자유무역을 강조하고 있다고 질타했다. 이들은 한마디로 자신이 그만큼의 위치에 올라가게 된 방법은 이야기하지 않고 자신들의 말만 잘 들으라고 하며 개도국들을 이용하고 있다는 것이다.

추진은 여전히 농촌을 저발전상태에서 구해 내지 못하고 있으며 농가부채는 증가하고 농업에 대한 전망도 그리 밝지 않다.[12] 한마디로 경쟁력 향상을 위한 농업의 구조개선정책은 신자유주의에 기반한 보조맞추기식 정책방향이었던 것이다. 그러나 이젠 신자유주의에 기반한 정책만으로는 농업 부문을 살리기에는 많이 부족하다. 이보다는 농업이 가지는 안전한 먹을거리로서의 식량, 다면적인 기능, 환경과 생태보호, 문화유지기능까지 생각하는 친환경적 지역농업을 창조해 갈 수 있도록 지원하고 경제적 합리주의와 효율성만이 아닌 농민을 위한 사회정책이 우선되어야 한다고 본다. 따라서 정부는 재정자금을 통한 농업구조개선도 중요하지만 이제는 친환경 지역농업을 기반으로 한 자율적 농업을 조직화하고 소비자들이 우리의 먹을거리에 대해 적극 관심을 가지도록 정부는 지원을 아끼지 말아야 한다. 한자시도 신자유주의의 고삐풀린 시장논리가 아니라, 정부의 적절한 규제를 통한 사회자본주의적 의미를 지녀야 한다는 것이다. 그냥 방임할 경우 식량문제와 농업의 다원적 기능에 대한 손실은 막대한 재원으로 부담해야 할지도 모른다.

사실 한국농업문제의 본질적인 파악은 자본주의적 시장경제체제의 틀 속에서 다루어지고 있어 농업에 대한 본질적인 성격을 이해하기 위해서는 농업통상의 이론적 배경과 신자유주의에 대한 이해가 요구된다. 농업 부문에 대한 무역개방 압력은 한마디로 자본의 이익 확장을 관철하기 위한 전략이며 신자유주의는 경제적 세계화를 기초로 한 반농업주의와 상품화로 요약할 수 있을 것이다.

---

12) 이러한 상황은 기본적으로 신자유주의가 지니고 있는 속성이며 앞으로 농가소득의 실질적인 감소와 농촌의 저발전을 확대시켜 농업의 사회경제적 불안정을 심화시킬 것으로 보인다.

제2절 방법 및 기존논의 검토

1. 본 글의 방법

신자유주의와 관련된 무역자유화의 흐름과 농업정책을 살펴보기 위해서는 전체적인 자본주의 틀 속에서 분석해 보아야 한다. 이를 위해서는 농업사회학적 관점을 바탕으로 신자유주의 이론들을 살펴보고 기존 연구자료와 통계자료 그리고 부분적이지만 농업인들의 심층면접을 통해 수입개방과 그 대응에 대한 의견을 첨언하여 살펴볼 것이다.

신자유주의는 방법론적으로 개인주의 입장에 기초하고 있으며 개인들의 선택을 분석의 중심으로 삼고 있다. 이들은 정부나 기업 같은 조직이 행동하는 것처럼 보이지만 실제 판단하고 행동하는 것은 자연인으로서 개인들이라고 주장한다. 이 입장은 사회는 개인의사와 상관없이 스스로 움직인다는 사회유기체설(Theory of social organism)[13] 이나 계급이 사회적 의사결정 주체라는 것을 부정하고, 가치를 판단하는 것은 개인이며 그 기준은 개인들의 상호 합의라고 주장한다. 따라서 사회정의도 어떤 독립된 기준이 아니라, 상호 합의가 바로 원칙이라면서 결국 케인지안 이론[14]의 부정으로 연결된다.

---

13) 사회유기체설의 대표적인 학자로는 영국의 스펜서가 있는데 그는 사회가 생명 있는 유기체와 같이 성장하고 발전하는데 이에 따라 사회도 유기체와 같이 그 기능도 분화되고 그 성격도 변화를 가져온다는 것이다. 사회는 없어져도 사회를 구성하고 있는 개인은 당분간 생존을 계속하듯이 유기체도 유기체를 형성하고 있는 세부조직은 당분간 생명을 유지한다고 본다.

14) 경기불황으로 대량의 실업자가 생기고 경기침체가 지속되자, 신고전학파 학자들은 실업과 불황을 일시적인 현상으로 보고 실업과 불황의 문제를 개인적인 문제로 치부하였다. 그러나 대

케인지안은 크게 자유주의 입장에 있으나 그 방법론은 자유주의 전제와는 반대 입장에 있다. 따라서 신자유주의가 내포하고 있는 방법론적 개인주의[15]는 각기 다른 개인들의 가치와 모든 개인이 중요하다는 것이 민주주의이고, 이를 개인주의의 한 변형으로 보았다(이근식, 1999: 644).

그러나 식량문제는 인간이 농산물을 생산하고 소비하는 방식이 역사−사회적으로 규정되고 농산물 생산은 생산기술, 생산조직유형, 노동과정 등에 의해 영향을 받는다. 또한 농산물 소비방식도 시대 이데올로기, 여성의 역할, 유통방식 변화 등에 의해 영향을 받는다. 따라서 이는 개인의 가치가 아닌 사회구조적인 영향이 크다. 요즘 농업의 산업화와 상품화, 유통 및 시장의 중요성 증가는 상대적으로 어려운 농업인들의 경제력 약화와 빈곤층으로 내몰고 농산물의 가공, 외식의 증가는 농산물체계의 내용을 구조적으로 변화시켜 가고 있다. 이런 과정은 사회의 복잡화 및 정보화, 분업화의 발달 등과 맞물려 진행되고 있다(김철규, 2003: 115). 이런 과정 속에서 농업의 위기원인이나 자본의 위기, 신자유주의 등의 개체들은 독립적으로 일어나는 것이 아니라 서로 복합적으로 연결되어 나타나기 때문에 그 분석에는 농업사회학적 관점이 유용할 것이다.

공황이 더 크게 번지고 실업이 급증하자 이건 개인의 문제가 아니라 자본주의 구조문제이기 때문에 정부가 개입하여 경기회복에 노력해야 한다는 분위기가 케인즈 이론을 등장하게 한 주요한 요인이 되었다. 케인즈는 불황에 대한 대응으로 유효수요의 원리를 제시하였는데 불황과 실업은 유효수요가 부족하여 생산이 줄어서 나타난 것이기 때문에 국가가 적극 개입하여 불황문제를 해결하고 이를 통해경제성장에 공헌해야 한다고 주장하였다.

15) 방법론적 개인주의는 사적 이익을 추구하는 개인들을 전제하며 사회는 개인들의 집합체이고 사회의 변화는 각 개인들의 행위결과로 간주하는 입장이다. 각 제도들은 개인들의 상호 작용을 통해 설명되며 궁극적으로 사적 이익을 추구하는 주체들의 선택결과로 본다(레이몽 부동 등). 이와 반대되는 개념이 방법론적 전체주의가 있다(마르크스, 베버 등).

아래의 〈그림 1-1〉에서 본 연구의 틀을 개략적으로나마 제시해 보았다.

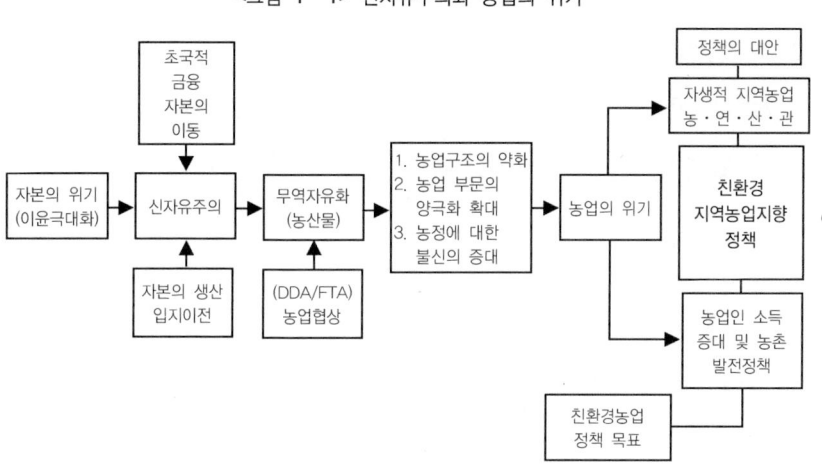

<그림 1-1> 신자유주의와 농업의 위기

위의 〈그림 1-1〉은 본 연구의 틀을 개략적으로 나타낸 것이며 신자유주의와 농업위기의 메커니즘을 도표화한 것이다. 자본의 위기는 이윤획득을 위한 초국적 금융자본의 자유로운 이동과 이윤획득에 유리한 지역으로 이동을 위해 신자유주의 이념에 더욱 충실하게 된다. 따라서 이윤획득을 위해 WTO와 같은 국제기구를 통한 무역자유화를 내세우는데 이의 구체적인 형태가 DDA / FTA 등과 같은 협상으로 나타나고, 이러한 협상을 통해 점차 그 범위를 농업 부문으로 확대하여 농업의 산업화를 진행시킨다. 한국농업 규모화·산업화 현상은 농업구조의 재편성 및 양극화, 농업인구의 노령화, 성장 동력의 약화, 농정의 불신 등으로 나타나고 이는 결국 농업생산의 감소로 장기적으로 전 국민의 식량위기로 이어질

수 있기 때문에 적극적인 국가정책이 필요하게 된다. 그 대안적 농업정책은 친환경적인 지역농업체계인데 이는 상향식으로 농업인, 연구기관, 기업, 정부 등이 하나의 지역농업체계를 형성하고 지역적 농업체계를 자생적으로 발전할 수 있게 하여 균형발전을 도모할 수 있도록 해야 할 것이다.

그러나 이러한 분석은 자본주의 특성[16]을 고려해 볼 때 분명히 지역농업체계와는 양립하기 어려운 속성이 있다. 따라서 이러한 역동적인 자본주의 변화에 따른 신자유주의 이념과 그 영향에 따른 농업문제 해결을 위해서는 농업사회학적 관점의 절충이 절실하다. 그동안 농업의 위기를 기존의 농촌사회학이 다루지 못한 것에 대한 대안으로 모색된 것이 농업사회학적 관점인데 이 관점은 네오마르크시즘과 뉴레프트를 쉽게 수용했고 또한 생산양식접합이론, 세계경제관점 등 초국적 기업들의 제3세계 농업통제 등과 관련한 분석에 커다란 영향을 주었다(김종덕, 2005: 34).

한마디로 농촌사회학적 접근들은 전통적인 농민에 관한 담론으로 농업문제를 다루고 있고, 급격한 사회변화 속의 농업인의 사정을 이해하는 데는 어려움이 있다. 따라서 현재 농업의 상품화 과정은 농업생산기술변화, 새로운 소비양식, 사회구조의 변화 등에 의해 규제를 받고 있는데 이러한 동태적인 분석에는 농업사회학적 분석이 더 유용하다고 볼 수 있다. 이 글에서 신자유주의와 관련하여 농업이나 정책을 미시적으로만 분석하는 것은 보기 원하는 것만 보게 되는 오류를 범할 수 있기 때문에 전체적이면서 거시적

---

16) 자본주의 특성으로는 개인주의에 기반을 둔 분업과 특화를 통한 생산, 경쟁을 통한 생산물의 교역이라고 할 수 있는 데 반해, 지역공동체의 경제는 공동연대감에 기반을 둔 의사결정, 분업보다는 협업, 지역의 자급과 안정을 기반으로 한다는 점에서 차이가 있다.

인 윤곽 속에서 살펴보는 것이 중요하다는 판단이다.

보나노(Bonnano, 1989)는 농촌사회학과 농업사회학을 구분 설명하면서 그 차이점을 다음과 같이 소개한다. 이 두 입장의 주장을 살펴보면 다음과 같다(〈표 1 - 1〉 참조).

<표 1 - 1> 농촌사회학과 농업사회학 비교

농촌사회학	농업사회학
농촌성에 관심	농촌성을 넘어 그 범위가 다양함
논리적 실증주의	네오마르크시즘, 네오베버리즘, 변증법 비판이론, 역사사회학
기능주의	다양한 이론에 기초함
양적 연구	역사적 연구, 질적 연구
표본조사(survey)	지역센서스자료(county level census data)
정치적으로 보수적	정치적으로 진보적

자료: Bonnano, ed., 1989, viii - x, 김종덕, 농업사회학, 2000, 38에서 재인용.

첫째로 농업사회학이 농촌사회학의 연속선상에서 발전한 것으로 보는 입장에는 부텔과 라르손(Buttel & Larson, 1990)이 있는데 그들은 농업사회학은 70년대 중반에 생겨나 발전했지만, 농업사회학과 비슷한 관점과 접근은 초기 농촌사회학에서도 찾아볼 수 있다는 것이다. 따라서 농업사회학은 농촌사회학과 단절하면서 생겨난 것이 아니라 서로 연계성이 있으며 차이점이 있다면 농업사회학의 경우 정치경제학적 접근과 농업환경에 대한 연구를 하고 있다는 점을 들고 있다(김종덕, 2005: 37).

둘째로 상이한 패러다임으로 보는 입장으로는 보나노(Bonnano, 1989, 김종덕, 농업사회학, 2005, 38)가 주장하고 있는 것으로 실제적 수준과 인식론적인 수준에서 농업사회학과 농촌사회학은 다르다고 지적한다. 그가 지적하는 농촌사회학과 농업사회학의 차이는 위의 〈표 1 - 1〉과 같이 요약된다. 그에 의하면 농촌사회학이 농촌성(rurality)에 관심을 집중하는 데 비해, 농업사회학은 농촌성을 다루기는 하지만 그 범위를 넘어서 다양한 방법론을 다룬다고 주장한다. 이론적인 측면에서 농촌사회학은 기능주의와 논리적 실증주의에 의거하고 있지만, 농업사회학은 네오마르크시즘, 네오베버리즘, 변증법 및 비판이론, 지식사회학과 역사사회학을 포함하는 포괄적이고 다양한 이론적 배경에 토대를 두고 있다. 방법론적인 측면에서 농촌사회학이 양적 연구, 방법론적 개인주의, 표본조사를 선호하는 데 비해, 농업사회학은 역사적 연구, 질적 연구, 방법론적 전체주의, 군단위 국세조사 자료를 더 선호하고 있다. 그리고 정치적 입장에서 농촌사회학이 보수적인데 비해 농업사회학은 진보적이다(김종덕, 2005: 38).

농촌사회학과 농업사회학에 대한 여러 논쟁에 불구하고 이 글에서는 농업사회학적 관점을 바탕으로 할 것인데 그 이유는 한국농업이 신자유주의라는 환경 변화 속에서 새로운 형태의 농업을 요구하고 있기 때문이다. 또한 농업과 정책은 단순한 시장논리뿐만 아니라 다른 요인과도 결합하여 나타나기 때문에 신자유주의 정책을 방법론적 전체주의 관점으로 분석하고 대응방안을 찾고자 하는 것이 이 연구의 일차적인 의도인 것이다. 어떤 면에서 농업사회학적인 방법은 연구방법이라기보다는 다양한 접근 시도라고 볼 수 있을 것이다.

2. 기존논의 검토

서구의 농촌사회학은 50년대까지 행태주의적 접근에 의해 주도되어 왔으며 도시와 대비되는 농촌은 비공식조직, 1차적 인간관계, 전통적인 가치관에 의해 규정되는 것으로 농촌에 관한 미시적인 연구들이 주를 이루어 왔다. 더불어 그동안의 연구들은 근대화 이론의 틀 안에서 농업기술의 파급에 관한 기능적인 연구들이 진행되었으며 70년대 들어서야 새로운 정치경제학적 접근들이 등장하기 시작하였다(김철규, 2003: 118).

이러한 맥락에서 근대화 틀에서의 연구를 시작으로 이루어져 온 한국농촌의 연구들은 이만갑(1984)의 『공업발전과 한국농촌』이 있는데, 이는 한국사회의 정치적, 경제적 변화, 공업화에 따른 농민 생활의 변화, 농촌경제의 변화 등을 다루었다. 최재석(1988)은 『한국농촌사회 변동연구』에서 산업화의 결과로 생겨난 이촌과 관련해서 농지소유, 농지임대차관계, 농촌개발 등을 다루었다. 김수욱(1990)은 농촌사회의 변화를 인구구조, 경제구조, 농업노동력구조, 사회조직, 주민의식구조의 측면으로 나누어 그 현상들을 설명하였다.

이후 보다 더 진보적인 연구들로 이영기(1991)는 「농업구조 변화의 동향과 그 성격」에서 농업구조의 재편문제를 언급하면서 내외독점자본의 지배를 해소하여 한국자본주의에서 농업의 위상을 재정립해야 한다고 주장하였다. 유기준(1991)은 「농업구조의 재편과 농산물가격」에서 소수전업농만을 육성하는 것으로는 농업을 살릴 수 없다고 보며 한국농업의 경우 토지조건이 불리하기 때문에 토지의 집단적 집약적 이용을 가능하게 하는 개별경영과 공동경영을 조화시키는 방향으로 농업구조를 재편해야 한다고 주장하였다. 김현숙(1991)은 「농업구조 재편과 생산조직의 발전방향」에서 정부가 추진하는 농업정책은 반농민적 비농업정책이라고 비판하면서 상업적 전업농육성은 영세소농 구조를 개선할 수 없기 때문에 농촌지역을 고려하여 개별소농 경영의 장점을 살리면서 생산조직을 육성하고 이를 통해 농업생산의 복합화와 공동화를 총체적으로 관리하는 방향으로 가야 한다고 주장한다.

장상환(1991) 「한국자본주의 전개와 농촌사회의 변천」은 농업의 위기를 해소하기 위해서는 농업의 가치를 재발견하는 것이 중요하다고 주장한다. 농업의 가치는 식량안보, 환경보전, 도농 간 균형발전 등 국민경제 속에서 중요한 역할을 하고 있다고 주장하며 농업위기의 완화 없이는 한국자본주의 위기극복과 체제유지가 불가능하다고 주장하고 있다. 그러나 이들의 연구는 자생적 발전을 도모하려 했다는 점은 장점이지만, 자본의 위기를 내부적인 독점자본에 역점을 두어 외부적인 요인을 등한시하고 농촌사회학적 관점이 많이 이용되었다는 점은 한계로 남는다.

이에 반해 농업사회학적 관점에서 연구한 것으로 국내에는 김종덕(2000), 김철규(2003), 박진도(2005), 조영탁(2005) 등이 있으나 아직까지는 농업사회학적 접근을 시도 혹은 이론적 관점에서 소개를 하는 정도이며 본격적으로 연구된 논문은 없다. 농업사회학적 관점과 관련한 외국의 현지조사 연구로는 프리드랜드 외(Friedland et al., 1981), 마스덴 외(Marsden et al., 1986, 1987), 삭스(Sachs, 1983) 등이 있는데, 프리드랜드 외는 미국 캘리포니아 주의 상치(lettuce) 산업에서의 자본주의화의 성격과 속도 등을 연구하였다. 그는 농산품을 생산뿐만 아니라 가공, 유통체계 전체에 관심을 가져야 한다고 주장하고 농산품의 분석단계를 생애주기에 따라 생산관행, 생산자조직, 생산요소로서의 노동, 과학의 적용, 마케팅 및 분배 등 5가지[17]로 나누어 분석하고 있다(김철규, 2003: 120). 이 중에서 프리드랜드는 노동과정에 관한 분석을 강조하는데 상치산업에서의 노동과정이 전통농업에 비해 많은 변화가 나타나고 이들 노동과정은 각 과정에 따라 노동력 구성도 다르게 구성된다는 사실을 밝히고 있는데 이러한 노동구성이 자본주의화의 성격과 속도 등을 규정한다는 것이다(김철규, 2003: 121).

마스덴 외(Marsden et al., 1986, 1987)는 영국 농업에서의 불균등 발전과 재구조화 과정을 연구하여 영국 자본주의 농업에 대한 정치경제학적 분석을 시도했다. 삭스(Sachs, 1983)는 선진국 및 개발도상국의 여성농민을 다루었다. 그녀는 역사적으로 여성이 농업생산에 많은 기여를 했음에도 이들의 노력이 과소평가되었음을 주장하며, 그 원인으로 자본주의와 가부장제의 연합적 산물로 파악했다.

현재의 농업위기를 세계 경제의 축적위기 및 그것의 재구조화 과정과 관련하여 다룬 연구는 적지만, 굿맨 외(Goodman et al, 1987)는 농업위기를 세계경제와 관련하여 다루었다. 이들은 농업위기가 특정 국가에 국한되는 것이 아니라 전 세계적인 것이라고 주

---

17) 생산관행이란 생산과 관련된 것인데 특히 농산물은 상품에 따라 재배과정에서 부딪히는 문제가 다르다. 생산자조직은 생산자들이 어떻게 조직되고 어떤 관계를 맺고 어떤 유대가 이루어지는가에 관한 것이며 생산요소로서의 노동은 농작물의 재배과정에서 노동이 어떻게 이루어지고 있는가 하는 것을 의미한다. 과학적 적용은 농작물의 한계성을 극복하기 위해 어떤 과학연구가 이루어지고 적용되는가를 고찰하는 것인데 여기에는 국가의 개입이 중요하다. 마케팅 및 분배는 농산물이 소비자에게 어떤 경로로 전달되는가를 검토하는 작업이다(김철규, 2003: 121).

장하였다. 또 농업위기는 높은 실질이자율, 세계 상품가격의 저하 등과 같은 상황적 요인만으로 설명할 수 없고, 장기적으로 지속되고 있는 세계경제의 정체에 그 원인이 있는 것으로 보았다. 케니 외(Kenney et al., 1989)는 2차 대전 이후의 포드주의 체제와 1970, 1980년대 포드주의 체제의 모순을 다루었으며, 농업사회의 변동과 현재의 위기를 자본의 축적구조와 기술의 역할 때문에 생긴 것이라고 주장한다(김종덕, 2000: 42).

Mann and Dickinson은 농업 부문에 있어 자본주의화가 지속적이지 못했던 것은 농업의 특수성 때문이라고 주장한다. 농업은 자연에 방치하는 시간이 길고 잉여가치의 창출이 효율적이지 못해 자본은 농업 부문에 적극적으로 진출하지 않았고 그 결과 자본주의 국가에서 가족농이 많이 남아 있다는 것이다(김철규, 2003: 119). 그런데 요즘처럼 세계화가 일상화되고 보편화되어 농산물 문제가 크게 부각되자 이를 효과적으로 분석하기 위해 제시된 접근방법이 상품체계분석과 이중적 농산업화론이다.

상품체계분석(Commodity systems Analysis)이란 농산물사례연구를 통해 노동과정을 분석하는 것을 말한다. 프리드랜드(Friedland)는 캘리포니아의 농산물사례연구에서 노동과정이 예전과는 다른 많은 변화들이 있음을 발견하고 그 생산과정이 산업이라고 불릴 만큼 분업화·발전하여 이를 체계화하여 이론화하였다. 다른 하나는 이중적 농산업화론으로 농업 및 농촌의 변화를 설명하기 위해 그 변화의 원인을 도시와 자본에서 찾는다. 그들은 농업의 역동적인 변화를 밝히기 위한 분석적 개념으로 전유주의(appropriationism)와 대체주의(substitutionism)라는 개념을 사용한다.

전유주의(appropriationism)는 농업생산과정은 불연속적이지만 여러 산업의 협력을 얻어 점차 변화되어 가는 것을 말한다. 예를 들어 농업의 기계화, 화학비료의 사용, 종자개량 등의 공업적 요소들의 도움으로 농업 부문에 커다란 기여를 하게 되어 농업의 노동과정과 생물학적 과정 등에 큰 도움을 준다. 이에 반해 대체주의는 농산물을 점차 비농업적 요소로 대치하는 것을 의미한다.

전유주의적 자본은 농지를 근거로 한 농업활동의 효율성을 높이려는 것임에 반해, 대체주의적 자본은 자연과정 자체를 농업생산과정에서 배제시키고 공업적으로 대체하려는 경향이 강하다. 이런 이중적인 과정은 도시에 기반을 둔 농기업자본의 활동에 의해 나타나는 변화이며 이들에 의해 농-산업 복합체(agro-industrial complex)가 성장한다고 주장한다. 오늘날 현실적인 농업의 위기문제를 분석하는 내부적인 한 요소로 농촌의 산업적인 붕괴(industrial erosion)와 농업생산체계의 산업적인 재생산의 정도 파악이 중요하다(김철규, 2003: 123). 따라서 농업위기에 대한 원인을 자본의 관점에서 찾아야 하며 상품체계분석이나 이중적 농산업화 모두 농업사회의 변동이 농기업 혹은 농식품 자본에 있다는 시각이 농업변화과정을 설명하는 데 적절하다고 보는 것이다.

한국농촌경제연구원의 연구 성과물 중 이 같은 관점을 시도하려는 연구들이 있으나 아직 괄목할 만한 연구는 없고 또한 이들은 모두 기능적인 시각에서 고찰하였기 때문에 외부적 환경의 거시적 맥락과 관련하여 농업의 변화를 역동적으로 다루지 못한 한계가 있다.

그러나 농산물 수입개방과 관련하여 1990년대 우루과이라운드를 중심으로 한 한국농촌경제연구원(1993)의 『UR 타결에 따른 농축산물시장 개방의 파급영향분석』이 있는데 UR농업협정에 따른 수입개방이 자급률 및 생산자잉여에 미치는 파급영향을 분석하였는데 협상결과 관세감축에 따른 효과를 개별품목의 수요함수, 공급함수로 추정하여 경제학적 동태적 분석을 하였다.

이재옥 외(1997)는 『농산물 수입개방의 영향 평가와 수입관리 정책방향』의 연구에서 우루과이라운드협정을 이행하는 과정을 통해 실제 관세와 보조금의 감축 등이 한국농업에 미친 영향을 구체적으로 계측하고 정책방향을 제시하는 것을 주요 내용으로 하고 있다. 또한 최세균(2000)의 「농산물 시장개방이 국내농업에 미친 영향」은 UR협상 타결 이후 WTO 체제하의 영향을 분석하였으며, 수입개방이 한국농업에 미친 영향을 사후적으로 계량적으로 평가하였다.

2000년부터 새로운 WTO 협상이 시작되면서 새로운 협상에 대응하는 연구들이 진행되었는데 이재옥 외(2000)의 「WTO 차기 농산물협상의 전망과 대책 연구」, 한두봉 외(2000)의 「WTO 차기 농산물 협상의 시장개방 효과」, 임정빈 외(2002)의 「WTO 농업협상과 우리나라의 개도국 지위」 등이 이러한 연구들이다.

이재옥 외(2000)에서는 분야별로 협상의 진행을 예상하고 이에 따른 대응방안을 분석하였다. 가장 영향이 클 것으로 예상되는 시장개방 분야에서는 스위스공식과 같은 관세조화 방식보다는 UR 방식이 유리하며, 특별긴급관세는 현행대로 유지되어야 한다고 결론을 내리고 있다. 한두봉 외(2000)에서는 거시경제 모형을 사용하여 차기 농산물 협상이 주요 15개 품목의 생산에 미치는 효과를 분석하였다. 이재옥 외(2001) 「WTO 농산물 품목별 협상대책연구」

에서는 관세감축방식별 효과분석과 시장접근 물량(TRQ)을 확대할 경우에 미치는 국내시장 영향에 대해 연구하였다. 임정빈 외(2000)의 「WTO 뉴라운드 대응 공동연구: 농업 분야 영향 분석」에서는 WTO 출범 이후의 국제적 농산물 관세구조의 비교분석, 수입물량 관리 방안의 비교분석, 국내보조 이행상황의 비교분석, 시장개방에 따른 영향분석 등을 통해 정책방향을 제시하고 있다.

이재옥・서진교・이병훈(2002) 「WTO / DDA 농업협상 시장접근 분야 세부협상원칙 수립에 관한 논의 동향과 과제」에서는 DDA농 업협상에서 논란이 되고 있는 관세감축방식, 특히 UR감축방식과 스위스공식 및 관세 상한을 시나리오로 설정하여 시나리오별로 국 내총소득 영향을 분석하였다. 박문호・임송수(2002)는 「수입자유화 에 대응한 녹차산업의 발전방안 연구」에서 WTO농업협상의 시장 개방 시나리오별 녹차수입량, 국내가격, 국내시장 규모를 추정하여 비교하였다.

이상에서 살펴본 농촌경제연구원의 WTO 협상에 관한 선행연구 들은 구체적이고 전략적이기는 하나, 대부분 WTO 협상을 중심으 로 한 실증적인 분석으로 여러 가지 중요한 외생변수를 가정한 상 태에서 추론된 경제적 분석으로 사회학적 입장에서의 분석은 미진 하다는 한계가 있다. 따라서 한국농업이 나아가야 할 전반적인 방 향을 제시하기에는 너무 한 부문의 관점, 즉 경제적인 측면만을 강조한 경향이 있다. 이러한 경제모형 중심의 계측 모델만이 아닌, 한국농업의 종합적인 비전을 제시하고 농정의 개혁방안을 제시하 려는 연구도 이루어지고 있는데 이러한 연구로는 2002년에 '농어 업・농어촌특별대책위원회'에서 만든 『농어업・농어촌의 새로운 활로』가 있다. 이 연구는 전체적으로 개방화 시대의 환경 변화를 반영하고 있으나 너무 포괄적이고 국내 정책 중심의 대안 제시에 치중하고 있어 WTO 협상이나 FTA 등 대외적인 문제에 대한 적극적인 전략은 충분히 제시되지 못하고 있다는 한계가 있다.

FTA와 관련해서는 최세균(2005), 이정환(2004), 어명근 외(2005), 김세균(2006), 강인수(2006) 등의 연구가 있다. 이들은 FTA 확대에 따른 한국농업의 과제에 대해 언급하고 있으며, 그 해결책으로 농업 부문의 추진대책 및 정책 등을 제시하고 있다. 김세균(2006)은 「한·미 FTA 국민보고서」 총론에서 한미 FTA는 우리 농업을 자본의 볼모로 만들고 경제적 양극화, 사회의 황폐와 해체를 가속화함으로써 한국 민주주의를 빈사상태에 빠지게 할 것이라고 주장하고 있다. 반면 강인수(2006)는 한미 FTA 연구에서 논란이 되었던 추진배경, 주요 쟁점, 핵심쟁점 및 그 대응에 대해 시기별로 찬반을 중심으로 잘 정리해 놓았으나 농업 부문에 관한 내용이 적다는 한계가 있다. 이 연구는 시장개방에 따른 실증적인 정책방향만을 제시하고 있다는 점에서 총체적이고 역동적인 부분은 언급하지 못하고 있다.

DDA/FTA협상으로 인한 농업위기에 대한 적절한 연구로는 유영봉(2005), 조영탁(2006), 김창길(2004), 황수철(2006), 이일영(2006), 박진도(2005), 김종덕(2000) 등의 연구가 있다. 이들 연구들은 신자유주의 이념 공세에 대한 농업 부문의 대응방안으로 지방농정을 중심으로 하여 자발적으로 참여하는 농업인들이 협력체를 구축하여 각 지역특성에 맞는 농업을 선도해 나가야 한다고 주장한다. 유영봉(2005)은 경제의 단계적 성숙도에 따라 농업생산도 소비시장에 탄력적으로 대응할 수 있는 체계를 구축해야 하며, 미곡중심에서 벗어나 다양한 소비시장에 대응가능한 생산체계로의 구조개편이 필요하다고 주장한다. 조영탁(2006)은 친환경농업에 기반한 정책혁신과 유통과정의 혁신을 주장하며 새로운 생산조직화를 촉발하여 기술혁신을 유발할 필요가 있다고 주장하며 그 예로 광역 친환경농업단지를 들고 있다. 김창길(2004)은 환경보호를 위해 자원감축(Reduction), 재활용(Recycle), 재이용(Reuse)을 기초로 한 물질순환의 체계가 이루어져야 한다고 보는데 이것은 친환경농업체제로 전환하기 위한 핵심으로 보고 있다. 이 같은 자원순환형 농업시스템 구축을 위한 정책이 효과적으로 이루어지기 위해서는 관련 주체별 역할분담과 협력체계가 잘 구축되어야 한다고 주장한다(김창길, 2006: 81).

박진도(2005b)는 농업의 위기를 극복하기 위해서는 친환경적인 지역개발과 농업인을 위한 복지를 주장하고 있으며, 김종덕(2005)은 상업화된 농업의 역기능에 대해 언급하면서 지역농업화를 통해 안전한 먹을거리를 위한 토대방안을 주장한다.

그러나 이러한 논의들은 신자유주의에 따른 농산물 무역의 자유화에 대응하기 위한 중·단기적인 해결책은 되어도 근본적인 해결책은 되지 못한다는 한계점이 있다.

3. 본 글의 구성

본 글의 구성은 다음과 같다.

제1장에서는 신자유주의 이념과 영향에 따른 농업문제를 인식하고 본 글의 의의와 본 글의 연구방법 이론과 기존연구의 소개 그리고 내용의 구성에 관한 개략적인 방향을 살펴본다.

제2장에서는 본 글을 이론적으로 뒷받침해 줄 수 있는 신자유주의에 대한 이론적 고찰을 통해 그 본질이 무엇인지 살펴볼 것이다. 신자유주의 이념을 이론적으로 살펴봄으로써 이 같은 전 지구적인 자본주의 구조조정의 배경과 무역자유화, 자본의 자유화를 위한, 무역통상 압력과 그 농산물 협상과정을 시기별로 살펴보고 그 협상 내용이 무엇인지도 살펴볼 것이다. 또한 무역협상으로서 DDA (도하개발아젠다), FTA(자유무역협정)의 협상을 통해 나타나는 현상적인 결과들을 언급해 보고 신자유주의 협상에 대응하는 한국농업과제를 제시한다.

제3장에서는 신자유주의 영향하에서 농산물 수입개방 이후 한국농업의 환경변화와 현황에 대해, 그리고 한국농업의 위기상황에 대해 살펴볼 것이다. 먼저 수입개방 이후 한국의 농업이 어떻게 변화하였는지를 살펴보고 그 위기의 구체적인 형태로서 농업구조의 약화, 양극화 확대, 농정에 대한 불신의 증대 등을 구체적으로 통계자료를 이용하여 살펴보기로 한다. 그리고 이런 농업환경 변화에 따른 현재의 대응전략 방향을 간간이 제시하고 앞으로의 정책과제 등을 신중히 검토하기로 할 것이다.

제4장에서는 신자유주의에 따른 농업정책의 개념 및 농업정책의 수단에는 어떤 것들이 있는지를 소개한다. 또한 농업정책의 발전과정에서 수입개방 전후로 나누어 어떤 정책들이 어떻게 시행되었는지를 간략히 언급한다. 현재의 농업정책에 대한 농업인들과의 인터

44

뷰를 통해 농업인들이 생각하는 농업정책과 수입개방, 친환경농업에 대해 직접 들어 보고 농산물 수입개방과 세계화 이후 농업현실에 대한 정책적 인식을 탐색해 보기로 할 것이다. 물론 소수의 농업인에 대한 인터뷰만으로 모든 것을 일반화한다기보다는 전국에 있는 소수 농업인들의 인터뷰를 통해 농업현실을 참조한다는 데 더 많은 의미를 부여하고자 한다. 그리고 신자유주의가 한국농업정책에 커다란 영향을 주고 있고 그에 대응하는 위기 극복 방안으로 농업의 규모화, 신지식인 양성, 친환경농업체계의 확대 등을 제시하고 있는데 각각 이들 방안에 대한 비판적 검토를 통해 위기극복을 위한 농업정책으로 친환경적 지역농업체계를 제시하고 이를 지원하는 농업정책이 필요하다는 점을 강조할 것이다.

제5장에서는 본 글에 대한 결론 부문으로서 본 내용들을 정리하고 농업인들에 대한 인터뷰 결과를 분석하였다. 농업인들은 전반적으로 농업정책에 대해 불신하고 있으며 농업정책에 대해서는 특히 유통정책을 개선했으면 하는 바람이 컸다. 농산물 수입개방에 대해서는 시대적인 흐름은 인정하지만 최대한 개방 시기를 늦추었으면 하는 바람이 많았다.

그리고 상대적으로 열세에 있는 농업인들에게 시장가치를 일방적으로 강요하는 위로부터의 신자유주의 이념 주입은 잘못된 것이며 그보다 사회적 약자 또는 약소한 민족국가의 상대적 가치를 인정하는 아래로부터의 신자유주의가 바람직하다는 점이다. 시장경제는 부정하지 않지만 너무 시장경제에 의지할 경우 초국적 자본이 도—농 간 불평 등을 크게 야기하게 될 것이며 상대적으로 가난한 농업인과 기반시설이 미비한 농촌지역을 황폐화시킬 것은 명약관

화한 일이 될 것이다. 따라서 국가의 정책은 농업인과 기반시설이 미비한 농촌지역을 시장경제에 그대로 맡기기보다는 적극적 정책과 협업화 방향을 촉진하도록 하여, 이를 위해 친환경적인 지역농업체계를 구성토록 하는 것이 국민들의 먹을거리 활성화를 위해서도 필요하다는 점을 강조하고자 한다.

신자유주의와 농업협상

신자유주의 무엇이 문제인가?

한 - 미 FTA, 이대로 좋은가?

농업협상의 세 가지 쟁점: 시장접근성, 국내보조, 수출보조

신자유주의라는 변혁 속에서 인간은 효율과 합리성이란 명분으로 너무 많은 것들을 죽이고 있다. 경제성장, 과학발전, 서구 따라잡기, 개인의 자유확대란 것들이 오용되고 본래 의도를 상실하고 있다.

따라서 사회의 생태를 이해하고 신자유주의에 대한 반성이 필요한 때이다. 발전과 효율은 인간을 위한 것이기 때문에 인간을 위험으로 몰아넣는 신자유주의에 대해 진지하게 고민해야 할 것이다.

자유시장과 인간의 가치는 충돌할 수밖에 없는 의제

— 칙센트미하이 —

제2장

신자유주의와 농업협상

제1절 신자유주의 이론과 농업정책

신자유주의 개념규정은 그리 간단하지 않다. 일반적으로 신자유주의는 경제의 지구화, 대처리즘, 레이거노믹스 등의 이름으로 불리고 시장원리를 강화하려는 정치이데올로기를 가리키기도 하고, 또 고전적 자유주의의 근대적 부활을 강조하는 용어로 쓰이기도 한다. 여기서는 신자유주의에 대한 정치적 의미의 개념과 경제적 의미의 개념으로 나누어 살펴보고, 주로 신자유주의 이데올로기를 미국과 영국 중심의 사회적·경제적 형태, 그리고 전 지구화 추세로 널리 확산되고 있는 시장주의적 세계경제 질서를 가리키는 개념으로 살펴보게 될 것이다.

1. 신자유주의 정치적 이론

　자유주의 기원은 '존엄한 인간으로서 개인이 어떻게 자유를 찾을 것인가'의 문제에서 출발했지만 정치적 성향(liberalism)과 경제적 이론(libertarianism)에서는 각기 다른 의미를 가진다.[18] 정치적 성향으로서 자유주의는 17, 18세기의 절대 왕정과 귀족 시대의 왕정과 질서의 타파를 주도하던 사조로서, 모든 인간은 생명, 자유, 재산을 추구할 자연권을 가지고 국가의 기원을 사회계약론으로 설명하려는 사상이다. 이 같은 사상은 중세의 장원이라는 공동체에 영향을 주어 생활양식과 사고방식을 공동체주의에서 개인주의로 바꾸어 놓았다. 이러한 과정 속에서 중세의 지주 · 귀족계급을 대신하여 부르주아라는 새로운 계급이 등장하게 되었는데 이 계급이 바로 근대사회 발전의 주역인 시민계급이다.

　그때까지 많은 영주들이 자신들의 영지를 독자적으로 다스렸기 때문에 통일된 근대국가가 없었다. 따라서 이들을 통일하고 근대국가로 건설한 것이 절대군주였는데 이들은 안으로는 지방영주들을 정복하고 밖으로는 외국과 영토전쟁을 계속하였다. 이 시기의 유럽 국가들은 부국강병책이나 경제적 민족주의를 중상주의[19]라 칭하면서 발전을 계속하였는데 이 중상주의는 자본주의와는 상반되는 면

---

18) 이근식(2005)은 자유주의에서 보편타당한 것으로 정치적 자유주의를 그리고 경제적 자유주의는 심각한 병폐를 수반할 수 있으므로 적절한 정부개입이 필요하다고 본다. 이는 정치적으로는 자유주의를 추구하고 경제적으로는 정부가 시장의 실패를 보완하는 자유주의를 지향하는 것으로 볼 수 있다.

19) 이들 중상주의는 이 시기뿐만 아니라 사회주의를 포함한 대부분의 사회에서 공업화의 초기에 정부 주도의 경제개발이라는 이름으로 나타났다. 19세기 후반의 일본, 혁명 이후의 한 세대 정도의 소련과 중국, 우리나라의 60년대 이후의 산업화 정책 등이 이에 해당한다고 볼 수 있다(이근식, 2005: 144 - 148).

이 많아 점차 충돌의 빈도가 잦아지자 부르주아들은 서로의 필요에 따라 절대군주제에 협력하였다. 이러한 부르주아들의 적극적인 도움으로 절대군주제가 형성된 이후 절대군주의 권한이 커지고 귀족과 평민을 차별하는 신분질서를 더욱 공고히 하자, 부르주아들은 구체제에 대항하여 투쟁하는 주도적인 사회계급으로 변화하였다. 따라서 자유주의란 시민혁명과정에서 부르주아들이 절대군주제의 구체제를 무너트리고 자유로운 근대시민사회를 위해 전제군주 및 귀족과 싸우는 과정에서 생성된 사회사상이라고 할 수 있다.

정치적 자유주의의 핵심은 신분차별과 절대군주의 횡포를 막기 위한 법치주의, 그리고 자신들의 국정참여를 위한 민주주의였다. 이렇게 정치적 자유주의와 자유로운 경제활동을 보장받기 위해 그들은 정부의 간섭을 배제하는 자유시장경제를 주장하였다. 당시 부르주아들은 대체로 소규모 상공업이었기 때문에 공동체보다는 개인주의를 선호하였고 개인의 생명과 재산, 자유 등 자신들의 정당한 사회적 권리를 자유라는 말로 요약하였다(이근식, 1999: 757 – 760). 산업혁명 이후 자본주의 경제도 부작용이 나타나게 되었는데 그 부작용 중의 하나가 빈부격차의 확대와 불황이다. 그 결과 1873년 이후 20년 넘게 대불황이 지속되었는데 이를 계기로 자유주의 경제정책이 퇴조하고 보호무역주의가 부활하여 제국주의 시대가 열리게 되었다. 내적으로는 독점자본의 팽창, 외적으로는 무력을 이용한 식민지 확대와 구미열강 간의 전쟁이 제국주의시대의 특징이었다. 제국주의 시대는 19세기 말부터 20세기 초에 걸쳐 전개되었으며, 이 시기에 제국주의 열강들은 후진 지역이나 약소국가들을 지배하기 위하여 경쟁적으로 침략을 하였다.

산업혁명이 19세기 중엽을 전후하여 유럽의 주요 국가 등에 확산되었고 후반에 이르러서야 자본주의가 발전하게 되었다. 독점자본주의에 도달한 선진 자본주의 국가들은 잉여자본의 투자시장을 확보하기 위한 새로운 식민지가 필요하였다.

이 같은 필요는 실제 유럽열강들이 1870년대부터 다른 지역을 침략하여 식민지 쟁탈전을 벌이게 하였다. 대표적인 제국주의 국가들은 영국, 프랑스, 독일, 러시아, 미국, 일본 등이었으며, 이들 제국주의 열강들의 식민지 쟁탈전으로 제1차 세계대전이 일어났다(이근식, 2005: 24).

그 후 1929년부터 시작된 대공황으로 다시 경제가 어렵게 되자 정부가 이를 개선하기 위해 적극적인 개입을 하였는데 이는 상당한 효과를 거두었다. 이에 따라 정부의 개입주의는 1970년대까지 계속되었다. 이 시기에 각 국민국가들은 자본주의의 구조적 문제인 분배격차와 불황을 시정하기 위해 사회보장제도를 확대하고 총수요 관리정책을 적극적으로 시행하였다. 그러나 복지국가의 개입주의는 정부의 비대화로 인한 부패와 무능과 월권 등의 문제가 나타났다. 정부는 공평하고 전지전능하다고 암묵적으로 가정하여 정부에 역할과 권력을 부여하였으나 실제는 정치인과 관료들의 무능과 부패와 월권이 발생하였고 정부의 비대화와 함께 국가의 역기능 문제가 더욱 심각하게 대두되었다.

그 결과 80년대부터 영국과 미국을 중심으로 국가개입의 실패를 비판하는 신자유주의[20]가 등장하게 되었다. 이러한 신자유주의 이

---

20) 신자유주의는 세계화를 추동하는 지배적 이데올로기이자 담론이며 각 국가에 대해 명령하는 초국적 수준의 정치이데올로기라고 할 수 있다(박시종, 2003).

데올로기는 제2차 세계대전이 종전되고 유럽의 복지국가에서 나타난 국가의 실패를 비판하여 1980년대 이후 구미의 선진국가에서 본격적으로 부활한 사상 및 이론을 가리킨다고 할 수 있다(이근식, 1999: 799).

신자유주의는 정부의 개입으로 인한 비능률을 자유주의 입장에서 비판하여 정부의 역할을 축소하고, 개인적 자유의 확대와 시장기능의 활성화를 위한 노동시장의 유연화, 복지제도의 축소, 통화팽창의 금지 등을 주장한다는 특징을 가지고 있다. 따라서 신자유주의는 자유주의로서의 고전적 자유주의의 보편적 성격과 현대의 시대적 특수성을 반영한 특징을 아울러 가지고 있다(이근식, 1999: 254).

한국의 경우 영·미의 신자유주의를 거의 그대로 수용하였는데 이것은 아마도 오랫동안 미국의 영향하에 있었기 때문에 이들의 이데올로기를 수용하는 것이 상대적으로 부담이 적었기 때문이 아닌가 한다. 그러나 신자유주의를 그대로 받아들이는 것은 바람직하지도 않고 적합하지도 않다. 주요 선진국들은 오랜 기간 동안 자유주의를 거친 경험과 기술이 축적되어 있어 새로운 시도가 가능하겠지만 한국은 아직 그대로 수용할 만큼 성숙되었다고 보기 힘들기 때문이다. 특히 농업 부문에서는 이 제도를 수용할 만한 토대나 기초가 충분히 형성되어 있지 않기 때문에 신자유주의에서 주장하는 요구들을 그대로 수용하기는 어려움이 많다.

지금까지 농업은 산업성장을 위한 기초역할만 해 왔지 농업인이 실제 복지를 누려 본 경험이 적었다. 따라서 수용해야 한다면 현재의 소수를 위한 신자유주의가 아니라 아래로부터의 민주주의, 법치주의와 같은 고전적인 특성을 참고하여 한국농업발전에 도움이 되는 가치들을 적용하는 신자유주의여야 할 것이다.

그런데 현실은 주요 선진국들이 자신들의 이익을 위해 세계은행의 차관조건 또는 IMF의 프로그램을 통해 일방적인 농산물시장개방을 유도하고 있는 현실이다.[21](이성형, 2001: 40 - 66)

2. 신자유주의(Neo - liberalism)의 경제적 이론

경제적 성향으로서 자유주의는 중상주의[22]에 반대하는 아담 스미스(Adam Smith)나 데이빗 리카르도 (David Ricardo)에 의해 수상되었는데, 이들은 시장 기능에 필요한 정부역할과 '보이지 않는 손'의 기능을 강조하였다. 그리고 물질적 이익의 추구는 인간의 자연스러운 본성이기 때문에 상품을 교환하려는 성향은 당연한 것으로 보고 있다.

그런데 인간인식과 품성은 본 성적으로 불완전하기 때문에 사상과 비판의 자유를 통해 불완전성을 보완해야 한다고 보았다. 따라서 정부권한의 축소, 법치주의 주장 등 자유주의의 주장들은 모두 인간의 불완전함을 전제하는데, 정치 권력자들과 관료들도 불완전

---

21) 실례로 칠레의 경우 피노체트에 의한 군사정권이 지속되면서 미국과 껄끄러운 관계에 있던 1976년 당시, 칠레는 미국과의 관계를 개선하기 위해 최초로 카스트로(Sergio de Castro) 등 민간인들을 대거 각료로 등장시켰다. 그들 대부분은 신자유주의 경제 이론을 신봉하는 '시카고 보이스'들로서 특히 금융시장 및 수입개방을 통해 경제 기적을 이룰 것이라고 장담하였으나 크게 성공하지 못했다.

22) 중상주의는 다양한 성격만큼이나, 여러 학파가 존재한다. 중상주의는 원거리 무역이 발전하면서 무역이 부의 축적을 위한 수단이라는 생각이 싹트기 시작했으며 스페인의 학자들은 귀금속의 비축량을 증가시켜야 한다고 주장했으며, 영국의 중상주의자들은 무역을 통해 무역흑자를 이루어야 한다고 주장하고, 프랑스는 제조업을 발달시켜야 한다고 주장하였다. 이러한 중상주의는 상인들의 이윤축적과 더불어 군주들의 세금이 늘어나 그들의 이해관계가 일치할 수 있었던 것이다.

하고 인식능력이 부족한 인간이므로 권력을 제한하여야 한다고 보고 있다(이근식, 2005: 197).

이에 기초하여 신자유주의 경제이론은 존 케인즈(John Maynard Keynes)가 자본주의 모순 때문에 생긴 문제를 해결하기 위해 국가가 시장에 개입해야 한다는 주장에 반대하여, 국가는 시장에 개입해서는 안 된다는 주장을 강조한 경제의 패러다임이다. 이 이론의 기본 논리는 한마디로 국가의 시장 개입 최소화이다.

신자유주의라는 이름의 등장은 1970년대 중반의 '세계 자본주의의 위기' 이후에 나타났는데 이 시기에 후발 자본주의 국가들이 적극적으로 시장에 참여하기 시작한다. 그 이전의 주요 정책인 케인즈의 유효수요의 확대정책[23]은 만성적인 재정적자를 가져와 사회에 위기와 불황을 가져오게 하였다. 따라서 이러한 경제 불황을 극복하기 위한 수정대안으로 나타난 것이 신자유주의 이론인데, 이 조류에는 신고전파종합(Neo – Classical Synthesis), 통화주의자(monetarism), 공급 측(supply – side) 경제학파, 공공선택이론자(public choice theory) 등 여러 갈래의 계보들이 포함된다(권오철, 1986: 625).

이같이 신자유주의 이론은 여러 방향으로 나누지만 크게는 공급이론과 화폐수량설로 나눌 수 있다. 공급이론의 선두주자는 래퍼(A. Laffer)인데 이들은 수요가 공급을 결정하는 것이 아니라 공급

---

23) 유효수요란 기업이 기대하는 전체수요를 말하는데, 이러한 이용 가능한 전체수요의 확대정책은 크게 소비수요의 활성화와 투자수요의 활성화로 나눈다. 소비수요의 활성화는 소득수준을 올려 주어 소비수준을 향상시켜야 한다는 것인데 이를 위해 국가는 공공고용을 창출하여 추가적인 소득원을 제공하거나 공공지출과 사회보장정책을 전반적으로 확대하여 각 개인들의 현금보유를 가능한 풀어 주어야 소비가 활성화될 수 있다는 것이다. 투자부문은 이자율을 낮추어 실질적인 투자를 유도하고 적자예산을 편성하더라도 공공수요를 늘려야 한다. 투자의 증가는 수요의 증가를 유도하고 생산과 소득까지도 증가시키게 된다는 것이다.

이 수요를 창출한다고 주장하여 케인즈의 이론을 정면 반박하였다. 따라서 공급이론은 재분배정책은 소비성향이 강한 사람들에게 분배하는 정책이기 때문에 저축을 위축시켜 결국 투자를 떨어트린다고 보고, 사회적 소득의 재분배는 개인의 책임의식을 약화시켜 그들을 무위도식하는 사람으로 전락하게 할 수 있다고 주장한다. 결국 정부가 분배정책을 위해 의무적으로 공제하는 돈이 늘어나게 되면 경제주체들의 의욕을 떨어트리게 된다는 것이다.[24]

이 글에서는 상세한 경제이론은 배제하고 주로 화폐수량설[25]로 대표되는 밀턴 프리드먼과 그 사상적 배경이 된 하이예크를 중심으로 살펴볼 것이다.

먼저 신자유주의의 핵심이론가로 프리드먼을 들 수 있는데 그는 미국의 경기변동을 실증적으로 연구하여 불황은 급격한 통화량의 팽창이나 수축 때문에 생긴다는 결론을 내렸다. 따라서 프리드먼은 총수요조절정책으로 경제혼란을 가져오는 통화혼란은 피해야 한다고 주장하였다. 그는 정부의 잘못된 통화정책이 혼란을 가져오고 이는 결국 경제의 혼란을 가져온다고 보았다(이근식, 1999: 588). 결국 시장 메커니즘의 내재적 결함이 대공황의 원인이라고 본 케인즈와 케인지언들의 주장과 반대의 주장이 된다.

케인즈는 자본주의 경제 자체가 결함을 갖고 있어 정부가 적극 개입하여 시정해야 한다고 본 데 반하여, 프리드먼은 정부가 잘못하여 경제에 문제가 발생하고 있다고 보았다. 이처럼 자본주의 체

---

24) 신자유주의 한 부류인 뷰케넌의 공공선택이론에 따르면 정부가 개입하면 시장의 민간분야 이익을 박탈하는 효과를 갖게 되어 민간분야에 투자될 몫을 정부가 빼앗아 간다는 것이다.
25) 화폐수량설은 프리드먼이 주창하였으며 케인즈식 경제활성화 정책은 고용창출은 못 하고 인플레이션만 야기한다고 주장하였다.

제와 정부의 역할에 대한 케인즈와 프리드먼의 견해는 개입주의와 자유주의라는 반대된 입장으로 나타난다.[26] 케인즈와 케인지언들은 노동시장의 수요와 공급에 의한 자연실업률이 존재하고 현실의 실업률은 장기적으로 자연실업률[27]에 수렴된다고 보았으나, 프리드먼은 이런 가정은 총수요조절정책의 유효성을 설명하기 위한 것이며, 만일 노동자들도 기업과 같이 물가상승을 즉시 알게 되면 총수요확대정책은 단기에서는 전혀 효과가 없다고 주장한다.

총수요조절정책으로는 장기와 단기적으로 정책을 써도 실질소득과 고용을 근본적으로 변경시킬 수 없다는 정책무효성의 명제(policy ineffectiveness proposition)를 주장하였다. 그는 화폐공급을 증가시킨다고 실업이 감소하는 것은 아니라고 보았다. 그 이유로 일반국민들은 화폐공급 전에 각자 예상대로 합리적 경제행위를 하기 때문에 화폐공급의 증가는 물가와 명목이자율만 변경시키고 실질소득과 고용에는 영향이 없다고 주장하였다. 바로 이러한 가정을 합리적 기대가설(rational expectation hypothesis)이라 하였다.

한마디로 프리드먼의 자유주의는 개인의 인격과 선택을 존중하는 서구적 가치관을 배경으로 하면서 시장과 민주주의에 대한 신뢰 그러나 정부, 엘리트에 대한 불신을 기본적인 전제로 출발한다(장세진, 1998). 특히 자유주의 전통을 이어받은 시카고학파는 개인의 사회적 행위는 자기이익에 따라 합리적 선택을 하기 때문에 사회의 영역에 따라 행위의 동기나 가치기준이 달라진다는 논리를

---

26) 그러나 이 두 사람 케인즈와 프리드먼은 사회주의에는 반대하고 자본주의를 개선시키려는 의도에서 서로 공통점이 있으나 이를 어떻게 개선시킬 것인가 하는 문제에서는 방법이 달랐다.
27) 자연 실업률은 장기적으로 물가가 안정되었을 때 나타나는 실업률을 의미한다.

거부한다. 프리드먼을 포함한 새 고전학파[28]는 시장을 "완전경쟁 하의 일반균형은 파레토 최적(pareto optimum)이다."라는 기본정리 에 충실하고 있다. 따라서 이들은 고용과 생산은 언제나 자연스러 운 수준을 유지하려고 하기 때문에 그 수준에 영향을 주려는 경제 정책은 실효성이 없다는 것이다. 결국 수요공급에 따라 이루어지는 프리드먼의 시장론은 시장의 가격체계를 교란시키는 어떤 요인도 배제되어야 한다는 논리로 이어진다. 따라서 국가개입은 최대한 배 제되어야 하며, 또 상품으로서 원활히 교환될 때만 사회 전체의 효율성이 극대화되어 파레토 최적이 달성될 수 있다는 것이다(이 근식, 1999: 627 - 634).

신자유주의 경제이론에 영향을 준 또 다른 학자로서 하이에크를 들 수 있는데 하이에크는 인간이성의 불완전함을 가정하고 인간 인식을 두 가지로 구분하였다. 첫째는 인간 사고능력의 불완전성이 고, 둘째는 정보의 불완전함, 즉 필요한 정보입수에는 인간적인 한 계가 있다는 것이다. 이 중 전자는 인간이 사물의 실체를 객관적 으로 파악할 수 있는가 하는 것인데, 하이에크는 인간의 인식은 주관적이므로 사물을 객관적으로 파악할 수 없다는 칸트(Emmanuel Kant)의 입장을 따르고 있다.[29]

또한 하이에크는 시장과 경쟁이라는 상호 연관된 개념을 사용하

---

28) 이들에 따르면 시장은 끊임없이 자발적으로 조정을 시도하며 누구나 시장의 임금에 맞추어 자리를 구할 수 있기 때문에 실업은 필연적으로 자발적이라고 본다. 이는 신자유주의의 기초 가 되는 학파이며 경제는 항상 균형상태에 있어야 하는 것으로 생각한다.

29) 인식론에서 인간이 사물의 실체를 객관적으로 파악할 수 있다는 입장을 아리스토텔레니즘 (Aristotelianism)이라고 하며, 이와 반대의 입장을 칸티즘(Kantianism)이라고 한다. 전자는 인간은 사물을 객관적으로 인식할 수 있으며, 후자의 입장은 인간의 인식은 의식의 주관적인 산물이므로 인간은 사물을 객관적으로 인식할 수 없다는 것이다.

면서, 원래 사람이 합리적으로 행동하는 것이 아니라 경쟁이 사람들로 하여금 합리적으로 행동하도록 하여 시장에서의 효율적인 배분은 경쟁 때문에 이루어진다고 보았다.

하이에크는 시장의 활성화를 위해 정부의 비능률을 비판하면서 정부의 지출과 기능을 대폭 줄이고 그 기능을 지방정부로 분산할 것을 주장하였다. 이를 위한 방법에는 총액제한을 통한 재정지출의 축소,[30] 정부부문의 축소, 화폐발행의 국가독점권 철폐, 케인즈의 경기안정 정책 비판,[31] 독점의 대책 등을 위한 방법을 제시하였다.

그는 신고전학파[32]가 완전정보를 가정하여 정부개입을 지지하는 것에 대해 비판하고 있다. 완전정보 가정은 인간의 지적, 윤리적 완전성을 전제하고 있으나 인간의 지식정보는 불완전하므로 한정된 결과만을 가져온다는 것이다(이근식, 1999: 559 – 560).

하이에크는 대신 자생적 질서를 강조하는데, 그 질서란 개인들의 행위가 잘 조정된 상태로, 일련의 행위준칙(rules of conduct)을 잘 따르는 경우 보장된다는 것이다. 그러나 사회의 복잡성으로 정보습득이 어렵기 때문에, 자생적 질서 가운데 환경적응에 도움이 되는 준칙만 선택되고, 집단 이익에 기여하는 선별 메커니즘이 작

---

30) 이익수혜자와 비용부담자 간의 괴리, 다수에 의한 소수에의 비용전가, 국민들의 비용부담 등으로 계속 팽창되어 온 정부지출을 축소하기 위해서는 의회가 재정지출 총액을 정하고 이 한도 내에서 예산을 편성하도록 해야 한다고 주장한다(이근식, 1999: 533 – 535).

31) 불황과 실업을 막기 위한 금융확대는 인플레만 초래하며 재정지출의 확대시기를 놓쳐 효과가 없다고 본다.

32) 신고전학파는 소비의 역할에서 출발하고 있는데, 케인즈는 소득이 증가하면 소비성향이 떨어지고 저축성향이 증가하는 경향이 있기 때문에 소비를 회복시키기 위해서는 평균소비성향이나 한계소비성향이 강한 낮은 소득계층의 소득을 올려야 한다고 주장한다. 따라서 이들은 소비자의 자율적 선택을 중시하며 소비자는 예산규모, 선호성, 가격 등을 고려해서 합리적으로 선택하는 경제주체라고 보았다.

동하여 자생적 질서가 형성되는 것이다(이근식, 1999: 513). 결국 하이에크의 자생적 질서의 사회는 시장가격과 경쟁 메커니즘으로 개인들의 삶이 공존하게 되는 시장사회(market society)라 할 수 있다. 하이에크는, 국가의 불필요한 개입은 시장의 질서와 경쟁의 효율성을 저해하기 때문에 국가정책은 절망적인 경우에만 실행하고, 최소한의 범위에 그쳐야 한다는 것이다.

하이에크는 사실 시장근본주의를 주장하면서도 다른 한편으로는 인간지식의 유한성을 지적하고 권력의 남용 가능성을 경계하는 회의주의적 성격도 함께 지니고 있다. 따라서 이를 어떤 관점에서 보느냐에 따라 조금씩 평가가 달라질 수 있다. 어쨌든 프리드먼과 하이에크의 자유주의 이론을 사상적 배경으로 하는 신자유주의의 특징과 한계를 다음과 같이 정리해 볼 수 있다.

각 개인들은 자기이익에 기초한 합리적 선택에 자율적인 책임을 지며 국가의 개입을 최소화하고, 재분배정책의 중단을 주장한다. 그리고 이들의 추구이념은 경쟁을 사회 구성 원리로 하면서, 시장의 교환가치를 사회 전체의 가치체계로 판단하는 물신성의 사회이다. 이는 시장의 효율성을 보편적 기준으로 이해함으로써 모든 현상을 시장적 특징으로 보고 그 효율성을 위해 탈규제화나 시장화·민영화를 추진하며 시장을 물신 자체의 지위로 격상시키는 시장원리주의의 성격을 드러낸다. 그러나 이러한 신자유주의 특성에도 다음과 같은 한계가 있다.

우선, 신자유주의 이론이 내포하고 있는 원자주의 내지 방법론적 개인주의적 성격은 대부분 시장경제에만 해당되며 모든 사회에 적용되는 보편적인 것이 아니다. 교환을 통한 이익의 추구도 시장경제의 전제조건이 아니라, 시장경제의 결과로부터 생겨난 것으로 보아야 한다. 이는 많은 역사적 사실에서 나타나고 있는데 상인 등 일부 층은 이익추구를 했지만, 일반적으로 대중들은 이익 추구의 행태가 보편적이지 않았으며 오히려 비물질적 사회행위가 더 많았다(김영진, 2005: 29). 그럼에도 신자유주의의 시장편향적인 사고는 가격 형성 메커니즘을 경제적인 것에 초점을 맞추고, 다른 경제 외적인 것은 고려하지 않는다. 즉 물질적 동기만을 현실적으로 간주하고 그 외 비물질적인 동기는 비효율적인 것으로 간주한다. 그러나 현실은 상당 부분이 경제 외적인 것으로 구성된 것이 많은데 신자유주의는 이를 물질적 형태로 바꾸어 해석하려는 경향을 보인다.

둘째, 신자유주의 정통적인 핵심이론의 하나로 무역자유화[33]를 들 수 있는데 그 무역자유화는 생산적인 자원이 보다 유리한 곳으로 자유롭게 이동할 수 있다는 가설에 의존하고 있다. 그 가설에 입각하면 농산물의 무역자유화로 국내농업이 축소되면 농업 생산 자원이나 요소가 상대적으로 수익이 좋은 도시로 이동하여 효율성을 추구할 수 있다고 주장한다. 하지만 한국농업의 현실은 분명히 다르다. 농업인들은 상대적으로 고령인데다 산업들 사이를 넘어들 만큼 보편적인 기술을 가진 사람들도 많지 않고 도시로 이동하더라도 도시에서의 취업이 어렵기 때문에 효율성은 고사하고 도시 빈민의 원인으로 전락할 수도 있다. 토지(농지)는 도시민들의 땅

---

[33] 무역자유화의 핵심이론으로 비교우위이론이 있는데 그는 어떤 나라가 어떤 상품을 상대국보다 더 싸게 만들 수 있을 때 무역할 이유가 된다고 하였으나 반드시 가격우위상품을 생산하지 못한다 해도, 가격열위 정도가 가장 적은 상품의 생산이 무역을 통해 이익을 얻을 수 있다. 그러나 이 이론도 현재의 그 수준을 유지하고 감수하는 한 자기가 잘하는 것이 좋다는 것이며, 변화하는 세상에서 좀 더 가치적인 일을 하고자 할 때는 맞지 않는다는 한계가 있다.

투기대상으로 전락하거나 적절한 이용이 저하되어 점차 환경을 파괴하는 주범으로 전락하게 될 것이다. 따라서 농촌을 이탈한 생산요소가 반드시 효율성이 높은 부문으로 이동한다는 것은 비현실적이다. 오히려 농업 부문의 생산요소는 한계자원이므로 이들의 효율적인 유지와 사회적 비용의 추가 발생을 막기 위해 정부의 적절한 시장개입이 필요하다. 이는 흔히 우리가 인식하고 있는 무역을 시장교역과 동일시하고 있는데, 그러나 무역은 원래 현지에서 얻을 수 없는 재화를 공동체적 차원에서 집단적으로 획득하는 수단이기 때문에 시장교역과는 별개의 행위인 것이다. 그런데도 무역과 시장 개념을 동일시하는 오류를 범하고 있다.

결론적으로 신자유주의는 시장주의 원리에 맞게 추진하는 이데올로기면서 각종 규제들을 해체하려는 초국적인 정치의 논리이자 실천의 방향타이고 논리적 무기라고 볼 수 있다. 따라서 농산물을 그 논리에 따라 자유무역을 할 경우 농산물은 각 나라마다 고유한 문화적, 지역적 특성이 내재되어 있기 때문에 농업 부문은 시장논리로 보면 더 어려워질 것이다.

신자유주의와 관련하여 이론적, 실천적 차원에서 정확한 해석을 요하는 또 하나의 현상이 세계화 현상이다. 신자유주의와 세계화는 거의 같은 의미로 연결해서 사용되지만 이 글에서는 이념을 중심으로 언급하기 때문에 세계화에 대한 논의는 여기서 간략하게 기술하는 것으로 대신하고자 한다. 세계화는 신자유주의 이론을 전파하는 운동체이면서 동적인 체계라고 할 수 있다. 또한 세계화는 다양한 평가를 받고 있는데 많은 사람들이 좀 더 광범위하게 연결됨으로써 파괴적인 적대감은 사라지고 범세계적인 협력과 다양성

의 확대가 이루어질 것이라고 주장한다. 그러나 이러한 주장과는
달리 지금까지의 세계화는 더 많은 빈곤층을 양산했고 인간의 환
경과 식량자급에 대한 위협은 훨씬 심해졌다. 따라서 각 국가들의
이익단체들은 신자유주의 세계화에 대해 범세계적인 저항운동을
지속적으로 표출하고 있다.

> "세계무역기구 회의에 이들 군중들이 난데없이 모인 것은 아니었다. 세계
> 곳곳의 사회운동은 이미 놀라울 만큼 빠른 속도로 만들어진 풀뿌리 네트워
> 크로 연결되어 있었다. 운동단체들은 인터넷공간에서 그렇게 빠른 속도로
> 연대할 수 있었다."[34]

중요한 것은 이러한 반세계화 운동이 세계화의 방향에 실제로
얼마나 영향을 미치는가 하는 점이다. 이러한 신자유주의에 기반을
둔 세계화는 민족국가들의 자율성을 훼손시키고 신자유주의 이론
의 당위성을 전파하고 있다. 이 글의 중요한 초점은 바로 이러한
신자유주의 이념을 넘어 한국의 농업을 보호할 수 있는지를 모색
하는 데 있다. 현재의 주요 선진국 중심의, 초국가기업 주도의 신
자유주의화는 어려운 농업을 하는 사람을 더 어렵게 할 뿐이다.

이러한 추세에 반대하는 반세계화 운동은 신자유주의 세계화는
반대한다는 약속을 공유하고는 있으나 현재의 세계화의 대안이 무
엇이냐는 문제에 대해서는 아직 의견이 다양하다. 일부는 과거의
국가경제 형태로 되돌아갈 것을 제안하고, 일부는 지나친 신자유주
의를 수정하기 위한 온건한 개혁을 표명한다. 세계화는 새로운 경

---

34) 제러미 브레처 저, 2003, 이덕렬 역, 『아래로부터의 세계화』: 12.

제기회의 추구, 새로운 국제기구의 창설, 정치 및 경제적 의도를 가지고 생겨났지만 이들의 의도대로만 세계화가 진행되었던 것은 아니다. 어쩌면 그 목적을 추구하는 과정에서 생겨난 의도되지 않은 상호 작용 결과물들일 수도 있다(제러미 브레처 외, 2003: 24).

이 과정에서 생겨난 신자유주의 세계화의 특징적 형태는 다음과 같다.

첫째, 신자유주의 세계화는 세계무역기구(WTO), 국제통화기금(IMF), 세계은행(World Bank) 및 이와 비슷한 국지적 기관들을 세우고 이들은 막강한 권력을 키워 가며 세계화를 가속화시켰다. 상호간 이익이 된다는 무역자유화와 이를 더욱 촉진시키려는 논리를 강조한다. 그러나 무역자유화를 통해 한국농업에 선택과 경쟁을 도입해 잘사는 농촌을 만들겠다는 정책은 잘못된 것이다. 주요 선진국들은 자신들의 농업관세와 보조금을 낮추어 개발도상국의 수출 증대를 위해 노력한다 하지만, 대부분의 농업개발도상국들에 있어서는 농산물 수입이 더 많기 때문에 이런 혜택 가능성은 적다. 이런 의미에서 주요 선진국들의 농산물자유화가 개발도상국에 도움이 될 것이라는 인식은 오류인 것이다. 그리고 모든 것이 그렇듯 주요국들의 호혜적 조치는 공짜가 아니라는 점을 상기시켜 볼 때 무역자유의 논리는 한국농촌을 더 축소시킬 것이다.

둘째, 주요국들이 주창하는 신자유주의를 대부분의 국가에서는 어쩔 수 없는 대세라며 묵묵히 받아들였다. 그러나 이 때문에 정부는 권력이 약해지고 자본의 이동성은 완전고용이나 기업에 대해 행사할 정부의 권력을 흔들어 놓았다. 국제기구나 각종 무역협정들은 국민국가들의 사회보호 장치들을 강화하지 못하도록 하였으며,

오로지 효율성을 위한 파괴적인 경쟁만을 촉진시켰다. 이로 인해 여러 국민국가들의 문화적 특성을 파괴하고 소수국가 및 초국적 기업이 세계적 매체를 지배하면서 세계주의라는 획일적인 문화가 점점 더 확산하여 결국 주요 선진국들의 제국주의적 성격을 강화시키는 결과를 가져왔다.

셋째, 신자유주의 세계화는 한 국가뿐만 아니라 세계적으로 부의 집중과 빈곤의 확대에 큰 기여를 하였다. 신자유주의 세계화를 찬성하는 사람들은 세계화가 모두에게 이익을 가져다주고 사회가 전반적으로 향상된다고 주장한다. 다운사이징 및 탈규제화, 사회복지정책 축소 등을 실행하면 이 모든 혜택은 모두에게 돌아갈 것이라고…… 그리고 정말 가난하고 절망적인 사람들에게도 신자유주의 긴축정책은 생활수준을 향상시킬 것이라고 약속하였다. 그러나 신자유주의 세계화는 예전보다 상황을 더 악화시켰고 인간과 환경에 대한 새로운 문제만을 발생시켰다. 농업인들의 전통적인 생활양식은 파괴되어 가고 그들이 생산한 농산물은 초국적 기업 및 국내 기업의 요구대로 질적으로 변화되고 있다.

거의 같은 개념이지만 무늬만 다른, 지역화(Lacalization)라는 개념도 있는데 이는 한마디로 당사자 간의 교류협정을 의미한다. 이것은 현실적으로 지역화로 연결된 협정들이 많아지고 있으며, 그 개념은 요즘의 FTA 등의 지역화로 설명된다. EU, NAFTA, 남미남부공동시장(MERCOSUT),[35] APEC 등이 지역화의 경향을 보여주는 것들이 대표적인 지역경제협력체들이다. 이 같은 지역 경제

---

35) 1995년 1월 1일자로 남미의 브라질, 아르헨티나, 파라과이, 우루과이 4개국을 묶는 남미남부공동시장(메르꼬수르로 칭함)이 관세동맹의 형태로 출범했다. 메르꼬수르는 북미자유무역협정과 더불어 여타지역과의 관계에 중요한 요소로 작용할 것으로 보인다(이성형, 2001: 255).

블록화는 FTA 형태로 나타나는데 이는 본질적으로 노동과 자원, 자본의 효과적 교환과 활용을 통해 자국의 소비시장을 외국자본으로부터 보호하는 '개방 속의 보호주의'라는 정치적·경제적 의도가 함께 녹아 있다.

지역화 역시 자본이 현지화를 통해 이윤율 회복을 지향하는 자본운동의 표현이므로 자본의 가치증식 운동에 방해가 되는 국가적 규제에 대해서는 세계화의 과정에서와 마찬가지로 탈규제와 무역개방을 요구하게 된다. 이런 점에서 지역화는 곧 세계적 표준이 역내를 매개로 수렴해 가는 과정으로 이해될 수도 있을 것이다(박시종, 2001b). 신자유주의 세계화는 한마디로 초국적 금융자본이 물적·기술적인 토대 위에서 자유롭게 이동하면서 각 국민국가들의 정책적 자율성과 기존국가의 사회관계를 변화시키는 과정이라 할 수 있을 것이다.

3. 신자유주의와 농업정책

신자유주의와 사회정책의 관계는 자본의 위기를 바로 분석할 때 근본적인 설명이 될 수 있다. 자본주의 체제가 이윤율의 저하에 직면하기 시작하면서 자본은 끝없는 확대 재생산의 본성을 나타내기 시작하였다. 자본은 이윤율을 높이기 위해 노동 강도를 높이는 방법을 선택하는데 이는 세 사람이 하던 일을 두 사람이 하게 하거나, 사람이 하던 일을 기계로 대체하게 하는 방법이다. 이것을 상대적 잉여가치의 생산이라 하는데 과학과 기술의 발전은 노동시간을 줄이고 기계 등의 비중을 높여 상대적 잉여가치를 추구하게 된다. 자본의 형성은 절대적 잉여가치(수익을 내는데 꼭 필요한 가치)와 상대적 잉여가치를 최대한 늘리면서 축적되었다. 자본축적을 위해서는 노동생산성을 수반하게 되는데 이를 위해 기계의 규모나 비중을 높이고 이로 인해 노동력이 투여되는 인간의 노동은 절대적으로 줄어들게 된다. 이것이 바로 자본축적의 일반적 법칙이며, 자본가는 이윤을 끊임없이 추구하게 되지만 그 이윤은 갈수록 줄어들게 되는데 이를 자본율 이윤하락의 법칙이라 일컫는다(이진경, 2004: 235).

이 같은 확대 재생산의 자본축적을 위한 이데올로기적 표현이 신자유주의이며 그러한 이데올로기가 초국적 메커니즘을 통해 전지구적으로 관철되어 가는 과정이 세계화인 것이다. 초국적 자본은 합리성과 경쟁력이라는 이데올로기를 내세워 자본축적에 이익이 되는 무역자유화를 통해 완전한 시장경제를 추구하고 있다.

역사적으로 보면 경제 대공황으로 자본의 위기가 오면서 케인즈주의는 다양한 사회보험과 공적 부조 등을 통해 자본의 위기에 대응하였다. 케인즈주의는 자본의 축적위기를 유효수요이론에 기반을 두어 해결하고자 한 수정주의적 접근이었다. 그러나 70년대 이후 자본축적위기와 금융자본의 가속화 등으로 새롭게 등장한 신자유주의는 각 국가들의 공공정책과 정책적 자율성을 위축시키는 분위기 속에서 농업 부문에서도 그동안 지원해 오던 농업보조금들을 점차 축소하도록 하였다.

바로 이 같은 신자유주의 반농업적 성격은 본질적으로 자본주의의 이윤율 하락에 기인하였다. 사업이 잘되어 이윤이 증가하고 자본의 크기가 커질수록 결국은 이윤율이 저하되기 때문에 이윤에 큰 도움이 되지 않는 농업 부문은 단지 비농업 부문의 보조산업으로 추락하고 자본은 새로운 이윤을 찾아 눈을 돌리게 된다. 따라서 자본은 언제든 축적위기가 오면 그 원인을 분석하고 해외시장 등을 개척하고자 하는데 그 개척의 방법이 바로 무역자유화라는 형태인 것이다.

따라서 농업은 이러한 틀에서 그 보조를 맞추어 갈 수밖에 없었고 자본에 비해 상대적으로 비이동성을 가지기 때문에 자본이 수익을 찾아 이동하는 동안 농업은 상대적 열위에 있을 수밖에 없었다. 이 같은 유동성의 차이는 자본에 유리하게 작용하여 농업 부문에 대한 우위를 확보하면서 이를 기초로 주요 선진국들의 농업 관세와 보조금 등을 낮추어 개도국들의 수출 증대를 돕는 대신, 개도국들의 무역시장개방, 노동시장 유연화, 복지혜택의 축소 등 다양한 차원에서 관세를 낮추고 시장을 개방하라는 무역압박을 가한다(이진경, 2004: 362 - 368).

이러한 상황에서 각 국가들이 정책을 스스로 수립한다는 것은 한계가 있을 수밖에 없는데, 자본의 요구에 순응하지 않을 경우 여러 경제적 위험을 감수해야 하기 때문이다. 더욱이 초국적 자본은 국가경쟁력 강화를 명분으로 재정적자의 축소와 각종 보조금 및 복지 지원금을 삭감하는 방안을 제시한다. 그 결과 각 국민국가들은 재정수입이 줄게 되어 점차 취약해지고 손실이 우려되는 부문의 보호를 위해 국민들의 부담을 늘리게 된다.

자본은 자신의 이윤을 위한 환경조성에는 적극적인 국가 개입을 요청하지만 이윤추구에 방해가 될 때는 국가개입은 자제되어야 한다는 이중적인 모순을 나타내고 있다(이진경, 173 - 176). 한마디로 상대방이 가난해져야 자신들의 이윤이 축적될 수 있다는 의미이며, 이러한 신자유주의는 불특정 다수 약자들의 삶을 불안하고 가난하게 하여 국가정책의 필요성을 갖게 하였다(김태선·김성룡, 1993: 128). 특히 농업 부문에서 신자유주의로 인한 농촌의 황폐화 현상은 국가 정책의 개입을 필요하게 하였다. 신자유주의의 역기능은 농촌인구의 감소와 농업인 소득의 상대적 저하, 문화적 소외 등을 보면 확연해진다. 한마디로 농촌경제의 불안정성과 문화격차, 빈부격차의 확대를 실감하고 있다. 그러나 이러한 현실을 객관적으로 파악한다 해도 자본주의 체제 내에서는 농업인들을 위한 근본적인 개혁에는 한계가 있을 수밖에 없다.

정책 수립 시 각 상황에 맞는 정책의 이해가 필요한데 농업정책의 형성과정은 농업외부와 농업내부의 요구가 서로 조정되고 대립하는 과정이고 상황에 따라 수탈적 측면과 보호적 측면이 강조되기도 한다. 그동안의 한국농업정책은 초국적 자본의 이해와, 농업·농민의 이해가 기본적으로 대립적인 관계에 있는 현실에서, 정부는 성장 지향적 정책을 우선시하면서 농업인들의 목소리를 수렴하고 조정하는 노력을 등한시하다가 결국 농업, 농촌을 더욱 어려워지게 하였다(박진도, 1988: 201).

물론 다른 주요국들이 1세기 이상 걸려 안정화된 농업정책들을 우리는 30~40년의 짧은 기간에 시행하려다 생긴 여러 시행착오 중의 하나라고 보아 줄 수도 있다. 그러나 이제는 이런 시행착오를 계속 반복해서는 안 된다. 사실 신자유주의 정책논리는 각 국민국가의 다양한 역사적·제도적 환경과 정치적 관계 등 다양한 매개요인들에 따라 변형, 적응되는 것인데, 지금의 신자유주의가 농업정책에 대해 갖는 변화와 방향은 대체로 자본의 발전과 비례한다고 보아야 할 것이다(Mishra, 1999). 한마디로 신자유주의가 농업정책에 대해 갖는 정책적 함의는 자유시장주의와 경쟁원칙, 국가개입의 최소화를 이념으로 하는 자본의 방향과 농업의 정책방향은 어느 정도 일치한다는 것이다. 문제는 이러한 방향을 한국농업에서 어떻게 설정하고 개선해 받아들이느냐는 것인데 농업에 관한 한 아직은 개방화보다는 우선 농업의 성장능력을 키우는 것부터 해야 한다는 생각이다.

다음 절에서는 신자유주의 세계화의 한 형태인 농업통상 및 협상과정과 그 주요 내용을 살펴보고 바람직한 농업정책방향에 대한 이해를 넓히고자 한다.

제2절 농업통상 압력 배경 및 농업협상

1. 한국에 대한 농업통상 압력의 배경

먼저 통상이라는 개념과 협상이라는 개념은 엄밀한 의미에서 다른 개념으로 사용되지만 이 글에서는 유사한 개념으로 문맥에 따라 혼용하여 사용할 것이다. 이렇게 사용하고자 하는 것은 보통 통상은 거시적·교역개념인데 이는 반드시 시장개념과 일치하지 않는 공동체적 차원에서 집단적으로 획득하는 수단 개념으로, 그리고 협상은 미시적인 개념으로 타협적인 차원에서 많이 사용하나 문맥에 따라 같은 의미로 사용할 경우도 많기 때문이다.

초기 경제개발 단계인 1950년대 중반까지 한국은 미국을 중심으로 한 주요국들의 도움으로 수출 주도적인 경제개발과 신흥공업국으로 부상하는 기반을 다질 수 있었다. 이러한 기반을 다지는 데 있어 미국의 영향은 여러 가지로 크게 작용하여 왔기 때문에 이 글에서는 주로 미국 중심의 신자유주의를 중심으로 하여 살펴볼 것이다.

미국은 1980년대 이후 통상정책을 전략적 무역으로 바꾸게 되는데, 이것은 자국의 경제적 위기가 불공정무역에 있다고 보고 그 불공정을 해소하여 미국의 무역적자를 해소하기 위한 목적이었다 (김재수, 2005: 212). 80년대의 미국경제는 무역적자와 재정적자 그리고 산업공동화 현상에 복합적으로 직면하고 경제적인 어려움까지 더해지자 신자유주의를 표방하는 레이거노믹스 체제는 그 붕괴를 우려하고 있었다.

따라서 세계경제의 불황을 극복하고자 한 레이거노믹스는 작은 정부를 표방하여 과대한 정부지출을 줄이고 정부의 개입을 억제하여 규제를 완화함으로써 민간경제에 활력을 주고자 하였다. 이는 통화긴축과 조세감축 정책을 통해 자본을 집중시켜 생산력을 높이려고 산업재편을 하였지만 반대로 무역적자와 재정적자, 제조업의 공동화라는 역작용도 수반되고 있었다. 이러한 재정적자에 대한 재원조달은 재정증권의 판매를 통해 보전하였는데 이것은 금융시장의 자금수급을 압박함으로써 실질금리를 상승시켰다. 또한 통화긴축정책과 재정팽창정책으로 생긴 재정적자를 외국자본의 유입으로 해결하였는데 이는 미국을 채무국으로 전락시키고 인위적인 고달러 유지와 산업공동화는 수출부진과 수입품의 확대로 이어져 무역적자는 계속 확대되었다. 따라서 미국은 여러 주요국과 정책협조라는 이름 아래 수입개방과 평가절상압력을 가함으로써 협조금리 인하를 통한 고금리를 해소하고자 하였다. 이렇게 하여 탄생된 것이 G5, G7로 불리는 협조체제이다.

이러한 배경하에서 미국의 통상정책은 도쿄라운드(73~79년)를 통해 비관세 장벽의 완화를 추구하면서도, 다른 한편으로는 74년, 79년 통상법 제정으로 긴급수입규제조치(safe guard)를 강화하고 반덤핑조사 절차의 간소화 등을 통해 자국 내 보호주의를 강화해 왔다. 자국의 보호주의를 강화하면서 미국은 여타 무역상대국들은 시장을 개방해야 한다고 주장하였다. 이에 따라 미국은 자신의 요구에 불응하는 국가들에 대해 엄격한 수입규제로 대응하면서 시장개방의 강요와 보복조치도 강화하고 있다. 미국의 주요 통상압력 수단을 보면, 첫째는, 수입규제인데, 이는 상대국의 부가가치가 큰 품목에 대해 수입을 규제하는 조치를 말한다. 최근에는 수입규제를 첨단산업뿐만 아니라 특허권, 상표권, 수량 및 표시위반 등에까지 다양화하는 경향을 보이고 있다.

둘째는, 시장개방 압력인데 이는 수입개방 요구와 관세인하 요구로 대별할 수 있는데 이 두 부분 모두 그 강도가 점차 강해지고 있다. 미국이 농업부문에 있어 해외시장에 관심을 갖는 것은 소비하고 남는 잉여농산물을 상품화하여 이윤을 획득하는 다양한 방법을 고민하고 있기 때문이다. 따라서 미국은 농산물 판매가 농업부문과 국가의 과제로 되었던 것이다.

셋째는, 원화절상압력[36]인데 한국의 평가절상이 상대적으로 저평가되고 있다고 주장하며 더 큰 폭의 원화절상을 요구하고 있다. 이것은 미국경제에 유리하게 하기 위해 개도국에 더 많은 수입을 하게 하려는 것인데 대부분의 개도국들이 수출위주의 경제라는 점을 고려해 볼 때 결코 개도국에는 유리하지 않은 상황이다.

이상과 같은 추세는 앞으로 계속 가속화될 것으로 보이며 그 결과 경제여건에 위협이 되고, 나아가 한국농업에도 위협이 되고 있는 현실이다(이재옥, 2005: 426). 이러한 압력은 위기에 처한 자본주의 내적 모순을 다른 무역상대국에 전가함으로써 국제기구(WTO) 주도하에 강대국의 이익에 부합하는 구조개편을 하겠다는 제국주의적 발상이라고 할 수 있다.

현재 한국은 무역자유화의 압력을 받아들일 수밖에 없는 구조이며 이러한 외부적 압력을 조정해 가면서 그 기간 동안 농업구조를 재정비해 갈 수밖에 없는 현실이다. 현재 농업통상정책에 영향을 미치는 요인으로 다자통상체제 및 다자간, 당사자 간 협상 등인데 많은 국민국가들이 다자체제와 FTA의 문제점에도 불구하고 나름대로 양 체제를 유지하는 이유는 각자의 체제에도 장점이 있다고 판단하기 때문이다.

---

36) 원화절상 압력은 환율의 하락을 의미한다. 즉 외국화폐에 대한 원화의 교환비율이 떨어지는 것을 의미한다.

2. 다자간 농업협상의 전개

(1) 우루과이라운드(UR)협상의 전개와 한계

농산물 분야에서 우루과이라운드(이하 UR)협상은 국내농업정책이 국제화되어 가는 첫 협상이라고 할 수 있다. 그전의 협상단계에서는 농산물 무역문제를 독립된 영역으로 분리하고자 하였으나 실패하였고 제7차 도쿄라운드[37]에 와서야 농산물을 독립된 영역으로 분리하여 수출국의 일방적인 공세와 수입국의 일방적 방어라는 대립이 뚜렷하게 부각되었다. 도쿄라운드에서 여러 가지 논의가 있었지만 농산물 무역에 관한 국제규칙을 만드는 데는 실패하였다.

그러다가 UR협상 때 와서야 국내농업정책을 규율하는 국제적 규칙을 만들고 그 규칙을 감시하기 위한 기구로 WTO를 창설하게 되었다. WTO는 관세부문에 있어 형식적으로는 비관세 장벽의 관세화(예외 없는 관세화)를 통해 자유무역을 기본이념으로 하였지만 실제로는 GATT의 실용주의를 상당 부분 계승하는 유연성을 보이고 있었다. 관세화는 수출국에는 일정수량을 보증하고 수입국은 관세 상당량을 수입국이 정했기 때문에 비관세 장벽은 철폐되었지만 실제 농산물 무역은 그대로였다(박진도, 2005b: 163 – 166). 수출보조 부문에서 무역왜곡효과가 심한 농산물은 약간 삭감되기는 했지만 대부분 그대로 인정하였다.

---

37) 도쿄라운드는 보호주의 확산을 방지하고 미국의 무역적자를 해소하기 위해 다자간 무역협상을 추진하게 된 7번째의 협상으로 관세 장벽의 완화에는 다소 도움이 되었으나 농산물은 협상국들의 입장차이로 무역자유화에 큰 진전을 이루지 못했다.

국내보조 부문에서는 각 국민국가들의 농업정책은 규제하지 않아 금지조항(Red Box)은 없고, 대신 블루박스(Blue Box),[38] 그린박스(Green Box)[39]를 두어 삭감조치의 예외를 인정하였다. 농업정책으로 모든 것을 규제하기는 어렵기 때문에 교통신호체계와 같은 방식을 채택하였는데, 붉은 박스정책(Red Box)은 UR협상에 의해 중지되거나 철폐되는 정책이며 앰버박스(Amber Box) 정책은 무역 왜곡 효과가 큰 농산물로 보조 총액(AMS)이라는 지표로 계량화하여 연차적으로 감축하도록 한 정책이다. 여기에 포함되는 정책으로는 품목특정 가격안정정책, 생산자에 대한 직접지불, 품목특정적 이전정책, 기타 품목 불특정적 정책(자본보조, 투입재보조, 보험가격보조 등) 등이다.

블루박스(Blue Box)는 일정한 요건하에서 감축의무가 면제되는 보조금으로 궁극적으로는 허용보조로 가야 하지만 과도기적으로 임시 인정해 주는 정책이다. 블루박스는 일정한 조건[40]이 있고 생산량의 85% 이내에서만 인정된다는 특징이 있다.

마지막으로 허용보조(Green box)정책은 무역왜곡효과가 없고 있더라도 미미하여 허용되는 국내보조금을 말한다. 농산물 수입국들은 현재의 허용보조만으로는 농업의 비교역적 기능을 살려 나가기

---

38) 이는 미국과 EU 간에 막바지 합의로 농업협정문에 규정한 사항이다. Blue box 보조금은 보조금 총액산정에는 포함하나 매년 실제 감축은 하지 않아도 되는 일종의 편법 보조금이다. Blue box의 역할을 인정한다는 것은 농업개혁에 과도기적으로 필요하다는 인식이다. 즉 가장 무역왜곡적인 보조(amber box)에서 가장 왜곡이 적은 보조(green box) 로 이행하기 위한 중간 과정의 보조금을 의미한다(김재수, 2004: 272).

39) Green box 정책은 감축의무는 부과하지 않으나 이에 대한 점검을 강화한다고 규정하고 있다. 즉 Green box 정책은 생산이나 교역에 미치는 영향이 없거나 미미하여 감축의무에서 실제로는 제외하는 것이다.

40) 그 일정한 조건은 첫째, 고정된 면적과 수확량을 기준으로 하고, 둘째, 생산량의 85% 이하에서 이루어지며, 셋째, 축산에 대한 지불은 고정된 사육두수에 대해 지불한다.

어렵기 때문에 이 기준을 좀 더 완화해야 한다고 주장한다. 그 예로, 정부의 조사연구, 교육, 병충해방제, 농업의 하부구조사업, 식량안보목적의 공공비축, 생산과 연계되지 않은 소득보조, 자연재해 구호 등을 위한 지불 등이 여기에 해당한다(이재옥, 2005: 400).

UR협상에서 강조하는 것은 관세 감축과 국내 보조의 삭감이다. 관세감축이나 보조금 감축을 관철하기 위한 노력은 WTO만이 아니라, 지역협정기구인 FTA, NAFTA 등을 통해서도 줄기차게 요구하고 있다. UR협정은 GATT체제에서 예외로 인정되었던 농업 분야를 자유무역의 큰 틀 안에 흡수시키고 농업정책에 대해 통일적인 규칙을 마련하기는 했지만 현실과는 거리가 있었다.

한마디로 UR협상은 농산물 수출국과 수입국 간의 정치적 타협의 산물이라 볼 수 있고 자유무역 확대에 어느 정도 기여를 하였으나 공정무역(Fair Trade) 혹은 무역의 자유(Freedom of Trade)에는 한계가 있을 수밖에 없었다. 따라서 농산물 수출국인 주요국에는 유리하지만 수입국에는 불리한 입장에 있으며 수출국은 수출할 자유나 수출하지 않을 자유가 있지만 수입국은 수입을 해야만 하는 입장에 처해 있다.

또 다른 하나는 UR의 경우 농업의 다원적 기능을 고려하지 않는다는 것인데 농업의 다원적 기능인 비교역적 품목들 NTC(Non Trade Concerns)이 고려되기는 했지만 형식적이고 오히려 자유무역에 경도되어 농산물의 상품화에 주력하였다. 이는 농업의 자본 이해관계를 그대로 반영한 것이다(박진도, 2005b: 171-176). 또한 UR 이후 수입개방과 함께 한국농업의 거시지표가 크게 변화하지 않는 것으로 보아 UR협상이 크게 영향을 미치지 않은 것으로 보인다. 이는 농산물의 식부체계와 영농규모, 전문화의 정도가 미미하게 변하고 있고 자본집약도가 높아지기는 하였으나 자본의 생산성이 저하되어 국제경쟁력 향상까지는 크게 영향을 주지 못했다(이재옥, 2005: 265). 한국농업은 장기간에 걸쳐 구조조정이 이루어지고 있어 시장개방에도 거시지표는 크게 변하지 않고 오히려 가장 큰 영향을 미친 요인은 1997년 이후 IMF 금융 위기이므로 농산물시장개방에 의한 파급영향을 제대로 파악하는 데는 한계가 있을 수밖에 없었다. 따라서 UR 농업협상에 이은 DDA협상의 진전에 따라 시장개방의 효과를 장기적인 측면에서 살펴보아야 할 것이다(이재옥, 2005: 270).

(2) WTO 농업협상의 전개과정 및 내용

UR협상 이후 세계은행, IMF와 더불어 UR협상의 이행을 감시하기 위한 기구로서 WTO를 창립하였다. WTO는 주요국들의 초국적 기업을 통해 개도국의 시장에서 그 이익을 증진시키려는 수단이라고 비판하기도 하지만, WTO는 개도국들이 1국 1투표권을 가짐으로써 상대적으로 다른 국제기구에 비해 민주적 성격을 가지고 있다.

UN의 경우 안전보장이사회의 5개 영구 회원국이 거부권을 갖지만 WTO에서는 어느 나라도 거부권을 갖지 않는다는 점도 다르다. 따라서 개도국이 수적으로 우세하므로 개도국이 WTO에서 차지하는 지위는 다른 세계기구(IMF, 세계은행)에서 차지하는 지위보다 높은 지위를 차지한다. 하지만 그 운영은 투표가 아니라 소수의 주요국들로 이루어진 과두집단에 의해 WTO가 운영되고 있다. 그

렇다 보니 WTO의 결정은 주요국에 유리한 쪽으로 치우치기 쉬운
데 이는 지역별 다자간 금융기구들에 영향력을 행사하는 방법으로
개도국들을 회유할 수 있기 때문이다. 이러한 성격을 배경으로 실
제로 WTO 이후의 농업협상에 대해 살펴보고자 한다.

<표 2-1> WTO 농업협상의 전개

기간	명칭	비고
1996.12	싱가포르각료회의	차기농산물 협상의제 검토, 각 수출입국 간 입장 대립
1998.5	제네바각료회의	뉴라운드 의제 발굴 및 의제신청, 광범한 무역자유화 의제를 다룸
1999.11	시애틀 각료회의	전체적인 협상범위와 방식에 관한 각료 선언문 채택
2001.11	DDA 출범	WTO 각료회의, 각료 선언문(DDA) 채택
2002.12	하빈슨초안 무산	〈표 2-2〉 참조
2003.9	칸쿤회의 결렬	기본골격에 영향을 주고 강력한 농업협상수출국이 등장
2004.8	기본골격 합의	〈표 2-3〉 참조
2005.12	홍콩회의	〈표 2-4〉 참조
2006.7	G7회의 실패	각 이해당사자 국가들 간의 견해차이로 회의 결렬

제1차 싱가포르 각료회의('96. 12.)에서는 차기농산물 협상 의제
에 대한 검토작업을 하였으며 WTO 농업위원회 비공식회의에서
'분석 및 정보교환' 작업을 추진하였다. 관세인하, 수출보조 폐지,
허용보조기준 강화, 특별긴급관세 폐지, 농업의 다원적 기능이 주
요 쟁점이자 논의내용이었으며 각 쟁점마다 수출·수입국 간의 입
장이 대립하였다. 또한 케인즈그룹, NTC그룹, 개도국그룹의 주장
이 가시화되었다. 한국은 농업의 비교역적 기능이라는 보고서를 제
출하고 한국의 입장을 적극 표명하였다.

제2차 제네바 각료회의('98. 5.)에서는 '광범위한 무역자유화' 문
제를 포함한 새로운 다자간 무역협상을 개시하기로 하였다. 그 준

비 작업으로 뉴라운드의 의제 발굴, 의제선정에 대한 합의, 시애틀 각료회의 선언문 작성('99. 9.~'99. 11.) 등의 작업을 하였다.

제3차 시애틀 각료회의('99. 11.)에서는 뉴라운드의 개시를 앞두고 전체적인 협상 범위와 방식에 관한 각료 선언문을 채택하기로 되어 있었다. 선언문 작성은 농업, 시장접근(공산품 관세인하 포함), 이행 및 규범, 새로운 이슈 등의 분야로 나누어 진행하였다. 그러나 세계 각국의 노동, 환경, 농업단체들의 항의와 시위로 각료회의는 커다란 지장을 받게 되었다. 농업 부문은 제네바 각료회의에서의 논의를 바탕으로 하여 지속적인 절충을 시도한 결과 상당한 수준의 진척을 보였으나 수출보조 등의 입장차이로 완전한 합의에는 실패하였다. 농산물협상과 관련하여 수출국들은 농산물에 대한 무역을 공산품 수준으로 하자고 했으나 이들의 주장은 받아들여지지 않았다.

농산물 협상과 관련하여 일반적으로 시장접근 분야, 국내보조 분야, 수출보조 분야로 나누어 분석하는데 먼저 시장접근 분야에서 내용을 보면 당초 의장초안은 모든 농산물 관세를 상당 수준 감축하고 시장접근 물량은 확대하는 등 시장개방의 내용을 포함하였으나 결국은 포괄적인 시장접근 내용만을 명시하고 그 구체적인 내용은 삭제하였다.

국내보조 부문에 있어서 의장초안은 무역왜곡적인 농업보조금을 상당 수준 감축하는 것으로 되어 있었으나 실제는 점진적으로 감축하자는 데 합의하였다.

수출보조 분야에서는 보조금의 감축을 주장한 EU와 수출보조의 완전철폐를 강조한 미국 및 케인즈그룹 간의 첨예한 대립으로 결론을 내리지 못하였다(이재옥, 2005: 279). 이렇게 답보상태에 있던 중 제4차 WTO 각료회의('01. 11)를 계기로 본격적으로 추진하여 많은 논란 끝에 각료 선언문을 채택하였다. 이 각료 선언문에서 농업 부문은 물론 비농업 부문을 포함하는 도하개발의제(DDA / Doha Development Agenda)를 공식 출범하게 된다. 이를 뉴라운드 협정이라고도 하는데 DDA 선언문은 신속한 협상을 위해 구체적인 협상 일정[41]을 제시해 놓고 과거 UR협상에서 주장하였던 자유무역을 더욱 강조하였다.

첫 번째로 시장접근 분야[42]에서는 각 나라의 이해관계에 따라 관세감축방식을 다양하게 주장하였는데 한국, EU, 일본, 동구권 국가들은 UR방식을,[43] 케인즈그룹 등 수출국과 개도국은 스위스공식 등 품목 간 관세격차를 축소할 수 있는 혼합방식(관세조화 방식)을 주장하였으며 특히 미국은 스위스공식을 주장하고 관세상한을 25% 선에서 결정되도록 하자는 입장이었다(이재옥, 2005: 328). 즉 관세 분야는 UR협상에서 성과가 제대로 나타나지 않아, 고율관세일수록 높은 감축률을 적용하고, 모든 관세가 25%를 초과하지 않도록 하는 소위 스위스공식[44]을 강력히 주장하고 있다.

---

41) 당초 2004년 말까지 협상을 종료할 예정이었으나 각 협상국들의 입장차이로 세부원칙 타결 시점을 2005년으로 연기하였으나 이 또한 각 나라들의 입장차이로 2006년 7월 협상이 중단되어 2007년 이후에나 가능할 것으로 판단된다.

42) 시장접근 분야는 크게 2가지로 나눌 수 있는데 첫째는 관세의 감축이고, 둘째는 시장접근 물량확대를 통한 개방의 확대이다.

43) 동일구간에 속하는 품목들의 전체평균관세율만 규제하며 주요품목은 고관세를 부과하고 덜 중요한 품목은 낮은 관세를 부과하는 것을 말한다. 즉 쌀과 같은 주요 농산물은 높은 관세를 덜 중요한 농산물은 낮은 관세를 부과하는 것을 말한다.

44) 동일한 구간 내에서도 높은 관세를 가진 농산물이 낮은 관세를 가진 농산물보다 더 많이 감축되는 방식을 말한다.

또한 농산물 수출국과 개도국들은 종량세의 경우 투명도가 낮아 실질적인 보호효과를 파악하기 어렵고 협상 자체도 어려우므로 종량세를 종가세로 단일화해야 한다고 주장하였다. 종량세의 경우 수출국들이 불리하기 때문에 국제가격이 하락할 경우 수입국의 보호효과가 증가한다는 것이었다. 따라서 기본골격에서는 회원국들의 관세를 몇 개의 구간으로 나누고 높은 구간에 속하는 관세를 더 많이 감축하기로 하였지만 구간을 몇 개로, 어떤 방식으로 감축할지는 결정하지 못했다. 이에 대해 한국, EU, 일본, 스위스 등 수입국들은 종가세와 종량세는 나름대로 장단점이 있기 때문에 다양한 관세제도가 허용되어야 한다는 입장이었다. 전반적으로 관세감축 방식에 대해 수출국들은 구간을 많이 나누어 높은 관세로 더 많이 감축하려는 데 반해 농산물 수입국들은 구간의 수를 적게 하여 관세의 감축 폭을 최소화하려 했기 때문에 합의를 보지 못하였다(황형성, 2005: 12).

또 다른 시장접근 방법으로서 시장접근 물량을 늘리는 방법이 있는데 주요국들은 관세인하만으로는 실질적인 시장확대 효과를 거둘 수 없기 때문에 시장접근 물량의 확대가 필요하다는 입장인 반면 한국은 현실적 수용이 가능한 범위 내에서 일정률로 확대하는 것이 바람직하다는 입장이었다. 기본골격은 민감품목은 스스로 선정하고 관세를 적게 감축되도록 하였다. 그러나 이에 상응하는 저율관세수입물량(TRQ)은 늘리기로 했다. 수입국들은 민감품목의 수를 더 늘리고 저율관세 수입물량(TRQ)도 최소화해야 한다고 주장하지만 수출국들은 반대 입장이다.

한편 개도국에만 인정되는 특별품목은 관세감축과 저율관세 수입물량(TRQ)도 면제해야 한다고 주장하며 특별품목의 선정에 최대한 자율성이 주어져야 한다는 입장이다. 그러나 현실적으로 시장접근 물량의 투명성, 공정성 등이 결여되어 있기 때문에 시장접근에는 엄격한 지침이 있어야 한다고 농업수출국들은 강조하였다. 이에 한국은 획일적인 규범을 제정하기보다는 각국의 실정에 맞는 다양한 관리방법을 사용할 수 있는 지침을 인정해야 한다는 입장이다. 특별긴급관세제도(SSG)에 대해서도 무역장벽의 성격이 많다는 이유로 철폐하고 개도국에만 인정하자는 입장이었다. 그러나 한국은 농업개혁이 지속되는 한 존속시키고 관세감축이 진전될수록 그 중요성이 증대된다는 입장에서 SSG의 유지를 주장하였다(이재옥, 2005: 331).

두 번째로 국내보조 분야에서는 감축대상보조(AMS)[45]의 감축이 있는데 이는 감축할 품목에 대해서 미국은 평균농업 총생산액의 5%까지 5년간 균등 감축하고 2단계에서는 완전히 철폐하자는 데 반해, 케인즈그룹은 UR방식에 의한 보조감축은 민감품목에 대해 감축하지 않을 수도 있기 때문에 품목별로 감축하고 이행 연도 초기에 대폭 감축하자는 주장이다.

이에 반해 EU는 블루박스(생산제한 조건하의 직접지불)가 유지되는 한 감축대상보조를 감축할 수 있다는 입장이고 한국, 일본, 스위스 등은 UR방식에 의한 보조감축을 주장하였다. 허용보조와 관련하여서는 요건완화를 주장하는 NTC그룹과 요건 강화를 주장

---

45) 무역왜곡보조 가운데 우리나라가 가장 많이 쓰는 보조금은 생산량과 연계해 지급하는 AMS (감축대상보조)인데 쌀농사에 지급하는 변동직불금과 콩수매자금이 여기에 속한다.
여기에는 AMS총액을 감축하고 품목별 상한선을 두자는 내용인데 이것은 특정품목에 보조금을 몰아 주지 못하도록 한 것이다. 쌀에 97% 이상을 쓰고 있는 한국에는 매우 불리한 입장이다. 따라서 AMS에 속하는 변동직불금을 줄이고 제약이 덜한 고정 직불금을 늘려야 한다는 주장도 이러한 상황에 기초한다.

하는 케인즈그룹 및 개도국들이 대립하는 상황이며, 미국은 현행범위 및 기존유지를 주장하고 허용정책으로 분류된 생산자에 대한 직접지불, 생산비연계 직접지불, 소득안정망 지원 등은 감축보조로 재분류하여 허용보조 총액에 상한을 설정하자는 입장이었다.

이에 한국은 농업의 다원적 기능에 대한 보조, 소규모 가족농을 위한 조치, 핵심주곡의 생산유지 조치 등의 감축의무면제를 주장하고 생산비 연계 직접지불, 소득안정망 지원, 자연재해구호 지원, 탈농지원, 환경보전 지불 등의 조치와 관련해서는 요건을 완화할 것을 제안하였다. 선진국은 최소허용보조를 대폭 낮추거나 철폐하되, 개도국에 대해서는 신축성을 부여하자는 입장인데 한국은 현행수준의 최소허용보조는 유지되어야 한다고 반박하였다(이재옥, 2005: 333).

세 번째로 수출 분야에 있어 수출보조의 폐지는 보조의 여력이 없는 국가는 식량안보에 부정적인 영향을 미치므로 철폐되어야 한다고 주장하였다. 반면 EU와 스위스는 수출보조 이외에 수출신용, 식량원조 등의 문제도 함께 논의되어야 함을 강조하였다. 수출신용에 대해서는 케인즈그룹 등 EU는 철폐 혹은 감축이 필요하다는 입장이며 식량원조도 국내의 잉여생산물을 처리하기 위한 것이기 때문에 수출보조와 같은 규범을 적용할 필요가 있다고 강조하였다. 이에 반해 미국은 엄격한 규범을 제정할 경우 인도적인 식량원조까지 제약할 우려가 있다는 입장이고 한국과 일본은 신축적인 규범이 필요하다는 입장을 견지하고 있다.

이러한 다양한 주장에 대하여 2002년 12월 하빈슨 의장은 그동안의 주장을 정리하여 논의가 필요한 의장종합보고서를 제시하였다. 세부원칙 수립을 위한 하빈슨 의장 종합보고서는 쟁점별로 대립되는 회원국들의 입장을 정리하고 향후 집중적인 논의가 필요한 나열식의 보고서로 한국의 입장도 대부분 수록되었다. 이 보고서는 모든 회원국들의 제안을 다 수록하지는 못했지만 향후 협상의 기초자료로 활용될 수 있고 개도국에 대한 우대조치가 구체적으로 강화되었다는 점이 특징이다. 의장초안은 시장접근, 국내보조, 수출경쟁 등 모든 분야에서 개도국에 대해 우대조치를 제시하였으며 구체적인 내용은 협상의제로서 개최되었으나 기존의 주장을 반복하는 각국의 입장 차이로 성과를 거두지 못하였다. WTO 농산물 협상과정에서 제기된 여러 가지 의견을 정리하면 〈표 2 - 2〉와 같다.

<표 2 - 2> 농업협상 세부원칙(Modality)의 비교

구분	시장접근	국내보조	수출보조	특징(비고)
UR협상결과 (현재 이행)	• 관세 - 평균 36% - 품목별 최소 15% • TRQ - 소비량의 3~5%	• 총액기준 20%	• 품목별로 - 재정지출 36% - 물량 21%	• 개도국은 선진국의 2/3 수준 감축
Harbinson 초안	• 관세 - UR 방식을 기준으로 하되 관세수준별로 감축률 차등 적용 • TRQ - 최근 소비량을 기준으로 증량	• 총액기준 60%	• 궁극적으로 철폐	• 개도국은 선진국의 2/3 수준 감축
미국 - EU 안	• 3구간으로 구분 - UR방식/스위스방식/무세화 • 관세 상한 설정 • SP 반영	• 감축대상보조(AMS), 최소허용보조(de-mininis) 감축, Blue Box에 대한 상한 설정 • 무역 왜곡적 보조 총액에 대한 제한 부과	• 개도국관심품목에 대한 수출보조: [ ]년에 걸쳐 철폐 • 기타 품목: 감축	• 개도국 우대 구체적으로 미반영

구분	시장접근	국내보조	수출보조	특징(비고)
Castillo안	• 3구간으로 구분 - UR방식/스위스방식/무세화 • 관세 상한 설정 • SP 반영	• 감축 대상보조(AMS) 최소허용보조(de-mininis) 감축 • Blue Box에 대한 상한 설정 후 감축 • 무역왜곡적 보조 총액에 대한 제한 부과	• 개도국 관심품목:[ ]년에 걸쳐 철폐 • 기타 품목: 철폐를 전제로 감축	• 미국 – EU안에 비해서는 개도국 우대를 구체적으로 반영
Yeo안	• 3구간으로 구분 - UR방식/스위스방식/무세화 • 관세 상한 설정 - 단, NTC 관련 일부 품목은 적용 제외 • SP 반영 - 현행 관세가 낮으면 감축 면제	• AMS, de-minimis 감축 • Blue Box에 대한 상한 설정 후 감축 • 무역왜곡적 보조 총액 감축, 이행 초기 일정 수준 감축	• 개도국 관심품목:[ ]년에 걸쳐 철폐 • 기타 품목: 철폐를 전제로 감축	• 관세 상한을 제외하고는 전반적으로 Castillo안에 비해 수입국 의무 강화

자료: 농림부, 2005(김재수, 2005: 244)에서 재인용.

〈표 2 - 2〉에서 보는 바와 같이 WTO 일반 이사회 의장인 카스티요는 칸쿤 각료회의에 대비하여 미국과 EU안을 중심으로 개도국들의 주장을 일부 반영한 카스티요안을 작성하였는데 칸쿤 각료회의가 임박해서도 합의도출이 어려워지자 카스티요는 직권으로 각료회의에 상정할 농업 부문의 안을 작성하고 조정, 수정 과정을 거쳐 각료 선언문 초안(일명 데르베즈초안)을 작성 제출하였다(이재옥, 2005: 360). 각료 선언문 초안은 카스티요 초안에 기초하고 있어 이 초안은 나름대로 의미와 시사점을 지닌다.

한편 제5차 칸쿤 각료회의에서 데르베즈 각료회의 의장은 5개 분야별(농업, 비농산물, 싱가포르 이슈, 개발, 기타) 의장을 임명하여 협상 분야별로 개별, 그룹별, 전체회의를 통해 입장을 조율하기로 하였다. 그리고 EU의 공동농업정책(CAP)을 개혁할 것을 주장하고 EU의 협상자세 변화를 촉구하였다. 결국 EU회원국들은 2003년 6월 상당한 수준의 공동농업정책 개혁안[46]을 마련하였는데 그 협상과정은 각 나라들 간의 이해관계 때문에 순탄하지 못하였다.

제5차 칸쿤 각료회의(2003. 09. 10.)에서 농업 부문의 협상을 담당하는 야오(Yeo) 싱가포르 통상장관은 각 그룹의 의견과 주요국의 의견을 반영하여 야오 수정안을 배포하였는데 이 수정안에서는 관세를 3구간으로 구분하는 등 많은 변화를 시도한다. 즉 UR 방식, 스위스 방식, 무관세화의 세 가지 관세감축안을 제시하고 관세 상한을 설정하고 있다. 즉 관세감축에 있어서 제1그룹은 수입에 민감한 품목을 대상으로 UR 방식을 적용하되, 고관세 유지 시 저율관세수입량(TRQ)을 확대하는 것이다. 제2그룹은 스위스공식을 적용하며, 고관세는 저관세보다 많이 감축하는 것이다. 제3그룹은 무관세를 적용하는 것이다.

국내보조에서는 감축대상보조금(AMS),[47] 최소허용보조(de – minimis) 감축,[48] 생산제한 직접지불(Blue box)에 대한 상한 설정 후 감축, 무역왜곡적 보조 총액 감축 등 총액뿐만 아니라 품목별로도 보조 상한을 설정하여 보다 엄격하게 규제하고 있다.

---

46) 공동농업정책 개혁안에서 보상직접지불을 단일농가지불로 전환하였는데 이는 농업정책을 WTO협정과 일치시키고 DDA협상에서 협상력을 제고하고자 하는 것이다. 한마디로 감축대상보조(AMS)의 감축과 블루박스에 대한 규제가 논의되면서 논의소지가 있는 일부 보조를 정책화한 것이다. 이 개혁안은 아직 불확실하지만 시장지향적으로 진일보한 것만은 분명하다 (이재욱, 2005).

47) 생산이나 가격에 영향을 주는 무역왜곡효과 때문에 무역협상에서 감축해야 할 국내 보조금을 말하며 대표적으로 쌀 수매제도가 있다.

48) 농업생산액 대비 일정 수준을 국내 보조할 수 있도록 허용하는 보조금으로 최소한으로 허용되는 국내보조금을 말한다.

수출보조에서는 개도국 관심품목은 일정한 기간에 걸쳐 철폐하고, 기타 품목은 철폐를 전제로 감축하는 것으로 되어 있다. 수출신용, 수출 국영무역, 식량원조 등은 수출보조에 상응하여 감축하도록 하였다. 그러나 국제기구가 제시하는 협상안에 각 회원국들의 이해 관계로 제5차 칸쿤 WTO 각료회의는 결렬되었다. 칸쿤 각료회의에서 브라질, 인도, 중국 등 G－20이 등장하면서 미국과 EU의 협상타결에 대해 반발하고 주요 선진국의 시장개방을 먼저 강조하였다. 따라서 협상구도는 미국과 EU로 구성된 선진국 그룹과 농산물 수출 개도국 그룹(G－20), 농산물 수입국 그룹(G－10), 개도국 그룹(G－33)으로 재편되었다.

<그림 2－1> 칸쿤 회의에서 재편된 협상구도

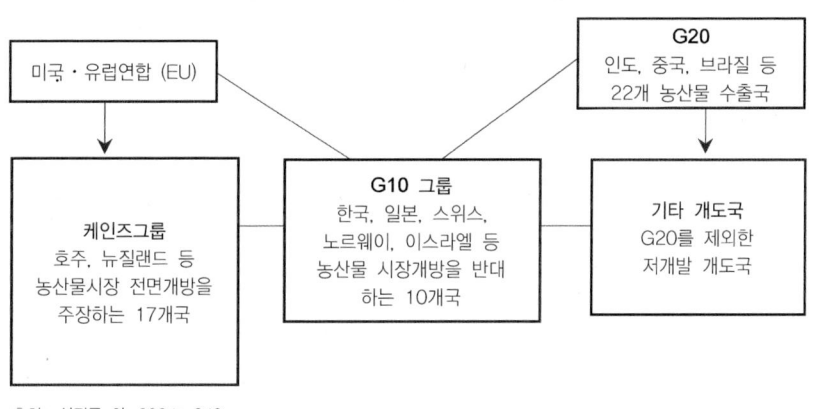

출처: 성진근 외, 2004: 242.

비록 2003년 9월에 개최한 칸쿤 WTO 각료회의는 성과 없이 끝났지만 종전의 협상과는 다른 양상을 나타냈다. 종전의 미국과 EU 중심의 농업협상 구도에서, 품목과 국가에 따라 다양한 그룹이 형성되었으며, 협상의제와 국가에 따라 각기 다른 입장을 보였다 (김재수, 2004: 243).

칸쿤협상이 결렬된 원인을 종합해 보면 주요 협상 분야에 대한 의견 차이와 다양한 그룹 간의 대립을 협상실패의 주요 원인으로 볼 수 있는데, 그중에서도 싱가포르 이슈[49]에 대한 선진국과 개도국 간의 대립이었다. 주요 선진국들은 싱가포르 이슈에 대한 4개 분야의 협상을 주장했으나 개도국은 이러한 의제는 다국적 기업들의 활동을 보장해 주기 위한 것이라며 반대하였다. 각료회의에서 싱가포르 이슈를 두고 그 절충안을 내놓았으나 그것도 반대하여 협상은 종료되었다.

또 하나의 실패이유로 EU는 농업 분야의 수출보조금 철폐조항을 끝내 거부하였는데 G20 등 개발도상국들은 선진국들이 자국에 큰 농업보조금을 지급하면서 개도국에는 그들의 과잉농산물을 판매할 시장을 요구하는 것은 맞지 않다는 주장이 맞서 협상이 결렬되었다. 칸쿤협상이 결렬되자 도하개발아젠다(DDA)는 물론 WTO 등 다자협상 체제가 가지는 문제점과 비판이 여러 측면에서 제기되었다. 그 결과 주요 수출개도국들의 영향력이 증대되었고, 이들 국가들은 막바지 DDA협상 시 주요 5개국에 포함되어 기본골격의 타결에 주요한 영향을 미치게 되어 강력한 협상 실체로 등장하였다(〈그림 2-1〉 참조).

협상실패 이후 실질적인 재협상은 종가상당치 문제가 해결된 뒤

49) 투자(외국인 직접투자에 대한 다자규범수립), 경쟁정책(국제카르텔, 독점의 규제 등에 대한 다자규범수립), 무역원활화(세관행정의 간소화를 위한 다자규범 수립), 정부조달투명성(정부조달 정책의 투명성 확보를 위한 다자규범 수립) 등 4개 이슈를 제1차 각료회의에서 제기하였기 때문에 이를 싱가포르 이슈라고 부른다.

부터 시작되었는데 라미 사무총장은 홍콩각료회의에서 의제의 2/3를 해결하겠다는 목표를 가지고 협상을 가속화하였다. 그러나 농업협상의 세부원칙을 확정하기로 했던 홍콩각료 회의에서의 합의가 어려워지자 당초의 목표를 수정하여 합의 가능한 부분에 대해서만 합의한다는 것으로 조정하였다.

홍콩각료회의에서 채택된 각료 선언문에서 농업 분야에서는 수출보조금을 철폐하는 시점을 확정하고 선진국의 면화수출보조금을 폐지하며, 최빈개도국(LDC)이 수출하는 대다수의 상품에 대해 무관세와 무쿼터로 시장접근을 한다는 것이다. 그 외 협상들은 서로 이해관계에 영향을 주지 않는 범위 내에서 논의 결과들을 요약했을 뿐이었다(농협중앙회, 2004).

이후에서는 DDA농업협상 이후 홍콩각료회의까지의 타결내용을 간략히 검토하고 그동안 논의된 주요 내용과 전망들을 살펴보고자 한다.

(3) 주요 타결내용 및 향후 대응

UR협상의 토대 위에서 협상을 더욱 가속화한다는 목표하에 2001년 11월 카타르 도하에서 도하개발아젠다(DDA) 협상을 출범시켰으나 향후 일정이 제대로 진행되지 못했음은 앞서 언급한 바와 같다. 따라서 칸쿤 각료회의 결렬 뒤 완전한 형태의 세부원칙을 포기하고 그 기본골격만이라도 합의하는 안을 시도하였으나 그것도 원활하지 못하였다. 따라서 WTO는 2004년 3월부터 기본골격이라도 타결하기 위해 집중적인 협상을 진행하였다. 그 결과 WTO 일반 이사회에서 147개 회원국의 합의문 형태로 그 기본골격을 채택하고 향후 일정도 당초의 협상시한인 2004년 말 이후에도 계속하도록 하여, 제6차 WTO 각료회의를 2005년 12월 홍콩에서 개최하기로 하였다.

칸쿤협상 결렬 이후 농업협상 주도그룹의 변화가 생겼는데 이는 브라질, 중국, 인도 등의 수출개도국 그룹의 G−20,[50] 한국, 일본, 스위스 등의 수입개도국 그룹 G−10,[51] 미국과 EU의 선진국 그룹 등 3개 그룹이 협상을 주도하고 있다(〈그림 2−2〉 참조). 그 외에 특별품목그룹(G−33 그룹),[52] 아프리카 개도국 중심의 G−90 그룹 등이 있으나 이들 영향력은 미미하다.

이 칸쿤협상에서 중요한 핵심과제는 시장접근, 국내보조, 수출보조의 3가지인데, 이후 합의된 기본골격의 주요 내용은 다음과 같다.

---

50) G20은 브라질, 인도, 아르헨티나 등 개도국 가운데 농업 분야의 경쟁력이 비교적 높고 농산물 수출이 많은 20여 개국으로 이루어진 그룹으로 2003년 칸쿤 각료회의 직전에 결성되었다. 이들은 수출을 늘리기 위한 미국, EU 등 선진국의 농업보조금과 관세를 대폭 감축할 것을 주장하고 있다.

51) G10은 한국, 일본, 스위스, 노르웨이, 아이슬란드, 모리셔스, 대만 등 농산물을 주로 수입하는 국가로 이루어진 그룹이다. 이들 그룹은 농산물 관세와 보조금 지급수준이 대체로 높기 때문에 자국농업을 보호하기 위해서는 관세와 보조금이 점차 축소되어야 하고 비교역적 기능(NTC)이 충분히 반영되어야 한다고 주장하고 있다.

52) 특별품목그룹은 특별품목의 확보에 관심이 많은 개도국의 모임이다. 개도국에는 특별품목의 농산물에 대해서는 관세의 감축의무는 물론 저율관세 수입물량(TRQ)의 증량의무도 면제해야 한다고 주장한다. 회원국은 한국, 쿠바, 필리핀, 우간다, 짐바브웨 등이며 인도네시아가 대표 역할을 하고 있다.

<표 2-3> 칸쿤협상 이후 주요 기본골격 내용 요약

구분	시장접근	국내보조	수출보조
DDA 주요 타결 내용	• **구간별 관세감축** – 관세를 구간으로 나누어 높은 구간에는 높은 관세 감축률을 적용 – 관세상한의 역할을 추후 평가 • **민감품목은 자율적으로 선정** – 민감품목은 신축적인 대우를 받을 수 있으나 관세감축 등을 통해 실질적인 시장 감축을 해야 함	• **무역왜곡보조 총액** – 구간별로 나누어 보조금지급수준이 높은 국가는 감축의무를 더 많이 이행해야 함 – 감축대상보조(AMS)와 최소허용보조, 루박스총합은 이행 첫해 20% 감축 • **감축대상보조(AMS)** – 구간별 감축방식 적용, 보조수준이 높을수록 감축폭이 커짐	• 합의된 시점까지 모든 형태의 수출 보조금 폐지 • **철폐대상** – 양허된 수출보조 및 상업적 거래를 저해하는 식량원조 – 180일 이상의 장기상환 수출신용
	– TRQ증량은 일반관세 감축방식의 일탈 정도를 고려하여 결정됨 • **개도국 우대** – 관세감축방식, 감축이행기간 등에서 선진국보다 우대받음 – 개도국은 특별품목을 선정하여 더 높은 신축성을 누릴 수 있음 – 개도국에 특별 세이프가드(SSM) 설정 • **기타** – TRQ관리방식을 개선하고 쿼터 내 관세는 감축 또는 철폐	– 품목별 AMS 상한 설정 • **최소허용보조** (de minimis)의 감축은 개도국 우대조치를 고려하여 추후 논의. 단, 생계농에 지원하는 최소허용보조는 감축 면제 • **블루박스, 그린박스 적용** 개도국 우대조치	– 180일 미만이지만 최소이자율, 위험 등에 대한 규율에 부합하지 않는 수출신용. – 수출국영 무역의 무역 왜곡형 관행

출처: 이재옥, 2005: 375, 378, 379를 참조하여 재구성.

시장접근 분야의 핵심은 관세의 감축방식인데 관세수준에 따라 구간을 설정하고 구간별로 감축하는 구간방식이다. 이는 농산물의 관세에 따라 몇 개의 구간으로 분류하여 높은 관세는 상위 구간에 배치하고 낮은 관세는 하위구간에 배치하여 상위 구간에 속하는 관세를 더 많이 감축하는 방식이다. 이는 높은 관세품목을 더 많이 감축하는 대신, 민감 품목에 대해서는 신축성을 인정하는 것이다. 구체적인 관세구간의 수와 구간 내 감축방식은 추후 과제로 남겼으며 구간감축 이후에도 높은 관세에 대해 일정한 수준을 넘을 수 없도록 하는 관세상한(tariff capping) 도입도 추후에 결정하기로 하였다.

민감품목53)은 실 품목별로 하면서, 관세감축과 저율관세 수입물량(TRQ)의 증량을 연계시켜 사실상 민감품목에 일정한 제한을 두었다.

또한 개도국 우대를 명문화하기 위해 개도국의 특별품목54)을 인정하고 그 특별품목에 보다 많은 신축성을 부여하였다. 특별품목의 구체적인 지정방법이나 대우는 후속협상에서 결정하도록 하고 UR 협정에서 특별긴급관세(SSG: Special Safeguard)발동권한이 없는 개도국들에 대해, 이와 유사한 특별 세이프가드 조치(SSM: Sepecial Safeguard Mechanism)를 부여하였다. 이 부문에서는 각국의 이해관계가 얽혀 있어 합의 도달이 쉽지 않다.

국내보조 분야에서는 보조수준에 따라 다른 감축공식을 적용하되 보조수준이 높은 국가는 더 많이 감축을 해야 한다는 기본원칙을 확립하였다. UR농업협정에서는 감축대상보조만을 감축하도록 하고 블루박스나 허용보조는 감축하지 않아도 되었으나 이번 기본골격에서는 감축대상보조(AMS)55)와 함께 최소허용보조(de – minimis),

---

53) 민감품목이란 관세와 관련하여 다른 품목보다 관세를 덜 깎는 대신 저율관세 수입물량을 늘리도록 한 품목을 말한다.

54) 개도국의 우대방안의 하나로 개도국은 식량안보와 생계보장·농촌개발의 필요를 감안해 적절한 수의 특별품목을 지정할 수 있다. 다만 특별품목의 선정방법과 어떻게 대우할 것인가 등에 대해서는 협상 중에 있다.

55) 감축대상보조란 농산물의 시장가격을 지지하기 위해 정부가 농민들에게 지급하는 보조금을

블루박스[56]를 합산한 무역왜곡보조의 총액[57]에 대한 감축의무를 부과하였다. 총액감축 의무를 설정한 것은 부문별로 감축 의무를 피해 가는 것을 방지하기 위하여 설정한 것이다. 국내보조의 감축에 있어서는 구간공식에 따라 감축대상보조(AMS), 최소허용보조(de – minimis), 블루박스의 총액을 감축하도록 하되, 이행 초년도와 후속 이행 기간 동안 무역왜곡보조 총액은 80% 수준을 초과하지 않도록 하였다. 무역왜곡보조 총액과 감축대상보조는 관세감축에 사용된 구간대 감축방식을 적용하고 있다. 즉 무역왜곡보조 총액과 감축대상보조가 많은 국가는 더 큰 폭으로 감축해야 한다는 것이다.

어느 구간에 어떤 국가를 배치해야 하는가의 문제 그리고 특정 구간에 배치된 국가의 보조금 감축 등에 대해서는 후속협상에서 결정하도록 하였다. 우선 최소허용보조 감축[58](de – minimis)은 선진

말하며 우리나라의 경우 예전의 추곡수매 자금이 여기에 해당한다.

56) 블루박스는 현재 EU, 노르웨이, 일본 등의 국가가 지급하고 있는 보조금으로 농지면적이나 가축두수에 대해 지급하는 직접보조금이다. 이들 국가들은 블루박스(생산을 조건으로 하지 않는 직접지불)의 정의를 엄격하게 적용하도록 해야 한다고 주장했다. 이러한 주장에 대해 미국과 EU, G – 10 등은 블루박스가 생산과 무역을 왜곡시키는 기존의 농업정책 중심에서 무역왜곡효과가 거의 없는 허용보조정책으로 이행하는 과도기적인 수단으로 매우 유용한 제도이므로 블루박스의 기준을 강화해서는 안 된다고 반대하고 있다(이재옥, 2005: 377).

57) 농산물을 시장가격보다 높은 가격으로 수매하거나 시장가격이 낮아지는 것만큼 생산자에게 직접보조금을 주는 것같이 생산이나 가격에 영향을 미치는 국내보조를 말한다. 감축보조 총액(AMS)과 최소허용보조(de – minimis), 그리고 블루박스(Blue – Box)를 모두 합한 것을 무역왜곡보조 총액이라고 한다. 기본골격에서는 농업협상 타결 후 이행 기간 첫해에 무역왜곡보조 총액을 20% 감축하기로 합의했다(이재옥, 2005: 376).

58) 기본골격에서는 최소허용보조의 경우 선진국은 물론 개발도상국도 지급허용 수준을 줄이기로 합의했으나, 얼마만큼 감축할지는 아직 결정되지 않았다. 이와 관련하여 개도국그룹인 G – 33은 개도국들에게 인정된 최소허용보조 상한(연간 품목별 총생산액의 10%)의 감축을 요구해서는 안 된다고 주장하고 있다. 그러나 미국과 EU는 생계형 농민이나 자원이 부족한 농민에게 최소허용보조의 대부분을 지급하는 개도국을 제외한 나머지 개도국의 경우 기본골격에서 최소허용보조를 감축하기로 합의하였다는 점을 강조하고 있다.

국과 개도국이 모두 감축하도록 하되 개도국 우대원칙을 고려하여 구체적인 감축률은 추후 협상하기로 하였다. 다만 자원부족농·생계농의 지원을 제공하는 개도국은 최소허용보조(de‐minimis) 감축의무는 면제하기로 하였다.

블루박스는 농정개혁의 수단으로 생산제한직접지불의 역할을 인정하고 그 지급한도를 과거 기준연도의 농업총생산액의 5%로 규정하였는데 이것은 과거 생산제한 직접지불 실적이 없었던 국가에도 적용하였다. 그러나 블루박스가 차지하는 비용이 높을 경우 너무 감축되지 않도록 신축성을 부여하였다. 이는 UR 이행과정에서 블루박스의 사용비중이 높았던 EU나 미국의 입장을 반영한 것이다. 미국의 경우는 블루박스의 사용실적이 전무하여 감축대상으로 간주되는 경기대응보조(CCP)[59]를 블루박스로 전환하려는 것을 반영한 것이라고 볼 수 있다(이재옥, 2005: 407).

허용보조 부문에서는 감축대상보조나 블루박스 보조금이 허용보조로 사용되는 것을 막기 위해 허용보조의 기준을 재검토할 것을 규정하고, 개도국은 보다 긴 이행 기간과 낮은 보조금 감축률을 적용하는 우대조치를 하였다.

수출보조 분야에 있어서는 합의된 시점까지 모든 형태의 수출보조는 철폐하고 여타 수출지원 정책들은 규율을 강화한다는 내용으로 이루어져 있다.

이상과 같은 기본 타결 내용 중 특기할 만한 사항은 다음과 같다.

---

59) 경기대응보조란 농업보조금 중의 하나로서 시장가격(융자단가)과 직접지불단가의 합계액이 목표가격에 미달하면 그 차액을 지원하는 제도를 말한다. 미국은 여기에다 추가적으로 농산물의 최저가격을 보장하는 마케팅론과 일정액의 직접지불금(고정직불금)을 농가에 지원하고 있다.

첫째, 국가별로 한정된 민감품목 또는 특별품목을 인정하기로 한 것이다. 이러한 조치는 한국농업에는 불리하지 않을 것으로 보이나 세부원칙 협상에서는 민감품목 또는 특별품목의 수를 줄이는 대신, 보다 높은 보조수준을 인정받을 수 있도록 해야 한다.

둘째, 과다한 무역왜곡적 국내보조를 막기 위해 총농업생산의 5%에 해당하는 금액을 한도로 생산제한 직접지불을 지출할 수 있게 하였다. 이러한 감축대상보조(AMS)의 사용은 한국이 94% 수준으로 다른 주요국에 비해 높은 반면, 농업생산액에서 감축대상보조(AMS)가 차지하는 비중은 다른 나라에 비해 한국이 낮다. 따라서 구간별 공식 적용 시 감축대상보조(AMS) 수준이 높은 나라가 감축을 많이 하게 된다는 사실을 감안하면 세부원칙 협상에서 한국이 유리한 위치를 점할 수도 있다.

셋째, 관세 감축을 지속적으로 요구하고 있다는 점이다. 한국의 경우 농업 생산자에 대한 보조는 대부분 관세로 이루어지기 때문에 관세상한이 너무 낮게 설정되면 큰 타격을 입을 수 있어, 민감품목의 관세상한이 철폐되거나 높게 설정되도록 노력할 필요가 있다. 예를 들어 한국의 농산물 관세가 200%인데 미국의 관세가 25%라 가정하고 관세 상한을 낮추어 100%로 설정하면 한국농산물은 최고 100% 이상은 관세를 부과할 수 없는 것이다. 그런데 이것도 나라별로 그 요구가 다르기 때문에 협상전략에 따라 그 요구의 강도가 달라질 수 있다.

다음으로 〈표 2-4〉에서 보는 바와 같이 홍콩각료회의에서 채택된 각료 선언문을 살펴보면 수출보조금을 철폐하는 시점을 확정하고 회원국들의 이해관계에 영향을 주지 않는 범위 내에서 그동안의 논의 결과들을 함의한 것뿐이다.

홍콩각료회의에서 시장접근 분야의 경우 농산물 관세구간의 수, 민감품목의 대우, 개도국 특별품목(SP)과 특별 세이프(SSM)에 대해 언급하고 농산물 관세구간의 수를 4개로 하는데 합의했다. 이는 미국, EU, G20 등 주요국이 제안했던 내용과 동일한 것으로 관세 구간을 나누는 구간별 경계는 추후 논의될 예정이다. 민감품목은 "관세감축공식에서 벗어나는 정도가 클수록 저율관세수입물량(TRQ) 을 그만큼 더 늘린다."고 명시되었으나 G10 등의 농산물 수입국과 EU의 반발로 최종안에서는 모든 것을 고려하여 결정하는 것으로 수정되었다(농협조사연구소, 2005).

<표 2-4> WTO 6차 홍콩회의 주요 타결내용

구분	시장접근	국내보조	수출보조	특징(비고)
WTO 제6차 홍콩 회의	• 관세구간은 4구간 으로 구분 - UR방식/스위스방식 /무세화 • 특별품목(SP) 지정 - 개도국은 적절한 수 의 품목을 지정할 수 있고 품목의 선 정은 추후 합의 • 민감품목은 추후 합의 • 개도국특별조치 (SSM)발동 - 수입물량 급증과 수 입가격 하락의 경우 발동하되 구체적 기 준은 추후 합의	• 감축대상보조(AMS) 와 무역왜곡보조 총액의 감축구간을 3개로 한다. - 최상위 구간: EU - 차상위 구간: 미국, 일본 - 최하위 구간, 기타 선 진국과 모든 개도국 • AMS가 없는 개도 국은 최소허용보조 의 감축과 무역왜 곡보조 총액 의 감 축률 면제 • 허용보조기준은 재 검토하되 개도국을 위한 허용보조요건 을 완화	• 수출 보조금 및 유 사수출 보조조치를 2013년까지 폐지 • 식량원조, 수출신 용, 수출국영 무역 의 무역왜곡형 관 행을 규율하는 세 부원칙 '06년 4월 30일까지 마련 • 개도국의 수출물류 비 등의 수출보조는 선진국수출보조 완 전철폐 이후 5년간 허용	• 농업협상 세부원 칙은 '06년 4월 30일까지 마련 • 각국 이행계획서 는 '06년 7월 31일까지 제출

출처: 농협중앙회, 2006 자료를 재구성.

반면 개도국의 특별품목과 특별 세이프가드 조치는 각료 선언문에 상대적으로 자세하게 언급되어 있다. 개도국이 특별품목을 스스로 지정할 수 있게 함으로써 개도국의 자율성을 보장하고 특별 세이프가드 조치는 수입물량이 급증할 경우와 수입가격이 하락할 경우 모두 특별조치를 발동할 수 있도록 했다. 이는 그동안 미국, EU 등 선진국들이 개도국들이 수입가격 급락을 이유로 특별 세이프가드 조치를 발동하는 것을 우려해 반대해 왔다는 점을 상기해 볼 때 개도국의 입장을 대폭 반영한 것이라 할 수 있다.

　　국내보조 분야에 있어서는 무역왜곡보조 총액과 감축대상보조(AMS)의 감축을 통한 구간의 수, 개도국 최소허용보조의 감축문제, 개도국 허용보조 등에 대해서 언급하고 있다.

　　무역왜곡보조 총액과 감축대상보조를 감축하는 데 있어 구간의 수는 모두 3개로 하되, 최상위 구간에는 EU, 차상위 구간에는 미국과 일본, 최하위 구간에는 나머지 선진국과 모든 개도국을 배치했다.[60] 그리고 감축대상보조가 없는 개도국은 총액감축의무를 면제하기로 합의해 개도국의 우대조치를 확실히 보장해 주고 있다.

　　수출보조 분야에서는 수출보조금의 폐지시점, 수출보조금과 유사한 수출보조조치의 규율문제, 개도국 우대 수출보조금문제를 언급하고 있다. 수출보조금은 2013년까지 폐지하기로 합의하였다. 이번 홍콩각료회의는 기본골격 타결 후 진행되어 온 논의들을 정리하고 향후 구체적인 일정을 합의함으로써 회원국들의 농업협상 타결의지를 재확인하는 정도의 시도라고 평가할 수 있다(배상건 외,

---

60) 그 동안의 논의에서는 선진국에 대해서는 구간의 수를 3개로 하고 선진국의 최하위 구간 아래에 하나의 구간을 두어 모든 개도국을 배치하거나 개도국들만 따로 모아 별도의 구간을 정하자는 두 가지의 주장이 있었다(농협조사연구소, 2005. 12. 21.).

2005: 29).

지금까지의 DDA협상을 살펴보면 농업협상의 주요 쟁점에 대해 수출국과 수입국의 입장이 대립적이어서 농업협상을 당초 의도했던 수준보다 낮추어야 할 가능성이 많다. 이 경우 협상은 타결될 수 있겠지만 WTO 다자체제의 무용성이 제기될 가능성이 크고 주요 수출국들은 자유무역협정(FTA) 등의 지역주의 또는 양자주의에 보다 주력할 가능성도 있다.

DDA농업협상을 바로 살펴보기 위해서는 DDA농업협상의 성격과 그 배경을 이해하는 것이 중요한데 이 협상을 주도하는 WTO는 자유무역을 지향하는 기구이며 주요국과 초국적 자본에 의해 주도되고 있다는 사실이다. 사실 DDA 농업협상도 주요국과 초국적 자본의 이해를 대변하여 신자유주의를 강화하는 방향으로 진행되고 있으며 UR과는 다른 여건 속에서 진행되고 있다는 점에 주목할 필요가 있다.

UR농업협상이 농업의 세계화를 제도적으로 완성시키는 협상이었다면, DDA는 농업의 신자유주의 기반을 다지기 위해 진행되고 있다는 점이다. 기본적으로 DDA농업협상은 UR협상의 연장선상에서 진행된 것인데 이전에 진행된 농업협상을 보면 대립구도가 UR협상과 크게 다르지 않다. WTO에서의 권고나 결정은 다른 국제기구에 비해 비교적 민주적이긴 하나 기본적으로 그 결정은 주요국인 농산물 수출국들에 유리한 쪽으로 치우칠 가능성이 크다.

따라서 DDA 각료 선언문은 지금까지의 협상 산물로서 농산물 수출국의 공세와 수입국의 방어라는 형태로 진행되고 있다. 하지만 자국 농산물 생존이 좌우되는 농산물 수입국의 경우, 다양한 농업의 공존과 농업의 비시장적 가치를 앞세워 강하게 방어하고 있다. 결국 농업협상 타결은 각국의 이해관계에 따라 협상의 결렬을 피하기 위한 미봉책에 불과하다고 볼 수 있다. 따라서 협상동향을 신속히 파악하고 대처하는 신속한 체계가 필요하다. 그 대응방법은 다음과 같다.

첫째, 제일 좋은 것은 현재와 같은 금융자본의 신자유주의 방향이 아닌 다양한 민주적 방향이 좋고 그것이 어렵다면 현재의 상황에서는 입장이 같은 타 국가들과 공조하여 힘을 결성하고 한국농업의 입장을 적극 홍보하는 것이 중요하다. 관세감축 폭의 최소화, 관세 상한 설정 반대, 민감품목, 특별품목의 신축성 확보와 농업 부문의 개도국 지위 확보를 위해 노력해야 할 것이다. 그리고 각국의 동향을 면밀히 파악하여 유리한 경우 WTO체제를 통해 시간을 유지하면서 농산물 관세와 보조금을 점차 줄여 가는 방향으로 유도하는 것이 중요하다.

둘째, 내부적인 절차로서 농업계와 국민들의 여론을 충분히 수렴하여 아래로부터의 의사가 결정하도록 한다. 각 분야별로 자료를 구축하고 품목별 영향을 분석하여 농민단체 간담회, 전문가 토론회 등을 거쳐 최종안을 마련하는 절차가 필요하다.

셋째, 협상시한의 확보를 통해 취약한 한국농업의 지속적인 대안을 시급히 확보할 필요가 있다. 그러나 이 과정에서 중요한 것은 패러다임이 바뀔지 모를 현재의 신자유주의 경향에 너무 경도되지 않도록 하는 것이다. 분명 주요 선진국들은 공정한 경쟁을 빌미로 협상을 강하게 요구할 것이기 때문에 이에 신속히 대비해 농업발전 능력을 키우는 것이 농업을 보호하는 지속적인 정책이 될 것이다.

3. 자유무역협정(FTA)의 전개

(1) FTA 추진과 배경

자유무역협정(FTA)은 DDA농업협정과 같은 다자간의 무역협상이 아니라 국가와 국가 간 또는 지역 간에 체결하는 배타적인 무역협정을 말한다. 세계는 90년대 이후 지역무역협정이 급증하여 배타적인 시장개방이 급진전되고 있다.[61] 한국은 1996년에 개최된 제1차 WTO 각료회의에서 WTO를 중심으로 한 다자체제의 우월성을 지지하는 태도를 보였으나 외환위기를 겪으면서 점차 확산되는 지역주의 적응을 위해 FTA를 추진하기로 하였다.

정부 차원의 공식적인 논의는 1998년 11월에 개최된 '대외경제조정위원회'에서 FTA 체결을 추진하였다(이남구 외, 2005: 63). 그러나 우리나라는 한·칠레 FTA협상의 비준 과정에서 보았듯이 농업 부문에 있어 FTA 정책을 추진하는 것이 쉽지만은 않다. FTA를 동시다발적으로 추진해야 한다는 전략적 필요와 농업 부문의 반대도 문제의 핵심이다. 국가발전 전략상 FTA를 추진할 수밖에 없다면 손실이 큰 농업 부문의 갈등을 최소화할 방법부터 모색해야 한다(이정환, 2004: 13).

FTA와 관련하여 정치적 관점과 경제적 관점으로 나누어 볼 수 있는데 먼저 정치적인 관점에서는 정치, 안보, 외교 부문까지 고려

---

61) 2008년 기준으로 230개의 지역무역협정(Regional Trade Agreement)이 체결되어 197여 개가 발효되고 있고, 현재 세계 각지에서 FTA협상이 진행되고 있다. 지역무역협정(RTA)은 자유무역협정(FTA), 경제협력협정(ERA), 무역촉진협정(TPA), 특혜무역협정(PTA), 제휴협정(AA), 관세동맹, 개도국 간 협정을 포함하는 개념이다.

하여 중국의 부상에 따른 강대국의 견제가 FTA를 추진하게 된다고 보는 시각이다. 한국과 미국 간의 FTA 추진은 전략적 유연성에 대한 합의와 대량살상무기 확산방지 협력에 이어 경제동맹의 필요성 때문에 FTA를 더 적극적으로 추진하게 되었다고 보는 것이다.[62]

따라서 FTA는 강대국의 필요에 의해 이루어지고 필요에 따라 각 부문의 관세 철폐를 적극 주장하기 때문에 큰 손실이 예상되는 농업 부문에서 한·미 FTA는 당장 수용하기 어렵다고 농민단체, 농업인들은 주장하고 있다.

또 하나는 경제적 요인을 중심으로 찬성의 입장을 대변하는 논리인데 97년 외환위기 이후 경제성장의 한계와 이에 따른 위기의식을 반영한 것으로 출산율의 저하, 고령화, 내수 부진 등이 복합적으로 작용하면서 잠재 성장률이 하락하였고 대외여건도 불리한 방향으로 전개되어 성장동력을 확보하기 위한 대안으로 FTA를 추진하여야 한다는 것이다. 한마디로 식량과 농업정책을 포기하는 대신 비농업 부문의 이윤이 큰 부문은 국제시장에 더 많이 접근할 수 있도록 하자는 것이다.

이 두 가지 견해를 전제하고 한국의 FTA 추진현황을 살펴보고자 한다.

---

62) 부시행정부의 FTA추진이 외교안보 전략의 일환으로 시행된다는 점은, 모로코와 필리핀과 같이 군사, 안보적 요인으로 FTA가 체결된 사례를 들고 있다(강인수, 2006: 24).

<표 2-5> FTA 추진 현황

국가	기체결	협상 중	예 정
	칠레('02. 10.)	일본	러시아
	싱가포르('04. 11.)	캐나다	터키
	EFTA('05. 12.)	인도	Mercosur(남미공동시장)
	ASEAN('06. 4.)	EU	중국
	미국('07. 4. 2.)	멕시코	호주
		GCC(중동국가들)	뉴질랜드
			페루

자료: http//www.fta.go.kr.

한국의 FTA 정책방향은 현재 후자의 입장에서 추진하고 있는데, 실제로 '대외경제조정위원회'에서는 2002년 칠레와의 FTA를 우선 적으로 추진하고, 2005년부터는 전 세계를 대상으로 동시다발적인 FTA를 적극 추진하고 있다(〈표 2-5〉 참조). FTA협상을 원활하게 추진하기 위해서는 그 동안(한·칠레 FTA) 추진과정에서의 취약점 을 고려하여 추진 국가들에 대해 면밀한 협상전략을 수립해야 할 것이다. 칠레와의 FTA에서 양국 간의 교역량이 크게 증가하고 수 출도 크게 증가하여 전반적으로 이익이 되었지만 농업 부문의 경 우 전반적으로 이익보다는 손해가 더 컸다.[63]

한국정부의 구상대로 추진될 경우 한국은 미국, 일본, ASEAN(투 자) 등과 FTA를 체결(협상 완료 또는 비준)하게 될 것이며, 이들 국가와의 FTA가 한국경제에 미치는 영향은 칠레나 싱가포르와의 FTA에 비해 훨씬 더 클 전망이다(외교통상부, 2005: 4). 그동안 일 본과의 협상과정에서 일본은 자국에 유리한 공산품에만 관심을 보

---

63) 2004년 4월~2005년 2월에 칠레 농산물 수입은 25.4백만 달러로 전년 동기대비 5.7백만 달러(57.8억 원) 증가하였다(외교통상부, 2005).

이고, 농수산물시장의 개방, 비관세 장벽의 해소, 위생검역 등에 대해서는 미온적인 태도로 일관하여 협상일정을 확정 짓지 못하고 있다. 또한 ASEAN과의 협상은 FTA 기본협정에 대략 합의하고 분야별(상품·서비스·투자) 자유화는 개별협상에서 타결되었으며 농업 부문에 미치는 영향은 적을 것으로 예상된다(외교통상부, 2005: 6). 한국과 EFTA와의 협상은 상품무역, 원산지 및 통관절차, 서비스 등에 대한 통합문안을 작성하고 다음 협상 시 구체적인 협의와 함께 상호 추가적인 양허 관심 품목을 확인하기로 하였다. 서비스, 지적재산권 등 상품 외 분야에 대해서는 WTO보다 개선된 수준으로 하기로 합의하였다.

그 밖에 멕시코, 캐나다, 인도, 중동국가들(GCC) 등과의 FTA도 추진되고 있는데 한국에는 북미시장 진출이라는 전략적 요소를 내포하고 있다. 그 밖에 준비 중인 러시아, 터키, 중국, 남미공동시장(MERCOSUR) 등과의 협상이 이루어질 경우 시장개방의 폭이 더욱 넓어질 것으로 보인다.

한국정부가 자유무역협정(FTA)을 추진하는 이유는 개혁정책과 개방정책의 유지, 지역주의 확산에 적극 대응, 안정적인 수출시장 확보와 한국기업의 취약성 극복, 동반자 관계 형성 등을 들고 있다(이남구 외, 2005: 164). 또한 FTA를 요즘 이슈가 되게 하는 것은 개방과 경쟁을 통해 생산성 향상에 기여하고 외국인 투자가 경제성장의 원동력이 된다는 긍정적인 주장을 하고 있는 사람들 때문이다.[64] 또

---

64) 한국정부는 현실적인 토대를 바탕으로 정책을 추진하고 있다고 하지만 이러한 주장은 역사적으로 볼 때 반드시 옳은 논리적 토대라고 볼 수 없다(과거의 미국, 영국, 일본, 대만과 한국 등을 참조). 또한 개방과 경쟁을 통해 생산성을 향상시킨다는 관점은 하나의 단편적인 시각에 지나지 않는다. 과거의 세계역사를 보면 영국과 미국은 철저한 보호무역을 통해 자국의 기초

한 WTO 다자협상의 경우 합의가 쉽지 않은 반면 FTA는 배타적 호혜조치로 양국의 관심사항을 반영한다는 점을 강조하고 있다.

그러나 모든 것이 그렇듯 이에 대한 역작용도 적지 않아 역외국가로서 받는 반사적 피해에 대한 대응이 절실하다(이남구 외, 2005: 165). 부정적 효과로는 업종에 따라 손해를 입는 계층이 있고 특히 경쟁력이 취약한 국내 산업의 생산자들에게는 직접적인 피해를 주게 되어 결국은 지속적 산업의 기반이 무너지고 빈부격차의 양극화가 형성될 가능성이 많다. 이러한 배경 속에서 한국농업의 발전은 주요 선진국처럼 1세기 이상 꾸준히 이루어진 것이 아니라, 30 ~40년의 짧은 기간 안에 이루어진 것이어서 지속적인 대비책을 마련하지 못하였고, 다만 상황에 따른 단기적인 정책만을 제시할 뿐이었다. 따라서 FTA를 통해 전면적인 개방과 관세를 철폐할 경우 아직 준비가 덜 된 한국농업에 많은 경제적 피해와 농업·농촌의 황폐화를 초래하여 자주적인 식량문제의 위기까지 가져올 수 있다. 농업인들의 입장에서는 삶의 터전이 훼손되는 것이어서 농업단체를 비롯한 농업계가 이를 반대하고 있다.

산업을 성장시켰으며 그 산업이 성장하자 자유무역을 통해 자신들의 이익을 위해 개도국에 경제성장이라는 명분으로 자유무역을 선득하였으며 이로 인해 시장이 자유화되었고 개방되었던 나라들의 성장은 더욱 둔화되었다. 남미와 아프리카, 미국과 서유럽, 아시아 국가 등이 그런 나라들이다. 구체적인 수치는 다음의 사이트에서 찾아볼 수 있다 (http://www.southcentre.org/publications/southperspective-series). 또한 FTA 추진의 긍정적 요인으로 외국인 투자가 경제성장의 원동력으로 보는 것도 지나친 논리적 비약이다. 왜냐하면 외국인 투자는 유리할 수도 불리할 수도 있지만 장기적으로는 불리한 측면이 더 많기 때문이다. 대부분 단기적으로는 유리하지만 장기적이고 지속적인 성장에는 도움이 적기 때문이다. 문제는 한국정부가 이를 무조건적으로 받아들이지 않고 투자의 종류를 선별하고 규제를 어떻게 하느냐에 그 성공 여부가 달려 있다고 할 것이다. 외국인 직접투자를 일찍 받아들이면 준비가 덜 된 국내의 기초산업들이 도산될 우려가 크기 때문이다(핀란드의 노키아 휴대폰 회사).

따라서 농업부문에 있어서는 신자유주의의 합리성과 효율성을 강제하기보다는 현실적이고 거시적이면서 장기적인 농업정책을 제시해야 할 것이다. 이를 위해서는 핵심은 아니지만 현실적으로 고려해야 할 주변 정책으로 품목별 특성에 따라 관세인하 기간을 최대한 확보하고 필요한 경우 수입쿼터를 설정하는 등 폭넓은 예외조치를 확보하여 그 유보기간 동안 지속적 농업의 역량 강화를 위해 노력해야 한다. 또한 새로운 환경에 대비하여 사전연구하고 개방에 따른 소득 감소를 주목하여 농업인들의 소득과 사회복지 안정을 보완할 수 있는 지속적인 체계를 확보해야 한다.

(2) 한미 FTA 추진 및 과제

한국정부의 FTA의 추진은 앞서도 살펴보았듯이 세계경제 확산에 따른 불이익을 최소화하고 동아시아의 핵심국가로 부상하기 위해 전략적, 적극적, 동시 다발적으로 추진한다고 명시하고 있다. 그런데 그중에서도 미국과의 FTA는 다른 나라와는 달리 그 파급효과가 커 또 다른 의미를 부여하고 있다.

한국정부의 FTA협상에서 미국의 4대 선결조건 수용 여부,[65] 한미 FTA의 효과에 대한 긍정적인 전망, 반미로 무장한 한미 FTA 반대 등이 어우러져 혼란스러운 결과를 낳았는데 이것은 그만큼 한국에 미치는 파급효과가 크다는 것을 반증하는 것이다(강인수, 2006: 16). 한국정부는 전 세계적으로 FTA가 확산되고 있는 상황

---

65) 이른바 4대 선결조건이란 한미 FTA를 체결하기 위해 먼저 우리가 조치해야 할 것을 말하는데, 첫째, 쇠고기 수입재개를 말하고, 둘째, 보험약가산정제도개선, 셋째, 자동차 배기가스 규제, 넷째, 스크린쿼터를 말한다.

에서 교역 의존도가 높은 한국은 안정적인 해외시장 확보를 위해 다소 다른 부문의 구조조정이 있더라도 FTA를 적극적으로 추진하는 것이 필요하다고 주장한다.

이에 반해 한미 FTA를 반대하는 경우는 두 가지 입장으로 나누어지는데 첫째, 주요 선진국들의 제국주의적 성격 때문에 결국은 상대적으로 약한 국가들은 경제적, 문화적으로 지배당하게 될 것이라는 이유로 FTA 자체를 반대하는 입장과 둘째, FTA 자체를 무조건 반대하지는 않지만 현재 추진하는 내용과 방향 등의 역기능에 대해 문제를 제기하며 신중을 기하자는 입장이 있다. 반대하는 경우에 있어서 전자의 경우는 『한미 FTA 국민보고서』 총론에서 언급된 바와 같이 한미 FTA는 "미국계 초국적 자본, 그리고 이들과 융합되어 있는 노동자와 다수의 국민들을 수탈하기 위한 전면적 공격의 성격을 지닌다."(김세균, 2006: 30)고 언급한다. 그러나 후자의 경우 현재 진행 중인 한미 FTA협상에 대해 나름대로의 합리적인 비판과 대안을 제시하려 노력하고 있다.

본 글에서는 후자의 입장에서 농업정책을 살펴보고 그 대안을 시도해 보고자 한다.

<표 2-6> 한-미 FTA 추진일정

일자	협상일정
'06. 2. 3.	협상개시 선언
'06. 2.~'06. 4.	예비협상
'06. 6.~'07. 3.	본협상(기본협정문, 상품협정)
'07. 4.~'07. 6.	미국의회 검토
'07. 7.	협상종료, 국내절차
2008년	FTA 자동발효

한미 FTA의 추진일정은 예정대로 진행될 경우 〈표 2-6〉과 같지만 실제로는 더 늦추어질 가능성이 많다. 한미 FTA의 상세한 협상일정은 아래 〈표 2-7〉과 같다.

<표 2-7> 한-미 FTA 본협상 일정

	5월 19일	한미협상 초안교환		1월 15~19일	6차 협상(서울)
	6월 5~9일	1차 협상(워싱턴)		2월 12~16일	7차 협상(버지니아)
	7월 10~14일	2차 협상(서울)		3월	공식협상마감
2006년	9월 6~9일	3차 협상(시애틀)	2007년	4~6월	미 의회 사후검토
	10월 23~27일	4차 협상(제주)		6월 30일	미행정부무역촉진 권한소멸
	12월 4~8일	5차 협상(몬테나)		6월 30일 이후	양국의회 비준 및 발효

출처: 강인수, 2006: 26에서 재인용.

한미 FTA협상 개시선언('06. 2. 3.) 이후 공식협상을 위해 비공식 사전준비협의회를 2차례 개최하였다. 여기서 향후 협상일정과 17개 협상분과를 구성하였으며 초안교환 시기 등 절차사항에 대해 합의하였다. 그리하여 5월 19일 한미협상초안을 교환하고 6월 5일 1차 협상(워싱턴)을 시작으로 6~8주 간격으로 양국에서 번갈아 가며 협상을 하기로 하였다.

한미 FTA의 핵심 쟁점은 무역구제와 자동차, 의약품, 농산물 부문인데 여기서는 농산물 부문을 중심으로 살펴보고자 한다.

공통적으로 해당되는 무역구제(trade remedy)는 수입급증으로 동종의 국내산업이 피해를 보는 경우 피해 정도와 원인에 따라 긴급수입제한(safeguard), 또는 상계관세 부과 등의 조치를 취하는 것을 의미한다. 특히 한미 FTA에서 문제가 되는 것이 반덤핑관세와 관련된 것인데 미국의 경우 자의적으로 활용하는 경우가 있기 때문에, 한국의 경우 장기간(10년 이상) 지속되고 있는 무역구제조치의 중단과 자의적인 조치를 최소화할 수 있는 구체적인 방안들이 포함될 수 있도록 해야 한다.[66]

한편 농업 부문에 있어 한-미 FTA 효과를 추정해 보면 미국의 경지면적은 한국의 96배에 이르고 연간 농축산물 수출액도 세계 1위이며 농산물가격도 매우 낮기 때문에 한미 FTA가 체결되면 일부 품목을 제외한 대부분의 품목에서 수입이 크게 늘어날 것이다 (김재수, 2005: 296). 특히 쌀, 옥수수, 감자, 대두, 양파, 토마토주스, 신선포도, 신선오렌지, 유제품 등의 농산물 수입이 늘 것이고 신선사과, 신선배, 신선복숭아, 신선딸기 등에 대해서도 수입요청을 해 놓은 상태여서 이들 품목 수입이 현실화될 경우 많은 양의 수입이 예상되고 있다(농촌경제연구원, 2005).

한미 FTA의 긍정적 주장에는 생산성 향상, 경제성장, 배타적 호혜조치 등의 요인 외에도 농업 부문에 소득 감소효과도 있다는 점을 고려해야 한다.

한미 FTA가 농업 부문에 미치는 영향에 대한 추정에 의하면, 쌀을 제외한 전 품목 관세 철폐(시나리오 1), 주요 민감품목 관세 80% 감축(시나리오 2), 주요 민감품목 관세 50% 감축(시나리오 3) 등을 가정할 경우 농업생산은 1조 1,552억~2조 2,830억 원 감소하고

---

66) 미국의 반덤핑 관련 조치 중 문제가 되는 것은 제로잉(zeroing)인데, 이는 덤핑마진 산정 시 거래되는 정상가격과 수출가격을 비교할 때 정상가격은 가중평균치를 사용하면서 수출가격은 개별가격을 사용하여 마진이 네거티브로 나온 경우 이를 인정하지 않고 그 덤핑마진은 영으로 처리하여 실제 덤핑이 없었음에도 불구하고 덤핑을 한 것으로 간주한다. 이런 불합리에도 미국은 이 문제를 무시하고 있다. WTO협정상에는 덤핑의 범위를 덤핑마진이 2% 이상이거나 대상기업의 시장점유율이 3% 이상인 경우로 되어 있는데 이 범위의 확대를 요구하는 것도 고려해 볼 수 있다(강인수, 2006: 30).

농산물 수입은 1조 8,353억~3조 1,719억 원 증가할 것으로 추정했다(권오복, 2005). 농업고용은 7만 1,000명~14만 3,000명이 감소할 것으로 추정하고 가장 큰 피해를 입을 계층은 40대 이하의 경영규모가 상대적으로 크고 소득수준이 높은 농가일 것으로 추정하였다(장상환, 2006: 123). 또한 농축산물 감소추정액도 가격으로 환산하면 2조~8조 8,000억에 달해 다른 어떤 FTA보다 농업 부문의 피해가 클 것으로 사료된다.[67] 따라서 한미 FTA 영향에 대한 연구와 피해보전대책을 준비해 놓지 않고 미국과 FTA를 추진하는 것은 농업 부문의 황폐와 축소를 지향하는 것으로 볼 수 있다.

농산물 분야에 있어서 한미 FTA협상의 큰 쟁점은 저율관세 수입쿼터(TRQ) 관리의 문제이다. 저율관세 수입쿼터 관리방식은 DDA 농업협상에서 이미 구체적인 개선방안이 제시되어 있고 상당한 수준의 합의가 이루어진 상태여서 지금까지 제시된 저율관세 수입쿼터 개선안의 범위에서 크게 벗어나기는 힘들 것으로 보인다.[68] 이는 앞으로 DDA 논의동향과 한국현실을 고려하여 한미 FTA에서 탄력적으로 대처할 필요가 있다(서진교, 2006: 9).

그리고 FTA협상과 관련하여 중요한 문제는 쌀 등 민감품목[69]을 어느 정도 확보하는가인데, 정부는 쌀과 관련된 민감품목에 대해서는 절대 양보하지 않겠다고 했으나 FTA협상 시 다른 민감품목이

---

67) 권오복(2005)은 농업생산액 2조원이 감소(쌀 제외)할 것이라고 추정하고 있으며 Rogowsky(2004)는 농업생산액이 8조 8천억 정도 감소(쌀 포함)할 것이라고 주장하고 있다(농협조사연구소, 2005.).

68) 한국은 현재 63개 품목의 수입쿼터(TRQ)를 설정하여 운영 중이며 주요 수출국들은 수입쿼터(TRQ) 수입 시 부가되는 조건들을 폐지해야 한다고 주장하고 있다.

69) 민감품목이란 협정에 따라 무역 관세를 내리다 보면 수출국도 피해를 받는 품목이 있는데 이에 대한 피해를 줄이기 위해 예외를 두는 품목을 말한다. 미국과 G20은 민감품목의 수를 전체 농산물의 1%만 두자는 입장이다.

크게 축소될 우려가 있어 전체적인 빅딜을 통해 농업 분야에서 크게 융통성을 발휘할 가능성이 많아졌다.

아래의 〈표 2-8〉은 한국과 미국의 협상 쟁점별 입장차를 요약한 것인데 주로 농산물 분야에서 의견차가 많은 것으로 나타난다. 일반상품들은 대체적으로 양국 간에 큰 의견 차이는 없으나 농산물은 교역 개방기간을 두고 의견 차이를 보이고 있다.

<표 2-8> 한-미 FTA 3차 협상 쟁점별 입장차

분야	한국	미국
교역개방안	상품: 즉시-3-5-10년-기타 농산물: 즉시-5-10-15년-기타 섬유: 즉시-3년-5년	상품: 즉시-3-5-10년-기타 농산물: 즉시-2-5-7-10년 섬유: 즉시-3년-5년-10년-기타
무역구제	반덤핑 등 무역구제절차를 합리화	현행법률 고수
농산물	탄력적인 농산물세이프가드 도입 저율관세할당(TRQ) 등 수입농산물 관리방식에 대해 합리적인 개선책을 모색	농산물 세이프가드는 반대 국영무역을 배제하고 수입부과금제도는 폐지

현재 한미 FTA협상과정에서 난항을 겪고 있는 이유는 첫째, 한국정부는 FTA협상과정에서 국민들의 참여와 시민단체들의 국민적 합의를 구하는 과정을 생략하였기 때문이다. 물론 예전보다 참여가 많이 늘기는 했지만 민간 부문의 참여가 형식적이고 권력 집단화된 시민단체가 많은 현실에서 제대로 된 국민적 합의 도출이 쉽지 않았다. 한국정부가 FTA를 추진하는 과정에서 정부의 논리만을 일방적으로 추진하다가 시민들의 정당한 의견들이 늘어나 비판하는 바람에 실제 협상에서는 미국이 상정하지도 않은 것들이 많이 누설되었던 것이다. 이에 대응하는 과정에서 오히려 반대세력의 힘을 키워 준 측면도 강하다(강인수, 2006: 35). 늦었지만 정부는 일방적

인 논리만을 내세우고 FTA를 추진할 것이 아니라 국민적 합의를 얻어 내기 위해 더욱 노력해야 할 것이다. 따라서 서두르지 않고 보다 장기적인 관점에서 실질적인 의견수렴이 가능해지도록 민간부문과의 협의를 체계화할 필요가 있다.

둘째, 한미 FTA는 경제협상이기는 하지만 사안의 중요성을 감안할 때 정치적 결단도 중요한데 한국은 아직 실무자들의 협상에 머물러 있다는 것이다. 이는 아마도 정치적 방향은 정해 놓고 그 여론적 추이를 위해 실무협상 수준으로 시간을 벌면서 그 추이를 지켜보려는 의도일 수도 있다. 하지만 이제는 국내의 이해관계자들과 대내협상에서 반대파를 설득하기 어려울 경우, 정치권이나 국정의 최고책임자가 나서 적극적인 모습을 보일 필요가 있다. NAFTA협상 시 캐나다에서는 반대파들을 설득하기 위해 총리가 직접 이들을 설득한 사례는 의미 있는 교훈을 주고 있다.

셋째, 협상과정에서 정부부처 간의 조정기능이 원활하지 못하다는 점이다. 사실 정부부처들이 합의한 협상을 준비하여 FTA협상에 임하는 것이 쉽지는 않으나 정부부처 간의 원활한 조정기능을 통해 상대국에 대한 사전정보와 내부적 조정이 이루어졌다면 보다 상대편에 대한 심층 분석으로, 유리한 협상에 임했을 것이라는 점이다. 한미 FTA 추진의 원론적인 타당성은 별도로 하더라도, 추진과정의 절차적·내용적 문제점들의 출현과 미흡한 대응 등으로 협상에 어려움을 겪고 있는 것이다.

정부는 성장 한계성을 극복하기 위해서는 미국과의 포괄적인 FTA 추진을 해야 경제적 효과를 유발시킬 것이라는 점을 홍보하고 있다(외교통상부, 2005: 1). 특히 미국의 고부가가치 산업이 증가 추세라는 것, 미국기업들의 직접투자유치가 가능하다는 점, 무역전환을 통해 대일본 무역의존도를 낮출 수 있다는 점, 서비스산업의 산업연관효과가 크다는 점 등을 FTA를 추진하는 구체적인 이유로 들고 있다. 반면에 FTA를 반대하는 측에서는 한미 FTA에서 얻는 이득을 구체적으로 제시하지 못하고 상대적으로 취약한 농업 부문에 대한 고려가 부족하다는 점을 들고 있다.

또한 산업 고도화의 타당성에 대해서도 의문을 제기하며 서비스 분야의 경쟁력 강화가 선진경영기법이나 기술이전에 대한 투자이행요건이 없는 상황에서도 시장개방이 산업고도화의 전략인가는 의문이 존재한다. 또한 외국기업의 직접투자가 한국의 경제발전을 가져다줄 것인가 하는 의문도 제기하며 그 추진 이유에 대해 의견을 달리하고 있다.

다자간 협상과는 달리 FTA는 우리가 선택적으로 추진 여부와 대상국을 선정할 수 있기 때문에 FTA협상이 필요하다면 국민적 공감대 형성을 통해 FTA에 대한 분야별 대책을 선택하고, 보완대책은 피해집단에 실질적인 도움이 될 수 있도록 고려해야 한다. 그리고 정말 우리가 원하는 한미 FTA 형태가 무엇인지 진지한 검토가 필요하다. 진정한 경제발전은 한국의 취약한 산업 부문 특히 농업부문에 대한 일정 기간의 보호일 것이다. 그 이후 자유무역을 하든 보호무역을 하든 해야 하지만 현재 주요 농산물 수출국들은 자신들의 논리를 중심으로 개방 압력을 가하고 있다.

다음으로 농가소득의 안전장치문제인데 농산물가격이 변동해도 농가경제가 크게 영향을 받지 않도록 소득지지목표를 설정하고 직접지불방식 등에 의하여 소득보전을 확실히 한다면 FTA로 인한 불안은 많이 완화할 수 있을 것이다. 이때 직접지불은 농가단위 직접지불방식으로 전환하여 직접지불에 의한 소득안정정책이 증산의 원인이 되지 않도록 해야 한다(이정환, 2005: 9).

미국과 EU의 경우 모두 가격지지목표와 소득지지목표를 설정하고 이에 미달하는 경우 그 차이를 직접지불방식으로 보전하고 보전목표수준을 완만하게 낮추어 가고 있다. 한국의 경우 진정한 직접지불 등을 통한 농가소득 안정과 고품질 농산물 생산지원으로 적극 대응해 나가는 것이 중요하다.

4. 신자유주의와 농업협상

지금까지 농업협상과정을 살펴보면 대부분 미국과 EU가 협상과정에서 주도적인 역할을 해 왔으며 처음부터 일관된 입장으로 포괄적인 자유무역질서가 이루어져야 함을 강조하였다. 이와 함께 교역상대국의 불공정 무역에 대해서는 통상법에 의한 양자협상을 내세우며 상대국의 무역관행을 수정해 달라고 압력을 가했다. 이러한 태도는 자신들의 국내정책기조는 자유무역을 추구한다고 하지만, 농업 부문에 있어 실제로 보호정책을 견지해 오고 있어 많은 논쟁적 여지를 남기고 있다.

신자유주의 이념은 한마디로 국가는 개입하지 않고 시장이 기초가 되어야 한다는 것인데 이는 효율성을 위해 사회보장제도의 축소와 자본의 자유로운 경제활동을 보장해야 한다는 것이다. 이것은 자본의 내적 모순을 다른 나라에서 얻어 내기 위해 국경을 초월해

경제활동을 확대시키는데 이것이 국제무역, 국제투자 등의 형태로 나타나고 이를 감시하고 유대를 강화하기 위해 WTO 등과 같은 국제기구와 다자간투자협정(MAI)[70] 및 DDA, FTA 등에 의해 실행되고 있다.

앞서도 살펴보았지만 자유무역의 압력이 거세어질수록 UR / DDA / FTA 등의 농업협상 압력은 더 강화될 것이고 이러한 변화를 주시하면서 농업정책을 점차 융통성 있게 실행해야 할 것이다. 특히 농산물 수입개방 압력은 개도국의 농업 부문을 신자유주의 흐름에 흡수해 가는 과정으로 자본의 모순을 농업인에게 전가하려는 의도라는 점에서 농업통상도 신자유주의의 변형된 형태로 보려는 것이다.

신자유주의에 따른 농업협상을 통해 두 가지 사항을 생각해 볼 수 있다.

하나는, 자유무역은 좋은 것이며 서로에게 이익이 된다는 게 신자유주의의 핵심이다. 그동안 개도국들은 IMF와 세계은행의 독촉으로 엄청난 정도로 무역을 자유화해 왔다. 1995년 WTO가 설립된 이후 무역자유화에 대한 압박은 좀 더 체계적으로 이루어져 왔으며 쌍무적·지역적 자유무역협정(FTA)도 크게 늘어났다. 하지만 이런 무역자유화의 확장에도 개도국들의 형편은 전혀 나아지지 않았다.

자유무역으로 비교적 성공했다고 평가하는 멕시코의 경우도 그

---

70) MAI(Multilateral Agreement on Investment)이란 다자간투자협정을 말하며 경제협력개발기구(OECD)에서 우루과이라운드(UR)의 타결로 무역 분야에 새로운 질서가 수립되자 각종 투자 장벽을 없애기 위해 새로운 국제협약을 추진했다. 경제협력개발기구(OECD)는 이것을 1996년 우루과이라운드 협정과 같은 수준의 국제협약으로 확정하였다. 그러나 과도하게 투자자에게 유리하게 만들어져 미국과 유럽의 시민사회단체를 중심으로 반대캠페인이 촉발되었고 이후 WTO 차원으로 이양되어 현재 보류상태에 있다(한미 FTA국민보고서, 2006: 720).

성장과정을 보면 자유무역 이전보다 나아진 것이 별로 없었다.[71] 농업 부문에서 보조금 혜택을 받은 미국농산물 때문에 심각한 타격을 입었으며 신자유주의의 장밋빛 약속은 금방 그 바닥을 나타내었다. 따라서 한국의 경우 WTO협상이나 FTA 체결을 통한 자유무역정책 추진이 한국농업의 위기와 식량위기의 문제를 나타내고 이것은 농업인의 문제만이 아닌 전 국민의 먹을거리문제가 된 시점에서, 일방적으로 무역자유화를 추진하는 것은 무리가 있다. 왜냐하면 무역자유화는 대외협상과 함께 대내협상이라는 양면적인 성격도 있어 통상문제는 동시에 국내정치의 영역도 되기 때문이다.

한국은 대외협상에서 관세화 예외, 수입제한 및 국내보조제도 유지를 위한 강경한 입장을 고수하였으나 실제 협상에서는 수입개도국의 지위를 확보하고 국내보조의 허용폭을 확대함으로써 일정 부문 성과를 얻어냈다. 따라서 중요한 것은 협상을 유리하게 이끌기 위한 정치적 조절능력이 필요하다.

또 다른 하나는, 신자유주의로 인한 자유무역은 분업과 교환에 따른 효율성으로 생산요소의 이동이 자유로워져 전체의 이익을 높일 수 있다고 하지만, 이는 비현실적인 가정에 기초하고 있다.

농산물시장이 개방되면 생산요소의 이동이 자유로운 것이 아니라 농산물가격이 하락하고 노령화된 농업노동력, 농지 등의 생산요소는 오히려 이동이 제한된다. 왜냐하면 이들 생산요소들은 대부분 물리적인 속성으로 고정되어 있고 농업인들의 노동력은 도시공업

---

71) 멕시코는 미국과 NAFTA를 맺었는데 때 이른 무역자유화로 실패한 전형적인 사례라고 볼 수 있다.
멕시코의 수입대체 산업화 시기(1980~1990)의 국민소득증가율과 NAFTA 시기(2000~2005)의 소득증가율을 비교해 보면 금방 알 수 있다.

부문에서 다른 일을 할 만큼 보편적인 속성을 가지고 있는 경우가 거의 없다. 농업인들이 새로운 일자리를 찾아 도시공업 부문으로 이동한다 해도 재훈련을 받지 않으면 실업상태로 남아 있거나 숙련도가 낮은 직업에서 일을 찾게 될 것이라는 점이다. 현실적으로 도·농 간의 격차가 생기는 등 손실과 비농업 부문의 이득은 동일한 가중치를 두어 평가하기가 곤란하다(이재옥, 2005: 420).

따라서 수입개방으로 이득을 보는 부문은 손실을 보는 부문에 자발적으로 보상할 수 있는 시스템적 체계를 세워야 하며 그렇게 하기 위해서는 국민들의 공감대를 얻어야 한다(이정환, 2004: 18).

그런데 일각에서는 농산물시장개방의 문제를 단순히 도식적으로 이해하여 농업인들과 농업단체들을 비난하는데 이런 자유무역 논리는 농업의 다원적 기능을 간과하고 먹을거리문제를 과소화하는 오류를 범할 수 있다(이정환, 2004: 20). 농산물시장개방을 무조건 반대하는 것도 문제지만 복합적인 의미를 간과하고 자유무역을 일방적으로 강요하는 것은 더 큰 문제이다.

제3장

신자유주의 이후 한국농업의 현황

한국의 농촌현실

한국농업의 장래는?

지속적인 한국농업을 위하여

"농부는 투자자처럼 미리 지분을 확보해 놓거나 소유자산을 옮길 수 있는 능력도 없다. 또한 일단 세계경제에 종속되면, 그들은 규모가 작고 영세화된 기업들을 집어 삼키는 세계의 거대 경제체제에 쉽게 편입되어 버린다."

－Steven Govelick－

제3장

신자유주의 이후 한국농업의 현황

제1절 수입개방(농업통상) 이후 한국농업환경의 변화 및 현황

1. 한국농업환경의 변화

한국농업은 해방 이후 가난으로 일관된 연속적 과정이었으며 식량공급과 값싼 노동력의 공급기지로 취급받아 왔다. 농업인들은 가난에서 벗어나자는 신념 하나로 농업생산에 열중하였고 이제는 그 성과를 나눌 수 있을 만큼 성장했지만 정부는 외부환경에 대한 변화 등을 이유로 자본의 이익을 대변하는 정책만을 내놓고 있었다.

이러한 농업정책 문제는 현실적으로 도·농 간 격차에서 나타나고 있는데 최근 6년간('00~'05)의 성장률을 보면 농업의 경우 연평균 1.6% 수준으로 감소하는 데 비해, 도시공업 부문은 연평균 5.7% 수준으로 성장하여 도·농 간의 격차를 보이고 있다. 이러한 성장률 격차는 도시와 농촌과의 차이를 만들어 내기 시작하였다(조일호, 2003: 146). 이 때문에 농업의 관계자들은 농촌에 대한 관심과 지원이 더 필요하다고 주장하였지만 비농업 부문의 시각은 농업은 많은 투자에 비해 얻은 것이 별로 없었다는 입장이다.

이렇듯 농업이 소외될 수밖에 없었던 것은 이제까지의 경제개발이 부문 간 유기적 관계가 아니라 세계경제체제와의 분업을 통한 경제성장 때문이고 농정방향의 잘못 때문이다(김종덕, 2005: 110). 따라서 농업은 투자하는 것 못지않게 외부의존구조를 탈피하고 경제체제 내에서 산업 간의 유기적인 관계를 갖도록 농업정책의 기본방향을 점검해야 한다. 그런데 신자유주의 이후 한국의 농업정책 방향은 오히려 '국가적 이익이 중요하다.'·'농업도 구조조정을 해야 한다.'·'농가소득 안정정책은 형평에 위배된다.'는 등의 논리로 농업 자체에 문제가 있다는 식으로 몰아붙였다. 그러나 이러한 논리는 농업의 가치논쟁으로, 그리고 곧 정서문제로 발전하여 갈등의 폭만 더 증폭시켰다(이정환, 2004: 13).

따라서 이제는 자유시장의 논리보다는 우리 농업에 대한 이해와 국민적 공감을 얻어 낼 수 있는 정책의 개발이 더 절실히 필요한 때라고 본다(이정환, 2004: 20). 이러한 정책개발은 우선 정책당국자가 농업문제가 역사적 산물임을 인식하고 그동안 경제성장을 위해 농업이 희생된 결과라는 것을 알아야 한다. 이제라도 부분적이지만 농업인을 위한 분배하는 농업정책을 실시해야 한다. 이러한 목표를 위해서는 농업인 중심의 참여적 혹은 공동체 전략으로 표현하는 상향식의 발전전략을 세워야 한다. 이러한 계획은 지역자원의 최대한 이용과 지역의 문화적, 환경적, 공동체적 가치를 중시한다.

농업정책의 방향과 문제를 바로 세우기 위해서는 외부환경의 변화, 즉 신자유주의로 인한 농업과 농촌의 변화를 살펴볼 필요가 있는데 그 변화는 다음과 같다.

첫째, 농업과 농촌이 신자유주의(무역자유화)의 압력에 큰 영향을 받고 있으며 이에 따라 농산물 무역구조 형태도 변하고 있다. 이와 관련해 WTO와 OECD 등과 같은 국제기구는 DDA/FTA 등을 통한 농업보조금, 관세 철폐를 목적으로 농산물 자유무역을 강조하는데 현재 한국농업이 이를 완전히 수용하기에는 어려운 입장이다. 그럼에도 농산물 수입은 IMF 경제위기 때를 제외하고는 계속 증가하여 무역수지도 갈수록 적자가 커지고 있다.

신자유주의화 이후 농산물 수입은 2000년 98억 18백만 달러에서 '06년 약 161억 1백만 달러로 증가하였다. 축산물의 경우는 수입은 늘고 있으나 수출은 뚜렷한 증가세를 보이고 있지 않다. 전체적으로 농산물 무역수지 적자는 2000년 약 68억 6백만 달러에서 '06년 약 127억 6백만 달러로 늘어났다(〈표 3 - 1〉 참조).

최근의 농산물 수입경향은 축산물 수입과 부가가치 농산물이나 가공식품, 기호식품 등의 수입이 급증하고 있는 것이 특징이다. 이 같은 상황에서 국내농업의 활로를 모색하기 위한 방안이 수출농업인데 농산물 수출은 UR협상 이후 완만히 증가하고 있으나 수입증가보다는 느린 성장을 보이고 있다. 한국은 토지이용형 농산물은 경쟁력이 낮지만 원예작물, 김치를 비롯한 가공식품 등은 수출이 꾸준히 증가하고 현재 주요 수출품목으로 채소류, 연초류, 임산물, 축산물 순으로 비중을 차지하고 있다(조일호, 2003: 132). 따라서 지속적인 농산물 수출을 위해서는 농산물이 국제경쟁력을 갖도록 포장체계, 마케팅지원, 최고품질의 농산물 생산, 지속적인 연구와 개발, 소비자 지향의 농산물을 생산할 수 있도록 WTO 허용범위 내에서 정책적 지원을 하는 것이 필요하다.

또 〈표 3 - 1〉에서 무역구조 형태를 보면 농산물 수입이 계속 증가하여 그 무역수지적자폭이 계속 증가하고 있음을 보여주고 있다.

<표 3 - 1> 각 연도별 농림 수산물 수출·수입 현황(통관기준)

(단위: 백만 달러, %)

구분	1995	1997	2000	2001	2002	2003	2004	2005	2006	2007
농림수산물 수입	10,520	11,255	9,818	10,079	11,472	12,185	13,484	14,276	16,101	19,242
농림수산물 수출	3,469	3,347	3,012	2,852	2,801	2,991	3,365	3,416	3,395	3,759
무역수지	△7,051	△7,908	△6,806	△7,227	△8,671	△9,194	△10,119	△10,860	△12,706	△15,483

자료: 농수산물유통공사, www.kati.net/web - trade. 농수산물 수출입 총괄
각 연도 HS코드를 기준으로 함. 인터넷 자료.

둘째, 소비자 계층의 다양성과 농산물 안전성에 대한 중요성 인식으로, 농업과 농촌에 새로운 역할을 요구하고 있다. 전통적인 농업의 기능은 식량과 농산물 원자재의 생산이었다.

그런데 신자유주의 이후 농산물 생산과 관련하여 농업인의 역할이 점차 줄어들고, 초국적 기업의 활동이 점차 커지고 있다. 농산물은 원래 농업인에 의해 생산되었지만, 이제는 초국적 기업에 의해 생산, 가공, 판매되고 기업의 이윤을 가져다주는 상품으로 변화되었다. 세계의 어느 나라든 농산물이 초국적 기업에 의해 좌우되

는 것이 보편적인 현실이 되었다(김종덕, 2005: 29). 패스트푸드 상품의 급속한 확산과 확대도 이를 잘 나타내 준다.[72]

초국적 기업에 의한 농산물생산과 유통지배는 다수 소농들의 생산수단을 지속적으로 빼앗고 농업을 지배해 가며, 점점 가속화되어 나타나고 있다. 또한 도시화가 진전되고 초국적 기업들의 출현으로 전통적인 농업기능이 약화되면서 환경에 대한 문제가 대두되어 농업의 환경보전 기능이 점차 주목을 받게 되었다(김종덕, 2005: 28).

지속 가능한 농업을 위한 노력은 이러한 움직임들 중의 하나이며 '공공사회'라는 개념이 포함되어 있기 때문에 전통적인 농업과는 차이점을 보인다. 농업의 환경보전과 관련하여 홍수조절기능, 수자원함양기능, 토양보전기능, 환경정화기능 등이 함께 논의되고 있다(성진근, 1992: 260 - 266). 이러한 친환경농업을 위해서는 환경적이고 안전한 식품공급을 체계적으로 제공할 수 있는 공익적 기능과 다원적 정책을 제도화하는 것이 필요하다. 그러나 현실적으로 정보화의 추세 속에 농업도 상품화의 경향으로 흐르고 게다가 신자유주의 영향으로 초국적 기업이 농산물을 판매, 유통하는 현실에서, 친환경적이고 안정된 차별화된 먹을거리 체계를 확립하고 환경의 다원적 기능을 위해 홍보하고 교육할 수 있는 체계를 세워야 할 것이다.

셋째, 신자유주의화로 인한 농산물의 상품화는 국가와 농업인들의 빈부격차를 더욱 확산시키고 있다. 초국적 농기업의 자본집중화

---

72) 맥도날드사가 영업활동을 하지 않은 나라는 거의 없다. 맥도날드사의 외국진출 현황을 보면, 1991년에 미국에 새로 개설한 점포 수가 188개인 데 비해 외국 점포 개설 수가 427개가 넘어섰다. 맥도날드사는 1994년까지 맥도날드 이윤의 반 이상이 해외영업에서 나올 것으로 예상하고 있다(Ritzer, 김종덕 역, 1993).

와 자본이동은 대부분 농업 개발도상국들의 농업을 잠식하고 있다. 개발도상국들 대부분이 이전에는 식량수출국이었으나 2차 대전 이후 점차 식량수입국으로 전락했으며 이들 지역의 식량수입은 계속해서 늘어나고 있다. 이러한 결과는 여러 요인이 있지만, 특히 미국의 농산물 원조와 싼 노동력에 기초한 발전방식의 채택 등이 크게 작용했다(김종덕, 2005: 26). 특히 신자유주의 대표적 기구인 WTO의 출범은 식량수출국의 위상을 강화시키고, 식량수입국의 위상은 반대로 약화시키고 있다. 이들 국제기구들은 시장논리에 의한 교역을 강조함으로써 개별국가들의 농업보호를 억제하며, 농업조건이 취약한 나라들을 더욱 열악하게 하여 신자유주의 이데올로기의 함정에 빠지게 한다.[73]

이같이 신자유주의는 농업생산에서 개별국가의 중요성을 저하시키고, 농업생산과 유통에서 승자(다국적 기업)와 패자(농민)의 양극화를 가져오게 하며, 이러한 현실이 당연한 것처럼 농민과 소비자의 생활에 침투하고 있다(김종덕, 2005: 25). 부자들은 유기적 농업, 생태 및 건강과 관련된 양질의 식품을 섭취하는 반면에 빈곤층은 표준화된 값싼 수입식품을 소비한다.[74]

이 같은 변화는 농업, 농촌에 대한 새로운 개념화를 요구하고 있

---

73) 개발도상국들이 생산하는 상품의 가격가치는 선진국들이 생산하는 상품이나 가격에 비해 일반적으로 낮기 때문에, 무역의 규모가 클수록 국가 간의 불평등이 더욱 확대된다. 반면 선진국은 다양한 상품을 창출할 능력을 보유하고 개발도상국에서 수입하는 농산물과 기타 상품에 대해 관세를 부과하여 상품가격을 낮추고 자국의 수출상품 가격은 상대적으로 높게 하여 무역당사자들 사이의 빈부격차를 더욱 강화시키는 것이 바로 자유무역의 함정이며 이것이 바로 비교우위설에 입각한 신자유주의 시장논리의 이론이다(로버트 아이작, 2006: 21).

74) 예컨대 두부 1모의 가격은 상품이 1,700원, 중품이 1,300원, 하품이 700원이다. 상층은 1,700원짜리 두부를 먹는 데 비해 하층은 700원짜리 두부를 먹고 있다. 또한 상층은 비싼 유정란 달걀을 먹는 데 비해 하층은 값싼 무정란 달걀을 먹는다.

다. 새로운 개념의 문제 틀은 농업인, 농업자본가, 기업, 국가, 비농업제도 간의 접합을 포괄하고, 식량과 농업에 대한 광의의 관점을 받아들여 농업범주를 효율성, 합리성에 국한해서 보는 것뿐만 아니라 포괄적인 인식을 전제로 해야 한다는 것이다(김종덕, 2005: 29).

넷째, 신자유주의는 산업형 농업의 확산과 환경에 부정적인 결과를 가져오게 한다. 산업형 농업의 생산은 시장논리에 경도되어 농업인들은 시장이 요구하는 대로 농산물을 재배하게 된다. 이러한 시장논리 과정에 충실하다 보면 기본식량인 주곡생산을 소홀히 하여 자국의 식량공급에까지 영향을 미치게 되는데 그 예가 멕시코의 경우이다.

초국적 기업인 델몬트가 멕시코에 진출하여 멕시코의 싼 노동력을 바탕으로 아스파라거스를 생산하여 미국시장에 수출하였는데 이것은 결국 멕시코 국민들의 주곡생산을 막는 결과를 가져왔다. 멕시코는 북미자유무역협정(NAFTA) 이후 산업형 자본화에 적응해 가는 과정에서 점차 기초식량의 수입이 늘어나게 되는데 이것은 농산물을 생산하는 것보다 식량의 수입이 가격적인 면에서 훨씬 효율성이 컸기 때문이었다. 이는 무엇을 의미하는가?

가격의 합리성을 앞세워 국민들의 기초식량을 생산하지 않고 계속 수입만 한다면 결국 그 나라의 농업발전을 위한 능력을 상실하게 되고 만다는 것을 의미한다. 좀 더 어렵더라도 부가가치가 큰 농산물을 생산할 수 있는 능력개발을 위해 노력해야 할 것이다.

신자유주의는 상대국가가 잘하고 있는 것에 충실해 무역할 것을 원하지만 이는 개발도상국의 입장에서는 결국 생산성이 낮은 활동

만 하라는 의미가 된다. 따라서 그 가난에서 벗어나려면 고부가가
치 농식품을 생산할 수 있는 기술 개발 등이 필요한 것이다. 따라
서 세계화의 조류를 무조건 따를 것이 아니라 한국농업의 능력수
준에 맞게 그 시기를 조절할 수 있는 노력을 기울여야 할 것이다.

또한 산업형 농업은 자연의 이치와는 다른 자본집약적 농법을
주로 하기 때문에 바로 환경에 부정적인 영향을 미친다. 농산물의
이윤을 위한 전문화, 대규모 경영과 기계화 등은 단일작물을 지속
적으로 재배하여 지력의 약화나 토양의 황폐화를 가져와 생물의
다양성 및 유전적 다양성을 약화시킨다. 유전적 다양성의 약화는
병충에 취약하다는 것을 의미하므로 이를 보완하기 위해 농약을
더 쓰게 되어 토지환경과 농산물에 부정적 영향을 미친다.

2. 한국농업의 현황

20세기 말 신자유주의 조류에 의해 타결된 UR협상은 기존의 농
업에 커다란 변화를 요구하는 사건이었다. 그러나 농업 부문은 산
업의 특성상 수익성, 안정성, 성장 등에서 다른 산업과 다른 특성
때문에 농업을 시장경제에 맡길 경우, 농업의 위축현상은 피할 수
없는 것으로 보인다. 이러한 위축현상은 〈표 3 - 2〉에서 보듯이 해
마다 농가인구 비중이라든지, GDP, 식량자급도, 도농소득격차 등
각종 비중이 점점 약화되어 가고 있음을 볼 수 있다. 그리고 농업
의 약화현상은 농업특성 때문이기도 하지만 잘못된 농정 때문일
수 있다는 점을 상기하면서 살펴보고자 한다.

오히려 농업의 고유한 특성 때문에 적극 농정이 필요함에도 불구하고 정치적이고 단기적인 농정으로 농업의 어려움만 더욱 가중시켰다. 이제 신자유주의(무역자유화)에 충실했던 농정의 결과 변화된 한국농업과 농촌의 현실을 살펴본다.

첫째, 농촌의 농가수 및 농업구조의 약화와 경지이용률 감소가 나타나고 있다.

농업이 전체 경제에서 차지하는 비중은 〈표 3 - 2〉에서 보듯이 농업의 GDP 비중이 2000년에는 4.4%였으나 6년 뒤인 2005년에는 3.1%로 줄어들었다. 총인구 대비 농가인구 비중도 2000년 8.6%에서 2006년 6.8%로 전체 농가 호수도 2000년 138만 호에서 2006년 124만 호로 연평균 1.6%의 감소추세를 보이고 있다. 그 사이 우리나라의 전체 인구가 4,700만에서 4,830만여 명으로 증가한 것을 고려하면 농촌이 점차 공동화되어 가고 있다는 사실이 나타난다.

최근 5년간 ('01 ~ '05) 국내 총생산은 명목가액 기준으로 연평균 6.8% 성장하였으나 농업 분야는 연평균 0.3% 성장함으로써 농업이 국내 총생산에서 차지하는 비중은 2000년 4.9%에서 2006년 3.3%로 낮아졌다. 이 기간 중 총인구는 연평균 0.5% 성장하였으나 농가인구는 오히려 평균 3.3% 감소하고 있다.

<표 3-2> 한국농업의 현황

(단위: 천 명, 천 호, %)

구 분	1995	2000	2001	2002	2003	2004	2005	2006	2007
농업인구 비중	10.8	8.6	8.3	7.5	7.4	7.1	7.1	6.8	6.7
GDP 비중	6.3	4.9	4.5	4.1	3.8	3.8	3.4	3.3	3.0
농가교역조건	130.1	111.7	111.2	113.0	116.9	108.2	100.00	98.3	98.6
농가 호수	1,501	1,383	1,354	1,280	1,264	1,240	1,273	1,245	1,231
식량자급도	29.1	29.7	31.1	30.4	27.8	26.8	29.3	27.7	27.2
도농소득격차	95.1	80.6	75.9	73.0	76.2	77.6	78.2	79.0	72.5
농가 인구수	4,851	4,031	3,933	3,591	3,530	3,415	3,433	3,304	3,274

자료: 농림부. 농림업 주요 통계 각 연도(식량자급도는 전체 양곡을 포함한 자급도).

<표 3-3> 경지면적 및 농지 이용현황

(단위: 천 ha, 천 명, %)

구분	경지면적			경지이용 면적(ha)	호당경지 면적(ha)	경지이용률 (%)
	계	논	밭			
1990	2,109	1,345	764	2,409	1.194	113.3
1995	1,985	1,206	779	2,197	1.323	108.1
2000	1,889	1,149	740	2,098	1.366	110.5
2001	1,876	1,146	730	2,089	1.386	110.6
2002	1,863	1,139	724	2,020	1.455	107.6
2003	1,846	1,127	719	1,936	1.460	103.9
2004	1,836	1,115	721	1,941	1.481	105.2
2005	1,824	1,105	719	1,921	1.433	104.7
2006	1,800	1,084	716	1,860	1.446	102.0
2007	1,782	1,070	712	1,856	1.448	103.1

자료: 농림부. 『농림업 주요통계』 2008: 26-28.

　또한 〈표 3-3〉에서 나타나듯이 현재 2006년 총 경지면적은 180만 ha로 이 중 논의 면적은 108만 4천 ha이고 밭 면적은 71만 6천 ha로 나타나고 있으며 해마다 호당 경지면적은 매년 증가 추세에 있으나 경지이용률은 2000년 110.5%에서 '06년에는 102.0%

로 점차 낮아지고 있다.

그리고 경지이용면적도 해마다 줄어들고 있는데 이는 생산성은 높아졌으나 농산물 수요는 정체되거나 줄어들고 있기 때문으로 보인다. 경지면적의 감소는 93년부터 96년까지 빠른 폭으로 진전하다가 최근 들어 감소폭이 줄어드는 경향을 보이고 있는데 이는 쌀의 재고와 농산물가격 하락에 대한 대응으로 생산의 조정, 쌀소득보전직불제 등의 각종 정책이 도입되고 있기 때문으로 보인다. 반면 경제작물[75]은 수요가 늘고 있음에도 경지면적은 줄고 있는데 그것은 수입증가로 인한 가격 하락으로 수익성이 떨어지고 있기 때문으로 보인다. 앞으로 이러한 추세는 경지면적은 매년 줄어들지만 호당 경지면적은 점차 늘어날 것이라는 점이다.

둘째, 무역자유화로 인한 농산물 수입증가로 농산물가격의 하락과 소비가 점차 증가하고 있다. 농산물 수입액은 2000년 9,818백만 달러에서 2006년 16,101백만 달러로 나타나고 있는 데 반해, 농산물 수출액은 2000년 3,012백만 달러에서 2006년 3,395백만 달러로 그 수출액의 변동폭이 거의 완만하다(〈표 3 - 1〉, 〈그림 3 - 1〉 참조).

이에 따라 수입과 수출에 대한 무역 적자폭도 커져 가고 있으며 무역수지 적자는 2000년 6,806백만 달러 적자에서 '06년 12,706백만 달러 적자를 나타내고 있다(〈그림 3 - 1〉 참조).

---

75) 경제작물이란 채소, 과수, 유지작물(참깨, 땅콩 등), 특용작물(인삼), 화훼 및 잠업 등을 말한다. (농림부, 『농림업 주요통계』 2006: 23 참조.)

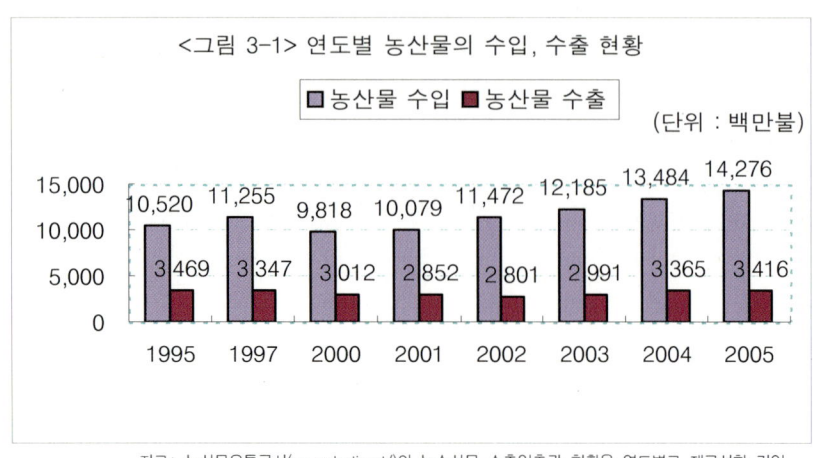

<그림 3-1> 연도별 농산물의 수입, 수출 현황

■농산물 수입 ■농산물 수출

(단위 : 백만불)

자료: 농산물유통공사(www.kati.net/)의 농수산물 수출입총괄 현황을 연도별로 재구성한 것임.

<표 3-4> 주요 농산물의 농가판매 가격지수 추이

(단위: %)

연도	농가판매 가격총지수	농가구입 가격총지수	쌀농가판매 가격지수	채소농가판매 가격지수	과실농가판매 가격지수	비 고
1995	81.7	62.8	81.3	95.9	124.7	
2000	89.5	80.1	110.2	90.8		
2001	94.1	84.6	107.1	108.4	100.1	
2002	99.1	87.7	105.9	110.2	78.3	
2003	107.3	91.8	108.6	133.4	101.0	
2004	104.2	96.3	109.3	107.9	95.0	
2005	100.0	100.0	100.0	100.0	100	
2006	100.9	102.6	95.8	114.2	86.7	
2007	103.0	104.5	98.7	110.6	90.3	

출처: 쌀, 채소, 과실의 농가판매가격지수는 농가구입 가격지수(2005＝100.0)로 디플레이트한 실질농가판매가격지수
임(통계청: kosis.nso.go.kr). 통계청 인터넷자료를 재구성한 것임.

　　또한 수입농산물의 품목 수와 물량의 확대는 농산물가격의 하락
과 불안정으로 이어져 농가경제는 소득불안정과 경영부실, 농업생
산의 투기화로 이어지고 있다.

실질적인 농산물의 가격 하락은 〈표 3 - 4〉에서 보듯이 쌀 실질 농가 판매가격지수는 2001년 107.1에서 2006년 95.8로, 채소는 2001년 108.4에서 2006년 114.2로, 과실은 2001년 100.1에서 2006년 86.7의 수치를 나타내고 있다. 수입이 쉬웠던 과실류 가격도 10년 사이 절반으로 떨어졌고 채소류는 2/3 가격으로 떨어졌으며 관세화가 유예된 쌀조차 계속 떨어지고 있다. 농가구입가격 총지수도 농가판매가격 총지수[76]와 비교해 볼 때 점차 증가하는 것으로 보아 농가경제는 수입보다 지출이 많아지는 것으로 나타난다. 농가교역조건[77]도 계속 하락하여 2000년 111.7에서 2006년 98.3로 점차 줄고 있어 농가의 채산성이 더욱 악화되고 있는 것으로 나타난다(〈표 3 - 2〉 참조).

셋째, 농가소득의 저하 및 도·농 간 소득격차와 양극화가 확대되고 있다.

---

76) 농가판매가격지수는 기준연도에 비해 어느 정도 변화했는지를 나타내는 지표이다. 농가구입가격지수는 농업용품과 생활용품 등의 가격이 기준연도에 비해 어느 정도 변화했는지를 나타내는 지표이다. 따라서 농가판매가격지수의 하락은 농산물가격 하락을, 농가구입가격상승은 농업용품 등의 상승을 의미한다.

77) 농가교역조건은 한마디로 농가가 생산 판매하는 농산물과 농가가 구입하는 농자재 또는 생활용품의 가격상승폭을 비교하여 농가의 채산성을 보기 위한 것을 말한다.
이는 다음의 패리티지수로 나타낸다. (농가판매가격지수/농가구입가격지수*100)
일반적으로 100 이상을: 농산물가격상승률〉농가구입물품 상승률＝채산성호전으로 본다.

<표 3-5> 원천별 농가소득구성과 도·농 간 소득격차 추이

(단위: 천 원, %)

연 도	농가 소득 (A)	농업 소득 (B)	농외 소득	이전 소득	도시 가구 소득 (D)	도농 간 소득 격차 (A/D)	농가 부채 (E)	부채 비율 (E/A)
1990	11,026	6,264	2,841	1,921	11,319	97.4	4,734	42.9
1995	21,803	10,469	6,931	4,403	22,933	95.1	9,163	42.0
2000	23,072	10,897	7,432	4,743	28,643	80.6	20,207	87.6
2001	23,907	11,267	7,829	4,811	31,501	75.9	20,376	85.2
2002	24,475	11,274	8,140	5,061	33,509	73.0	19,898	81.3
2003	26,878	10,572	9,397	2,031	35,280	76.2	26,619	99.0
2004	29,001	12,052	9,544	3,006	37,360	77.6	26,892	92.7
2005	30,503	11,815	9,884	4,078	39,010	78.2	27,210	89.2
2006	32,303	12,092	10,037	4,886	41,321	79.0	28,161	87.2
2007	31,967	10,406	11,097	4,959	44,105	72.5	29,946	93.7

자료: 농림부, 2008: 126-141.
농가소득=농업소득+농외소득+이전소득 이지만 2003년부터 이전소득에서 일부 항목을 분리하여 경조수입, 퇴직일시금 등의 비경상소득이 있어 합계는 맞지 않음. 비경상소득은 '03년 4,878천 원, '04년 4,401천 원, '05년 4,725천 원임.

농가소득은 농업소득, 농외소득, 이전소득으로 구성된다. 위의 〈표 3-5〉와 같이 농업소득은 2000년 대비 2005년 농업소득은 연평균 1.6% 증가한 반면, 이전소득은 3.0% 감소하였다. 농외소득[78]은 연평균 5.8% 증가하였다. 또한 이전소득이 6년 전 대비 잠시 감소를 보인 것은 2000년에 비해 정부의 보조가 감소하고 있다는 것을 나타내며 이는 2003년 이후 다시 증가하는데 2003년 대비 2005년 이전소득이 7.6% 증가하였다. 이러한 추세로 보아 농가소득은 공적보조나 증여 등의 이전소득에 많은 영향을 받고 있으며

---

78) 농외소득은 겸업소득과 사업 외 소득으로 구성되며 이중 고용되거나 또는 일용노동에 따른 취업소득으로 구성된 사업 외 소득이 농외소득의 대부분을 차지하고 있는 것으로 나타나고 있다(농림 통계연보, 2006).

공적보조 비중의 증가는 논 농업직접지불제 등 소득보전직불제의 시행과 지원단가 등의 인상에 기인하고 있다. 이전소득 중 공적보조의 증가는 다음의 통계에 잘 나타나 있다.

<표 3-6> 이전소득 및 공적보조 현황

(단위: 천 원, %)

구분	2003	2004	2005
농가소득	26,878(100.0)	29,001(100.0)	30,503(100.0)
이전소득	2,031(7.6)	3,006(10.4)	4,078(13.4)
공적보조	1,858(6.9)	2,830(9.8)	3,778(12.4)

자료: 통계청, Kosis 통계정보시스템, 각 연도.
농림부, 2006: 130, 134.

특히 이전소득을 최근 3개년만을 살펴본 이유는 자료의 일관성을 위한 것이었다. 이는 2003년 표본개편 시 이전소득과 비경상소득으로 나누어 사례금, 경조 수입 등은 비경상소득으로 항목이 이전되었기 때문이다. 2005년도 농가 가구당 소득은 연간 30,503천 원으로 전년(29,001천 원) 대비 5.2%(1,502천 원) 증가하였는데 이는 농업소득이 소폭감소(-1.9%)한 반면, 농업외소득, 이전소득, 비경상소득이 각각 3.6%, 35.7%, 7.4% 증가한 요인에 기인한다고 볼 수 있다. 2001년 이후 농가의 평균소득은 지속적으로 증가 추세에 있으나 증감률은 2003년 이후 둔화되고 있다(〈표 3-5〉 참조).

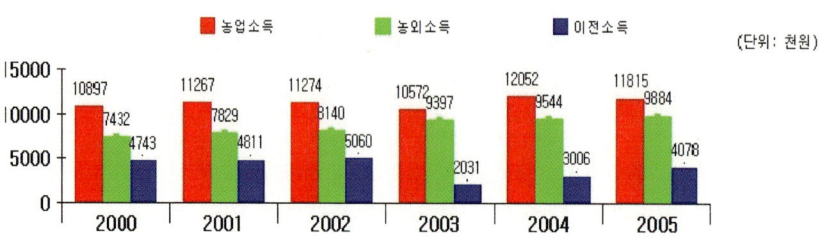

<그림 3-2> 농가소득 추이

출처: 농림부, 2006: 132, 134.

　농가소득 중 농업소득이 차지하는 비중(농업의존도)은 2005년 38.7%로 나타나고 있는데 이는 농업소득과 농외소득 비중은 전년 대비 각각 2.9%, 0.5% 낮아졌으나 대신 이전소득비율이 3.0% 높아졌다. 농업소득은 위의 그림에서 보는 바와 같이 비교적 일정한 형태를 유지하고 있으나 물가상승률에 인플레까지 감안한다면 농업소득은 줄어들고 있다고 보아야 할 것이다.

　농업소득은 2005년 11,815천 원으로 전년 대비 1.9% 감소하였는데 이는 농업총수입의 소폭감소(-0.5%)와 농업경영비의 소폭증가(0.7%)로 인한 농업경영비의 꾸준한 증가 추세 때문인 것으로 보인다(〈표 3-7〉 참조).

<표 3-7> 농업소득 현황

(단위: 천 원, %)

	2001	2002	2003	2004	2005	2006	2007
농업소득	11,267	11,274	10,572	12,050	11,815	12,092	10,406
농업소득률	55.8	56.5	44.8	45.3	44.6	44.2	39.9
농업총수입	20,193	19,951	23,611	26,624	26,496	27, 322	26,102
농업경영비	8,926	8,677	13,039	14,574	14,681	15,231	15,696

출처: www.kosis.kr / 국가통계포털
농업소득: 농업총수입 - 농업경영비. 농업소득률 = (농업소득/농업총수입)*100

한국농업의 2005년 농업총수입구조(收入構造)는 미곡(27.4%), 축산(24.1%), 채소(24.1%), 과수(11.1%), 기타(13.3%)로 구성되어 있는데 수입자유화 이후 미곡의 소득은 점차 줄어드는데 이는 수매단가의 하락, 논 면적의 감소, 양정제도개편에 따라 쌀 생산농가에 지급되는 쌀소득변동직불금(958,310원/ha)들이 고려되지 않아 전년대비 5.1% 감소했다.

축산, 채소, 기타 부문도 점차 수입량의 증가와 직불금 등의 영향으로 미곡과 비슷한 전망을 보일 것으로 보인다. 결국 모든 작물에서 소득이 줄고 이는 곧 농가소득 감소에 큰 영향을 미칠 것으로 보인다(〈표 3-8〉 참조).

<표 3-8> 농업총수입(收入) 구성비율

(단위: %)

구분	2001	2002	2003	2004	2005	2006	2007
농업총수입	100.0	100.0	100.0	100.0	100.0	100.0	100.0
미곡수입	41.0	37.4	34.1	32.5	27.4	27.7	27.9
축산수입	12.0	12.8	21.4	18.9	24.1	23.4	19.7
채소수입	25.1	25.6	24.2	24.6	24.1	24.7	26.1
과수수입	11.9	13.2	9.7	11.1	11.1	10.7	12.2
기타수입	10.0	11.0	10.6	12.9	13.3	13.5	14.1

자료: www.kosis.kr / 국가통계포털

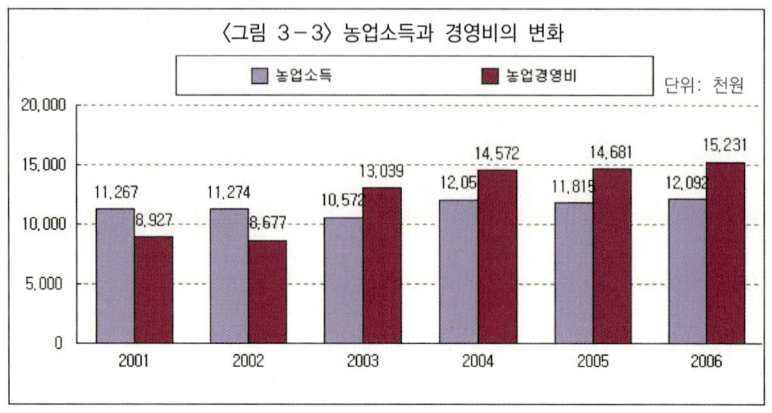

〈그림 3-3〉 농업소득과 경영비의 변화

단위: 천원

출처: 농림부, 2006: 130-134 자료를 재구성.

그리고 도·농 간의 격차도 점점 심화되어 가고 있음을 농가교
역조건을 통해 살펴볼 수 있는데 이를 보면 농가경제가 상대적으
로 어려워지고 있음을 알 수 있다.

도시근로자가구소득 대비 농가소득은 1995년 95.1%였으나 그
이후 계속 확대되어 2002년에는 73%까지 내려갔다. 그러나 그 이
후 도농소득격차가 점차 감소하는 추세에 있기는 하나 2006년
도·농 간 소득격차는 78.2%로 아직까지 80% 수준을 넘지 못하
고 있다(〈그림 3-4〉 참조).

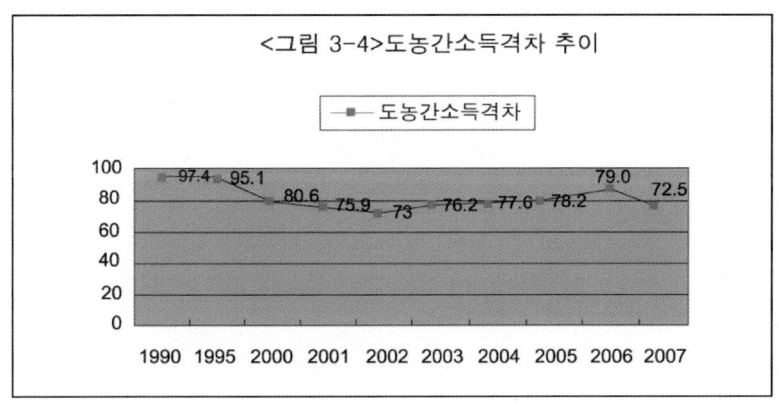

<그림 3-4>도농간소득격차 추이

출처: 농림부, 2006: 126 - 143 참조하여 재구성.

또한 최근 5년간 상위의 도농격차는 계속 좁혀지고 있으나 농가
하위 20%는 여전히 크게 나타나고 있다. 농가 상위 20%의 농가소
득은 도시근로자소득 대비 2001년에 73.8%, 2003년에 90.8%에서
2005년 95.2% 수준까지 올라간 반면, 농가 하위 20%는 2001년
49.4%, 2003년 28.1%에서 2005년 55.5%로 여전히 도농격차가 크
게 나타나고 있다(김배성 외, 2006: 99 - 102).

농가 간에도 1998년부터 2004년 기간 동안 농가소득의 양극화
가 심화되었는데 특히 2002년과 2003년의 양극화가 심화되었다.
농가소득 분포에 있어서 양극화 지수[79]가 지니계수[80](소득불평등)
보다 크게 나타나는 것으로 보아 소득격차도 있으나 양극화는 더
심각하게 진전되었음을 알 수 있다(김배성 외, 2006).

---

79) 양극화 지수로 가장 많이 사용하는 Esteban and Ray의 양극화 지수는 기본적으로 모집단
이 2개의 집단으로 구분되어 있다고 가정할 때 어떤 한 집단이 다른 집단에 대해 느끼는 반
감의 정도는 동질성 - 이질성 함수의 곱으로 나타낼 수 있다는 개념에서 출발하며 양극화 지
수값이 클수록 양극화 확대를 나타낸다.

80) 지니계수는 소득불평등도 또는 소득격차를 측정하는 지표로 0에서 1까지의 값을 가지며 0이
면 완전평등을 의미하고, 1에 가까울수록 불평등이 심하다는 것을 의미한다.

이와 더불어 농가부채도 꾸준히 증가하고 있는데 2005년 농가소득은 2000년에 비해 모든 수치를 합하여 33% 상승한 반면 부채는 194% 증가하여 도·농 간 소득격차를 지속적으로 확대시키는 한 요인이 되고 있다.

넷째, 농업노동력의 고령화 및 농민층 경지규모별 양극화 및 농업정책의 부실현상이 나타났다는 점이다.

연령대별 농가인구 구성비를 살펴보면 농업의 주된 노동인구인 49세 미만이 2000년 28.4%에서 2005년 14.0%로 매년 그 비율이 줄어 가고 있으며, 반면 2000년 50~64세 미만이 49.8%에서 2005년 56.9%로, 2000년 65세 이상이 21.7%에서 2005년 29.1%로 매년 증가하고 있다. 2000년에는 65세 이상이 21.7%였던 것을 감안하면 젊은 농업인구층은 점차 줄고 노령화되어 가고 있음을 알 수 있다(〈표 3-9〉 참조).

또한 도시와 농촌 간 소득격차로 농촌 내부에서도 양극화가 심화되고 있다. 상위 3ha 이상 농가의 농가소득은 2000년 연평균 8,100만 원에서 2005년 연평균 17,300만 원으로 연평균 16.4% 증가한 반면 하위 0.5ha 미만의 농가는 2000년 연평균 1,760만 원에서 2005년 2,500만 원으로 연평균 7.3% 증가했다. 이에 따라, 상위 20%의 농가소득을 하위 20%의 농가소득으로 나눈 소득 5분위 배율은 더욱 확대되어 농촌 내 소득불평등이 커지는 것으로 나타난다(조일호, 2003). 이 같은 양극화 현상은 〈표 3-10〉에 나타나 있다.

<표 3-9> 연령별 농가 인구 현황

(단위: 천 명)

구 분	29~49세	50~64세	65세 이상	총인원	농업노동활동인구
1995년	1,626	1,337	785	4,851	2,403
2000년	1,301	1,113	876	4,031	2,243
2001년	1,188	1,200	959	3,933	2,148
2002년	1,052	1,022	940	3,591	2,069
2003년	1,019	975	982	3,530	1,950
2004년	963	939	1,002	3,415	1,825
2005년	989	952	1,000	3,434	1,815
2006	896	931	1,018	3,304	1,785
2007	855	915	1,052	3,274	1,726

출처: 농림부, 2008: 48-49를 참조하여 재구성.

<표 3-10> 경지규모별 농가소득 동향

(단위: 천 원)

연도	전국(평균)	0.5ha 미만	0.5~1.0ha	1.0~1.5ha	1.5~2.0ha	2.0~3.0ha	3.0ha 이상
1990	11,026	8,224	9,879	11,120	12,582	15,053	-
1995	21,803	20,359	18,521	23,142	23,178	29,499	-
2000	23,072	17,566	19,121	22,703	26,607	29,451	80,735
2001	23,907	18,380	19,865	23,259	26,895	30,230	86,664
2002	24,475	20,080	21,541	23,593	28,026	30,177	87,343
2003	26,878	22,426	20,946	24,505	27,816	31,333	169,816
2004	29,001	24,930	23,551	25,040	28,060	31,291	198,498
2005	30,503	25,045	25,628	28,614	30,253	33,181	172,827
2006	32,303	25,591	25,869	29,984	32,013	34,865	200,654
2007	31,967	27,461	29,079	27,580	29,561	32,228	193,653

주: 금액은 연평균으로 나타낸 것임.
자료: 농림부, 2008: 148-149.

<표 3-11> 경지규모별 농가계층 구성변화

(단위: 천호, %)

연도	전체(비율)	0.5ha 미만	0.5~1.0ha	1.0~1.5ha	1.5~2.0ha	2.0~3.0ha	3.0ha 이상
1990	1,743(100)	483(27.7)	544(31.2)	352(20.2)	191(11.0)	129(7.4)	44(2.5)
1995	1,477(100)	433(29.3)	432(29.3)	265(18.0)	153(10.3	123(8.4)	70(4.8)
2000	1,369(100)	440(32.2)	379(27.7)	219(16.0)	132(9.6)	114(8.3)	85(6.2)
2001	1,335(100)	459(34.3)	369(27.6)	211(15.8)	121(9.1)	100(7.5)	75(5.6)
2002	1,260(100)	433(34.4)	344(27.3)	193(15.3)	113(8.9)	99(7.8)	78(6.2)
2003	1,243(100)	442(35.5)	332(26.7)	185(14.9)	107(8.6)	94(7.5)	83(6.6)
2004	1,221(100)	443(36.5)	322(26.4)	177(14.5)	102(8.4)	91(7.5)	82(6.7)
2005	1,256(100)	457(36.4)	331(26.4)	281(22.3)		94(7.4)	93(7.4)
2006	1,230(100)	487(39.6)	325(26.4)	252(20.5)		80(6.5)	86(7.0)
2007	1,215(100)	490(40.3)	313(25.8)	246(20.2)		80(6.6)	86(7.1)

주: 전체 비율은 경종 농가만을 산정한 것임. 전체 농가 수는 경종 외 농가를 합해야 함.
자료: 농림부, 2008: 50.

농가의 경지규모별 변화는 1990년 3ha 이상을 경작하는 농가가 2.5%였으나 2005년에는 그 비중이 7.4%로 점차 증가하였다. 위의 〈표 3-11〉에서 보면 0.5ha 미만의 영세농가의 비율도 점차 증가하고 3ha 이상의 대농층도 증가하고 있다.

한마디로 중간 부분은 감소하고 최하위와 상층 부분만 증가하는 양극화가 진행되고 있는 것이다. 특히 증가하고 있는 영세농가들은 소득증가율이 낮기 때문에 소득문제 해결이 쉽지 않은 실정이다. 따라서 평균적인 농업향상정책에는 영세농의 비율이 높아 한계가 있으며 혁신이나 경쟁력 향상에도 농업여건상 어렵다고 볼 수 있다.

그동안 한국농업은 신자유주의 세계화에 따른 수입개방화에 대비하여 1992년 '농어촌구조 개선사업'과 1994년 '농어촌특별세'를 신설하여 농업인의 소득을 증대시키고 농업의 구조개선을 추진하였는데 이 과정에서 대두되는 것이 양극화 문제였다. 이러한 양극화는 농업의 상품화 과정에서 어느 정도 필연적으로 수반되는 것이지만, 문제는 이러한 양극화를 최대한 완화시키고 다양한 갈등을 적게 하면서 조화시킬 수 있는 구체적인 정책과 대안이 적었다는 것이다. 오히려 시장에 모든 것을 의지하는 시장만능주의 방향이었고 단기적인 정치적 시각에서 문제를 해결하려 하였다. 농업정책은 단기적이고 시장지향적이 아닌 농가 유형별로 차별화하여 선택할 수 있는 체제 확립과 농가에 대한 지원을 확대하여 고령농가에 대해서는 복지지원 등을 통해 균형적인 활성화가 이루어지도록 해야 한다.

다섯째, 삶의 공간으로서 다양한 가치부재와 농업·농촌지역에 대한 성장잠재력(활력)이 저하되어 있다. 농업 분야[81]는 수익성, 안정성 등이 다른 산업보다 2~3% 정도 낮고 자연조건에 크게 의존한다는 특성 때문에 농업은 상대적으로 불리한 위치에 처해 있다(조일호, 2003: 156). 이러한 특성과 아직 경쟁 준비가 덜 된 국내농업에 시장논리만 강조하면 그 위축이 더욱 커지기 때문에 일정 기간 정부의 적극적인 지원이 필요하다고 본다.[82]

짧은 기간이지만 한국정부는 농업의 NTC 기능을 중요한 대응논리로 강조했지만 국내외적으로도 이를 제도화할 수 있는 논리개발이나 대국민 홍보에 상대적으로 취약하였다. 시장에서는 경쟁력이 약한 농산물은 도태되고 생산자의 소득 감소로 나타나지만 농업의

---

81) 농업은 산업혁명에 접어들면서 경제발전의 기본 조건으로 그 중요성이 강조되어 왔다. 애덤 스미스는 "농업생산은 성장의 초기단계에서 국가의 운영자본이다."라고 주장하였으며 로스토도 경제발전을 이룩하기 위한 초기조건으로 농업의 중요성을 강조하고 있다(성진근, 1992: 65).

82) EU나 주요 선진국들은 농업인의 자생력을 키우기 위해 농업보조금을 폐지하여 적자생존의 원리에 초점을 두고 시장지향적 정책에 보조를 맞추어 가고 있다. 이들은 농업인을 온실에서 키워서는 안 되고 자생력 있게 경쟁력을 키워야 한다고 주장하지만 이들은 이미 농업의 자생력을 키우고 기본 식량자급률은 제도적으로 국가에서 보호하는 체제로 굳어져 있다.

비교역적 기능의 위축은 사회적 비용의 증가로 나타난다. 따라서 한국농업에 대한 문제를 시장논리만으로 대응한다면 효과적인 대응이 아닐 수 있다. 국제적 비교우위라는 개념도 어느 한 시점의 정태적인 개념이므로 그것만을 기준으로 평가하기는 어려운 면이 있다(조일호, 2003).

국민경제에 대한 농업의 역할을 정당하게 평가하기 위해서는 가격으로 표시되지 않는 국토보전과 환경보전 기능 등의 중요성을 올바로 인식해야 한다. 농산물시장이 농업가치의 인식 없이 개방된다면 단순히 경제성장의 기여자로만 보게 될 것이고 결국은 농업의 환경적 기능을 축소시켜 결국은 경제적 추가부담까지 해야 할 상황이 올 것이기 때문이다.

우리가 농업에 대해 관심을 가져야 하는 이유는 안전한 농산물을 즐기고 쾌적한 국토에서 살아갈 수 있는 농업의 다기능성을 지속적으로 확보함에 있다는 공감대를 형성시켜 가는 것이 무엇보다 중요하다.

정부의 신자유주의 가치지향에 따라 공업 부문은 다소 성장하였으나 상대적으로 이익이 적은 농업 부문은 현재 위기에 처해 있다. 따라서 이제는 농업부문의 희생으로 공업부문이 누려왔던 이익 중 일부를 제도적으로 농업 부문에 기여하는 제도로 지속적인 농업구조를 정착시킬 수 있도록 해야 할 것이다.

예전의 농업 부문의 사회적 역할이 바뀌어 이제 농업의 새로운 역할은 농업의 다원적 기능이다. 이런 다원적 기능의 발휘를 위해서는 사회적 투자가 필요하며 납세자가 우선 다원적 기능의 중요성에 충분히 공감해야 한다. 다원적 기능은 농업의 외부경제 효과로서 가격으로 표시되지 않는 기능이므로 국민적 공감대 형성이 없으면 지속적인 사회적 투자가 어렵기 때문이다. 한국의 농업과 농촌은 이러한 농업가치의 인식문제를 더욱 홍보하고 활성화시켜야 하는 과제를 안고 있다.

제2절 한국농업의 위기 및 과제

1. 한국농업의 위기

앞서 살펴보았지만 신자유주의 이후 한국농촌은 많은 변화를 가져왔고 앞으로도 많은 변화를 겪을 것으로 보인다. 본 글에서는 그 변화를 5가지로 언급하였고 그 중 몇 가지는 시급히 해결해야 할 과제로 보인다. 그동안 한국정부는 농업생산기반 강화는 물론 도로, 교통망, 상하수도, 각종 복지시설 등을 위해 노력해 왔음에도 농업구조의 약화, 농업 부문의 양극화, 농업정책에 대한 불신 등의 현상들이 나타나는데 이는 한국농촌의 전망을 어둡게 할 수 있다는 데 문제가 있다. 따라서 여기서는 앞에서 언급한 사회적 현상 중에서 시급히 해결해야 할 농업·농촌의 위기 형태들을 보다 발전적인 방향으로 살펴볼 것이다.

(1) 농업구조의 약화: 농업인의 감소와 노령화, 농가경제 악화, 소농구조

한국농업의 당면 과제는 농업성장을 주도할 수 있는 성장동력이

점점 더 약화되어 간다는 점이다. 한국농업의 성장은 70년대 초에
는 쌀농사가 주도해 왔으며 70년대 중반 이후에는 축산이, 그리고
근래에는 원예 부문이 그 성장을 이끌어 왔었다. 성장을 주도해 온
각 부문들의 성장 원동력은 국내시장의 내수증가였다(조일호, 2003:
146). 그러나 소비자들의 욕구가 신자유주의에 경도되면서 농업의
추진 원동력이 중심을 잃어 가고 있는데도 농산물 국내시장관리와
수입에 적절히 대응하지 못했다는 점에서 시대의 흐름에 뒤진다는
한 단면을 보여주었다.

농업구조 약화요인 중 하나로 농업인들의 감소와 노령화를 들
수 있는데 이는 아래의 〈표 3 - 12〉에서 잘 나타내 주고 있다. 농
업인의 감소는 앞서 언급한 바와 같이 95년 485만 명에서 2005년
343만 명으로 계속 감소하고 있다(〈표 3 - 2〉 참조).

<표 3 - 12> 연령별 농림어업 취업인 현황

(단위: 천 명, %)

연도	총 농림어업 취업자	29세 미만	30~49세 미만	50세~64세 미만	65세 이상
1995	2,403(11.8)	103	805	1,040	455
2000	2,243(10.6)	80	622	948	593
2001	2,148(10.0)	67	566	897	618
2002	2,069(9.3)	50	517	856	646
2003	1,950(8.8)	48	468	788	646
2004	1,825(8.1)	36	412	707	670
				50~59세	60세 이상
2005	1,815(7.9)	29	370	421	995
2006	1,785(7.7)	29	353	411	992
2007	1,726(7.4)	26	339	403	958

출처: 농림부, 2008: 56.
2005년 부터는 통계에서 10세 단위로 나누어 통계를 제시해 통계연보에 따른 것임.

위의 〈표 3 - 12〉에서 보듯이 최근 6년간('00 ~ '05) 총 농림어업 취업자 수는 연평균 4.1% 감소해 왔으며 그 중 29세 미만 청년층 취업자는 2000년 80천 명에서 2005년 29천 명으로 연평균 18.4% 의 비율로 감소해 왔다. 그러나 2000년부터 2005년까지 65세 이상 의 노령취업자는 연평균 10.9% 증가해 현재는 농업 부문의 노령 화가 급속히 진행되고 있다. 이같이 노령층이 점차 늘어나면서 주 된 노동층이 50세 이상인 농업인이 되면서 2005년 기준으로 30세 미만의 청년층 노동력은 농업취업자의 1.6%에 불과하다는 것은 농 업구조를 약화시키고 있는 한 요인으로 보아야 한다.

한마디로 농가인구의 감소는 주로 젊은 층의 감소가 두드러지고 노년층은 오히려 늘어나 2005년 현재 농가경영주의 55%가 60세 이상으로 나타나고 있다.

<표 3 - 13> 연도별 농가소득 현황

(단위: 천 원)

연도	농가소득	농업소득			농외소득	농업의존도83)	농가부채	농가가계비
		순소득	조수입	경영비				
1990	11,026	6,264	9,078	2,814	2,841	56.8	4,734	8,277
1995	21,803	10,469	16,012	5,543	6,931	48.0	9,163	14,782
2000	23,072	10,897	19,514	8,617	7,432	47.2	20,207	18,003
2001	23,907	11,267	20,193	8,927	7,829	47.1	20,376	18,458
2002	24,475	11,274	19,951	8,677	8,140	46.1	19,898	17,858
2003	26,878	10,572	23,611	13,039	9,397	39.3	26,619	24,063
2004	29,001	12,050	26,623	14,572	9,544	41.6	26,892	24,691
2005	30,503	11,815	26,496	14,681	9,884	38.7	27,210	26,649
2006	32,303	12,092	27,322	15,231	10,037	37.4	28,161	28,461
2007	31,967	10,406	26,102	15,696	11,097	32.6	29,946	28,048

출처: 농림부. 2008: 144 - 145.

다음으로 농업구조를 약화시키는 요인으로 농가경제의 악화를 들 수 있는데 위의 〈표 3 - 13〉의 농가소득 현황을 보면 최근 5년간('00 ~ '05) 농가소득은 연평균 5.7%씩 향상되어 왔다.

이 기간 동안 농업소득의 성장률에(1.6%) 비해, 농외소득의 성장률(5.9%)이 높았으며 농외소득은 전체 농가소득에서 그 비율이 2000년 32.2%에서 2005년 32.4%로 약간 높아졌거나 거의 같은 비율을 유지하고 있다. 이는 전체 농가소득에서 농업소득의 성장률보다는 농외소득의 성장률이 늘어간다는 것을 의미한다. 그러나 농가부채는 농가소득이나 농가경제 잉여율보다 높은 연평균 6.1%씩 증가해 왔다.

농가부채는 2005년 27,210천원으로 전년(26,892천원)에 비해 1.2%(318천원) 증가하였는데 이는 농업용 부채가 소폭 감소(-3.8%)하고 농업용 이외 부채가 증가(9.7%)하여 전체적으로 소폭증가하였다. 또한 농업경영비의 증가도 부채 증가의 한 요인이 되고 있는데 95년에는 농가소득 대비 25.4%였으나 그 이후 매년 증가하여 2000년에는 32.2% 수준이 되었고 2005년에는 48.1%를 차지하였다. 거기에다 농산물가격의 하락과 경영비 상승의 영향도 큰 요인으로 작용하였다. 농가부채는 대체로 다음의 원인으로도 증가하고 있다.

첫째, 정부의 단기적인 농가부채대책으로 인한 도덕적 해이현상이다. 농업인들은 위기가 있을 때마다 정부의 반복적인 상환시기 연장 및 이자감면 등과 같은 단기적인 정책을, 일부 농업인들은 의례적으로 기대한다. 농업인들 스스로 자기역할에 충실하기보다는

---

83) 농업의존도는 농가소득에서 농업소득이 차지하는 비율을 말한다.

정부의 시혜적 조치를 기대하는 타성적으로 체화된 농업인들도 많이 존재한다. 물론 농업인들의 범위 문제도 있지만, 주로 전업농업인보다는 겸업농업인(일상의 반은 다른 업종에 종사하는 농업인)일수록 농가부채 비율이 높다(〈표 3 - 14〉).

<표 3 - 14> 2005년 전업농가/겸업농가 주요 지표

(단위: 천 원, %)

구분	평균	전업농가	겸업농가	
			제1종	제2종
농가소득	30,503	25,466	38,005	37,742
자산	298,178	282,997	346,030	308,126
부채	27,210	24,690	44,894	24,281
가계지출	26,649	23,144	29,825	32,647
부채/소득	89.2	97.0	118.1	64.3
부채/자산	9.1	8.7	13.0	7.9

자료: 통계청, 2005년 농가경제 동향, Kosis, 통계정보시스템, 2006.
인터넷자료에서 인용.

위의 〈표 3 - 14〉에서 보듯이 전업농가보다는 겸업농가에서 부채의 비율과 지출도 많은 경향을 나타낸다. 이는 겸업농들이 전업농에 비해 자본적 도덕적 해이에 더 심하게 노출되어 있음을 나타내는 것이다.

둘째, 자본의 영향하에 놓여 있는 농업은 그 속성상 시간이 갈수록 이윤이 떨어지게 되는데, 그 이유는 계절적 요인과 시기에 따라 일손들의 부족으로 농기계를 이용하는 등 변동이 심하기 때문에 농작업 비용이 높아지는 경향이 있다. 한마디로 농업의 특성상 작업의 불규칙성이 비용의 상승을 가져오고 그 농업경영비의 상승구조가 농가부채의 악화를 가져오게 되는 것이다. 이것은 한국농업의 소농구조에서는 필연적이긴 하지만 농업인들의 가계지출의 증가도 원인이 있다고 할 수 있다(가계지출이 '04년 24백만 원 ⇒ '05년 26백만 원으로 전년도 대비 7.9% 증가).

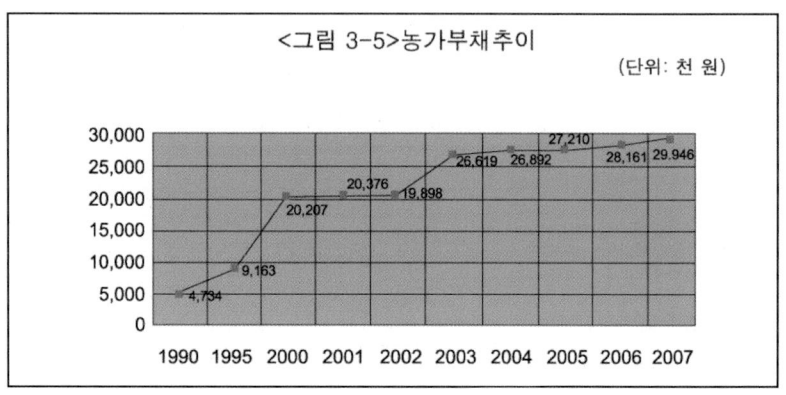

<그림 3-5>농가부채추이

(단위: 천 원)

출처: 농림부, 2006: 135

그리고 농업구조 약화의 또 다른 요건으로 소농구조를 들 수 있다. 우리나라의 농업은 소농구조의 특징에도 불구하고 사회변화에 맞추어 상업농 단계로 전환되어 왔다. 도시공업 부문의 경우 산업화의 성장으로 생산요소의 이동이 활발하게 이루어졌지만 농업 부문의 경우에는 특성상 생산비의 절감을 능률적으로 관리하기 어려우며 소농구조의 단점을 다음과 같이 들고 있다(성진근, 1992: 40).

우선 소농생산 체제로는 생산요소의 급격한 변화에 효과적으로 대응하기 어려운 부분이 많다. 농업 부문에서의 신자유주의는 이윤 추구를 적극적으로 하게 되고 이를 위해 농업생산요소의 감축으로 그 능률성을 높이려고 한다. 생산요소의 급격한 감축은 요소가격의 상승을 유발하여 결국 농업생산비의 상승을 가져오게 된다.

따라서 농업인은 생산비 절약을 위해 노동절약적 선택을 하게 되는데, 이는 생산은 주로 농업의 기계화로 대치하게 되어 농기계의 확보가 필요한데, 소농의 경우는 농기계구입능력이 상대적으로 어렵게 되어 있다. 또한 농기계를 구입한다 해도 기계의 손익분기점에 못 미칠 정도로 영세하기 때문에 기계화를 제약하는 요인이되고 여러 가지 물적 기반이 어려워 기계화 영농이 더 어려운 것이다. 이 때문에 소농체제는 농산물 무역자유화에 따른 대량생산과 상품화의 적응능력에 더 취약할 수밖에 없는 현실이다.

한마디로 농업 부문에서의 신자유주의는 생산비 절감을 위해 자본의 유기적 구성의 고도화[84] 방향을 위해 기계화를 추진하게 되고 이는 결국 농업인을 생산요소로부터 소외시키게 된다.

소농구조의 어려움 중 또 다른 하나는 소비자들의 다양한 요구에 부응하기 어렵다는 것이다. 소비자들은 농산물품질의 다양화를 요구하고 있는데 이러한 요구에 맞추어 농산물을 시장화시킬 수 있는 능력이 소농으로서는 근본적으로 취약하다. 시장정보의 획득이나 시장 교섭력, 그리고 유통단계별로 필요한 각종 시설과 기술 개발 면에서 불리하고 다품목 소량판매를 특징으로 하는 소농체제에서는 유통비용, 유통단계, 적정가격 유지 등에서 경제적 이익이 적기 때문에 소농의 유통 측면 역시 취약하다.[85]

---

84) 자본의 유기적 구성이라고 하는 것은 농업인의 노동력에 비해 농기계의 비중이 더 커진다는 것을 의미한다. 따라서 유기적 구성이 증가한다는 것은 가변자본인 노동력에 비해 불변자본인 기계의 비중이 커진다는 것을 뜻한다. 이 개념은 원래 마르크스가 자본의 가치구성을 언급하면서 쓰인 개념인데 그는 "자본의 가치구성이 자본의 기술성에 의해 결정되고 또 기술적 구성의 변화를 그대로 반영하는 경우 그것을 자본의 유기적 구성이라고 부른다."(김수행 Ⅰ: 836) 따라서 간단히 자본의 구성이라 할 경우 그것은 자본의 유기적 구성을 의미한다.

85) 물론 농업인의 생산자 단체인 농업협동조합이 농업생산의 수집, 운반, 보관, 포장, 가공, 판매 등의 사업을 대행하고 있으며 유통 부문에서도 유통비용의 절감, 유통단계의 축소 등을 통해

따라서 농업 부문은 무조건 시장경제에만 초점을 맞출 게 아니라 농업 각 품목별 특성에 맞는 형태를 모색해야 할 것이다. 그렇게 될 때 농업인 내부에서 서로 경쟁하면서 파멸하지 않고 다른 소규모 농업인들이 도태되는 일이 없게 될 것이다.

(2) 농업 부문의 양극화 확대

신자유주의 이후 가장 뚜렷이 나타나는 현상은 농업 부문에서 규모 있는 경영체는 상층화하는 반면, 영세의 노령농가를 포함한 다수의 중간층은 하향화되고 있다는 점이다.

먼저 앞의 〈표 3 - 11〉의 경지규모별 농가구성변화를 살펴보면 3ha 이상 층의 농가비율이 증가하고 있다. 즉 규모가 큰 농가일수록 상층으로 이동하는 것이다.

영농규모별로 보면 상층농과 하층농 간의 소득격차가 점차 확대되고 있다. 2000년 3ha 이상의 연평균소득이 0.5ha 미만 농가의 4.6배였으나 2005년에는 6.9배 수준으로 나타나고 있다(〈표 3 - 10〉 참조). 상층농의 농가비율은 90년에는 3ha 이상인 상위 농가가 2.5%였는데 2000년에는 3ha 이상인 농가의 비율이 6.2%, 2005년에는 7.4%로 증가하였다. 점차 상층농으로 생산의 집중과 0.5ha 미만의 하층농 등의 증가로 나타나고 있지만 그 중간층은 점차 감소하는 추세에 있고 영세·소농층으로 하향편입되고 있다(〈표 3 - 11〉 참조).

시설원예 부문에서도 비교적 규모가 큰 농가의 점유율이 높아졌는데 1990~2000년의 기간에 시설면적이 1500평 이상인 농가가

농업인의 소득 향상을 위해 노력하고 있다. 다만 농협의 경우 자본에 경도되어 농업인들의 공감대 형성 및 관료제화로 인한 시행착오가 있기는 하다.

전체 시설원예농가의 12.2%에서 16.1%로 높아지고 그들이 차지하는 시설면적이 전체 면적의 39.1%에서 60.3%로 높아졌다(이영기, 2006: 263). 축산 부문에서의 상층농 성장과 생산집중 속도는 토지이용형 농업에 비해 훨씬 빠르게 진전되고 축산업 가운데 한우 부문에서는 아직도 소규모농가의 비중이 높지만 낙농이나 중·소 가축 부문에서는 대규모의 전업농이 생산의 대부분을 차지하게 되었다(이영기, 2006: 264). 농업의 각 부문에서 대규모경영체가 성장하고 다수의 영세농가도 계속 생기고 있다. 원래 중간층으로 높은 비중을 차지했던 0.5~1.5ha 층의 비중이 줄어들고 있으며 0.5ha 미만의 영세농층이 증가하여 2005년에는 36.5%를 점하고 있다.

이것은 상층농이 증가하여 생산 집중이 진전되는 것과 동시에 영세, 노령농가의 비중이 크게 증가하는 양극화 현상이 나타나고 있다.

또한 도·농 간 소득격차 문제는 농산물시장개방의 영향으로 더 크게 나타나고 있는데 농업이 이렇게 된 것은 성장제일주의 정책이었으나 이에 더욱 촉진제가 된 것은 신자유주의에 따른 농산물 무역자유화였다. 그동안 한국농업정책은 공업 부문의 성장을 위해 의도적으로 저임금정책과 저농산물가격정책을 시행하여 왔다.

농업의 장기적인 발전이나 농업인들의 소득 향상보다는 경제성장을 목표로 하면서 농업 부문은 소외시켜 왔다. '식량의 안정적 공급', '농산물가격의 안정화' 등의 정책에서 볼 수 있듯이 식량의 증산만 관심을 기울이고 농가소득에 영향을 주는 '농산물의 수입'에는 세계화의 추세라는 명분으로 아무런 대책 없이 받아들이면서 사안별 문제를 중심으로 가격대책, 소득대책, 부채대책, 수입대책들을 다루어 왔다. 따라서 정책 상호간의 연계성이 결여되고 정책 상호간에 상충되는 경우도 많았다(김태곤, 2006). 농업정책의 자본화 방향은 농업의 저성장을 초래하여 도농격차를 심화시키고 국제경쟁력을 약화시켜 한국농업의 위기를 증폭시키는 결과를 가져왔다. 이러한 요인은 농가경제를 더욱 악화시키고 농민층 간의 양극화를 가져오게 하였던 것이다. 이러한 양극화는 한국농업내부에서 경쟁력 약화와 도시 부문의 경제적 관점에 밀려 국민들의 농업에 대한 가치의 약화를 초래했다.

신자유주의 영향은 앞에서 언급한 바와 같이 한국농업에는 다분히 회의적인 요소가 많다. 무역자유화는 분업과 효율성의 증대로 국가 전체에 이익을 준다고 하지만 실제는 비현실적인 가정에 기초하고 있기 때문에 이론적 주장과는 다르다. 그리고 자유무역이론은 그 본질에 있어서 어느 한쪽의 이득은 다른 부문의 손실을 수반하기 때문에 분업과 효율성의 명분에 따를 경우 경쟁의 준비가 덜 된 농업 부문의 빈부격차는 더 넓어질 것이고 양극화 문제는 더욱 고착화될 우려가 있다.

(3) 농정에 대한 불신의 증대

한국농업정책에서 가장 많이 비난을 받는 것이 정책에 일관성이 없다는 것인데 여기에는 두 가지의 의미가 내포되어 있다. 하나는 정책이 자주 바뀐다는 것이고 다른 하나는 장기적인 안목이 아니라 응급적, 미봉적인 단기적인 정책이라는 것이다(조일호, 2003: 157). 90년대 초기의 한국농업정책은 개방적, 시장중심적이며 개별

경영체의 자율성을 중시하고 농업, 농촌문제를 포괄하는 정책을 지향하였다. 그러나 이러한 정책지향은 영세소농의 상대적 소홀이라는 비난에 부딪혔고, 유통시설의 경영부실문제는 낭비적 투자였다는 비판을 받으면서 농업의 시장지향정책은 정부가 농업에서 발을 빼려는 시도라는 비난을 받았다(이정환, 2004). 이 때문에 농업정책의 일부는 예전으로 회귀하여 많은 불만들을 흡수할 수도 있었지만 과거 정책지향이라는 굴레를 벗어나지 못하였다.

이런 문제들로 90년대 초기 농업정책에서는 정책의 통합과 수단의 단순화를 추진했지만 크게 성공하지 못하였다. 그 예로 유사한 사업들을 통합 조정하지 못하고 경쟁적으로 지속시켰으며[86] 생산조정을 권유하면서도 생산지원을 지속시키는 상황이 많았다.[87] 또한 농업의 개방화는 농업의 발전을 가져와 모두를 풍요롭게 할 것이라고 홍보하였으나 오히려 농업을 점점 더 위기에 몰아넣고 이제는 시장에서 경쟁할 수밖에 없는 상황이라고 말하고 있다. 이러한 상황 속에서 농업인들은 갈수록 어려워지는 농업현실을 보면서 더 이상 농업정책을 신뢰하지 않게 되었다.

한국농업은 WTO / DDA / FTA협정에 의한 변화과정 속에서 시장지향적으로 재편될 수밖에 없었다. 그러나 공감을 얻어야 할 농업인들은 상기와 같은 이유로 정책을 신뢰하지 않기 때문에 정부는 현실에 대한 홍보와 신뢰를 줄 수 있는 현장감 있는 농업정책의 수립과 실천이 필요하다.

---

86) 이런 사례로 유통자금과 유통시설이 농가, 작목반, 조합 등에 모두 지원되거나 특정 지역에 물류센터, 공판장, 도매시장 등이 함께 있는 등이다.
87) 농림부는 농림수산사업실시 요령을 통합조정하고 그 효과분석을 재조정해 나가는 제도를 채택하였으나 실제로 현실적인 생산지원은 계속되었다.

농업인들의 신뢰를 얻기 위해서는 경쟁력, 농업구조 변화 등이 시장지향적 방향이라는 홍보를 통해 농업인들에게 인간적 삶이 가능하도록 적극 지원하겠다는 의지가 중요하다. 한마디로 정책은 농업인을 움직이는 수단이기 때문에 신뢰회복이 매우 중요하다. 따라서 정책의 입안 시에는 정책 수립 후 현장을 방문하여 정책의 실효성을 확인하고 잘못된 부문은 피드백하여 고쳐 나가려는 정부의 자세가 중요하다.

이러한 현실성 있는 자세를 굳힐 때만이 농업인들은 정부를 믿고 따를 것이다. 농업정책에 있어 지금까지 해결하고자 하였던 논의 내용을 요약하면 〈표 3 - 15〉와 같다.

<표 3 - 15> 한국농업 · 농촌의 정책 실태

농정 과제	실태	논의의 주요 내용
시장 개방 영향	-UR 농산물 협상의 부정적 영향은 비교적 감소됨 -시장개방 시 국내외 가격차는 크고 품질차가 적은 쌀, 고추, 마늘 등에서 소득 감소가 집중적으로 나타날 전망임 -관세가 낮고 품질별 가격차가 큰 농산물은 시장개방의 영향이 크게 나타나지 않을 가능성이 있음	● 시장개방 영향으로 소득 감소가 집중적으로 나타나는 품목에 대한 소득대책 긴요 ● 농업의 공익적 기능을 적극적으로 확충 ● 농업의 시장지향성을 단계적으로 강화하되 시장의 역기능은 정부가 적극적으로 개입하여 강화
농가 소득 문제	-농업의 생산성은 증가하는 반면 소득은 감소하는 '성장과 소득의 괴리' 현상 발생 -농가계층 간 소득격차가 확대되어 농가의 이질화 심화 -농업수입보다 농외수입에 의존하는 추세	● 농산물가격의 하락에 의한 소득 및 지역문제 해결: 정부의 역할 중요 ● 소득 감소가 집중적으로 나타나고 있는 지역 및 계층에 대한 배려 ● 농산물 생산의 차별화 및 유통체제의 개선
농업 경쟁력 문제	-농산물의 국내외 가격차는 크지만 경영비는 낮음 -농산물의 경쟁력은 품질, 안전성, 마케팅에 따라 결정되는 추세임 -차별화된 농산물 생산기술과 능력의 한계 -산지 조직화의 어려움	● 단위면적당 농업소득 감소가 서서히 진행되면 경영규모 확대로 수익성과 사업성이 유지될 수 있는 가능성 있음 ● 소비자와 유통업체의 요구를 충족시킬 수 있는 품질차별화와 산지유통 체계의 확립 ● 우수인력과 최신 기술의 현장 접목 추진

농정 과제	실태	논의의 주요 내용
직접 지불제 문제	− 직접지불제 시행을 위한 재정적 뒷받침이 　아직 초보적 수준 − 다양한 종류의 직불제가 혼재 − 직불제와 농업구조조정 및 직불제 상호간 　상충성 등 직불제와 구조정책과의 상충성 　문제 대두 − 직불제 인식상의 문제점	• 직불 보조금의 조정 및 비중 확대 • 직불제 시행 및 모니터링 체계화와 관련 통 　계의 데이터베이스 구축 • 농업인의 적극적 이행의지 제고 • 직접지불제 확충 필요성에 대한 국민적 공 　감대 형성
부채 문제	− 전체 농가를 대상으로 일률적인 상환유예 　와 금리인하에 의존하는 부채대책의 한계 　(반복되는 악순환) − 무차별적인 상환유예와 금리인하대책은 　소수 농가만이 수혜대상으로 소득분배 왜 　곡과 재정 낭비 초래 − 상환유예와 금리인하로는 부채가 심각한 　농가의 문제를 근본적으로 해결할 수 없음	• 농가의 경영 상태에 따른 차별적 부채대책 　이 필요 • 퇴출프로그램, 워크아웃 프로그램 등을 도 　입하여 근본적인 농가부채 해결방안 모색 • 부채 해결을 위한 농협의 적극적 역할 유도 • 농가의 채무관리능력 제고
농업 구조 조정 문제	− 농가 수는 영세농층에 생산은 상층농가로 　집중 추세 − 영세농의 소득이 감소하고 있으며, 농업인 　의 다수가 고령이기 때문에 전직이 어려움 − 영세농과 고령농의 실상 피폐 − 농업구조조정은 진행되고 있으나 영세농 　의 퇴적이 지속될 전망이며 농가 간 소득 　격차도 확대 추세	• 탈락농가 및 은퇴농가의 농지가 시장에서 　경쟁력 있는 농가에 모아질 수 있도록 유도 • 농업 이외에 다른 선택이 없는 영세농층에 　대한 사회적 대책 모색 • 고령층 중 영농 가능농가와 불가능농가 구 　분 차별지원

자료: 김경량(2004: 9 - 11) 도표를 재구성하였음.

위에서 언급한 기본정책 실태를 살펴보면 크게 두 가지의 의미를 내포하고 있는데 첫째는 신자유주의에 대응하는 시장경쟁에 맞추어 제시하는 대안으로 한국농업은 임금, 지대가 상대적으로 높고 생산비가 높기 때문에 고부가가치 상품을 제외하고는, 임금이 저렴한 외국으로 이동하여 해외농업개발을 하는 것도 적극 고려할 필요가 있다는 것이다. 이를 위해서는 가공 및 유통서비스 차별화 등을 통해 경쟁력을 확보하고 농업의 부가가치를 제고할 수 있는 소비자 위주의 정책을 강화해야 한다고 주장한다(삼성경제연구소, 2004).

이에 반해 다른 수정적 접근대안은 아직 한국농업은 경쟁력을 갖출 만큼 강화되어 있지 않기 때문에 현재는 농가의 소득보전정책 등과 위험관리 시스템을 강화함으로써 농가의 안정성을 강화하는 것이 중요하다고 말한다. 소득 감소가 큰 농산물에 대해서는 농가직접지불제 등과 같은 정책과, 농업의 공익적 기능 등을 적극 홍보하여 소비자들이 농업의 다양성 인식시키고, 시장 실패 등으로 원활하지 못한 정책 등(농업의 공익적 기능)은 모두가 신뢰할 수 있도록 해야 한다는 주장이다.

2. 한국농업의 구조조정 방향과 정책과제

정부는 그동안 시행해 왔던 농정의 한계를 느끼고 시장개방 확대와 농업·농촌에 대한 인식 변화 등을 감안하여 농정을 새롭게 전환하였다. 과거에는 농업 부문의 사회간접자본(SOC) 구축에 중점을 두고 42조 원의 '농어촌구조개선대책'('92~'98)과 15조 원의 '농특세사업'('94~'04)을 포함하여 '농업·농촌 투융자 사업'을 실시하였다(농협중앙회, 2004: 64). 그 결과 농업생산기반이 확충되어 다소 농업 생산성 향상에 기여하였으나 농업인의 소득안정 및 농촌복지·지역개발 등에 대한 정책은 미흡하여 농가의 실질소득은 정체하였다.

또한 농업의 규모화·전업화 과정에서 자본차입으로 농가부채가 증가되고 구조조정 보완 및 농촌복지와 지역개발 정책이 부족하여 농촌공동화 현상이 나타나게 되었다(김정호 외, 2006). 따라서 농업정책을 농업·식품·농촌으로 확대하여 전 방위적으로 대응하였으며 정부의 지원방식을 농가에 대한 평균적 지원에서 농가 유형별로 차별화하는 방향으로 전환하였다. 정부 주도의 가격지지정책을 시장지향적으로 개편하되, 소득보전을 확대하고 소비자가 중시하는 안전·품질 중심으로 전환하여 농촌을 생산·정주·휴양공간으로 확대해 가고 있다(〈표 3 - 16〉 참조).

<표 3 - 16> 농정방향의 변화

구분	종전	현재
정책대상	농업 위주	농업·농촌·식품
지원방식	전체 농가에 평균적 지원	농가 유형별로 차별화
투융자방향	생산기반 등 SOC	소득·복지·지역개발
소득안정	농산물가격지지	직불제 등을 통한 소득보전
생산정책	농업생산 중심	식품안전과 품질중심
농촌성격	농업생산 공간	생산·정주·휴양공간

자료: 농협중앙회, 2004: 67에서 재인용.

정부는 신자유주의로 피해를 입고 있는 농업 부문에 농업구조조정을 통해 농업의 경쟁력을 키우고 수익을 다변화한다는 전략을 세우고 있다.

실제로 정부는 농어촌구조를 개선하여 자립기반을 구축할 목적으로 1992~2004년까지 투자해 온 42조와 15조 원은 연평균으로 따져 약 4조 원 정도로 투자해 왔다. 그럼에도 정부는 앞으로의 농업과 농촌의 틀을 재정립하는 차원에서 1999~2004년에 45조 원 규모의 투융자 계획을 수립했는데 이는 농업에 대한 투자를 늘릴 수 있는 계기를 마련하였다. 하지만 이러한 정책적인 배려에도 불구하고 농촌은 여전히 저발전상태에 처해 있으며 농가의 부채가 증가하여 미래전망이 그다지 밝지 못하다(임상봉, 2003: 131).

따라서 참여정부 들어 농업의 구조조정을 위해 119조 원의 투융자계획에서 직접지불제를 확충하기로 했으며 그 비중을 2003년 7%에서 2007년 24%, 2013년에 27%로 늘려 나갈 계획으로 있다(농림부, 2006a).

지금까지의 농업정책을 보면 시장개방에 대응하는 농업구조개선과 경쟁력 향상이 농업정책의 핵심이 되어 왔다. 이는 프랑스, 독일 등 유럽 각국에서 농업정책의 핵심이었고 일본에서도 농정의 기본방향이 되고 있다(이정환, 2004). 농업구조조정은 한마디로 농업을 대농중심으로 재편하여 경쟁력을 향상시키고 농가소득을 증대시킨다는 것인데 여기에는 효율성과 형평성에 대한 문제와 논쟁이 있다. 그러나 이제 이러한 논쟁을 넘어 한국농업에 맞는 현실적인 이념이 어떤 것인가도 생각해 보아야 한다. 지금 효율성을 따질 때인지 아직은 형평성에 맞추어 새로운 정책방향과 수단을 강구해야 할 때인지를 고려해야 한다.

농업구조개선 속도는 농가의 노동력상실, 은퇴, 사망 등 자연적 요인에 의해 결정되지만, 구조개선의 방향은 지향하는 가치에 따라 메커니즘을 통해 결정되는 것이다. 따라서 정부가 구조개선의 방향을 신중히 설정하고 지원을 하는 것이 필요하지만 너무 인위적으로 선택적 지원을 하는 것은 메커니즘의 역기능을 초래할 우려가 있다. 따라서 정부는 자연스럽게 시장을 관리하여 양극화와 갈등이 최소화되도록 해야 한다.

농어촌 구조개선사업은 도시공업 부문과 사회적 형평성을 갖게 하고 농산물 물가안정에 기여한 장점이 있으나 이것들이 농업인들의 소득으로 연결되지 못해 성장과 소득의 격차가 나타나는 단점도 나타났다. 따라서 구조개선과 더불어 농업인도 가치창출을 위한 소득구조와 소비를 줄이려는 노력이 필요하다. 농업이 제대로 활성화되기 위해서는 정부, 농민단체, 농업인들이 각기 자신의 역할에 충실할 필요가 있다.

앞으로 한국농업정책이 풀어야 할 과제는 다음과 같다.

첫째, 앞을 내다볼 수 있는 정책적 식견과 미래시장의 변화에 충분하게 대응할 수 있는 능력을 키워야 한다. 예전엔 생산이 되면 정부가 무조건 사 주고 보호했는데 이제는 상황변화에 따라 보호정책도 직접적인 가격지지정책은 어렵고 간접적인 시설기반과 농가소득방안을 위한 제도적 발판들만 제시할 수 있을 뿐이다. 농업인들과 생산자단체들은 농산물 수입으로 인한 가격하향에 대한 대응과 농산물의 품질 향상을 위한 능력개발에 함께 노력해야 한다(조일호, 2003: 148). 앞으로 수입개방과정을 통해 토지이용형 농업은 축소되고, 그 중에서 신선도가 높은 과실, 채소 등은 비교적 개방의 피해가 적을 것으로 예상되지만 낙관할 수만은 없다. 따라서 연구개발 투자와 대체작물개발, 수확 후 관리기술을 통한 품질개선에 더욱 주력할 필요가 있다(김정호 외, 2006).

둘째, 농산물의 부가가치적 생산정책과 농가소득 안정정책이 전반적으로 부족했다.

무역자유화는 농산물의 생산, 저장, 가공, 유통 등을 연계한 부가가치의 창출을 요구하는데, 지금까지의 농업정책은 소득 감소에 대응하는 소득원 개발이나 소비자중심의 가치 창출을 마련하지 못하였다. 그리고 적절한 소득지지 대응 부족은 결국 농가소득의 격차를 확대시키는 결과를 가져왔다. 이것은 농촌의 사회복지가 불안정한 상태이며 아직은 개방에 맞서 경쟁을 할 만큼 부가가치적인 농산물 생산과 농업인을 위한 안정적인 농촌이 되지 못했음을 나타내는 것이다.

셋째, 지금까지 정책대안들이 자본체계의 틀에서 제시되고 있어 그 방안들이 서로 유사하다는 점이다. 그런데 이러한 정책적 대안으로는 신자유주의가 위기에 봉착하면 그 패러다임이 다른 방향으로 움직일 수도 있기 때문에 신자유주의가 계속 지속한다는 보장도 없어 신자유주의를 넘는 친환경적 공동체 지역주의를 강화하는 노력을 미리 준비해야 할 것이다.

그동안 정부는 중앙정부 중심의 하향식 농정을 하였는데 이는 지방정부의 역량을 향상시키지 못하고 지역농업을 획일화하는 결과를 가져왔다. 중앙정부가 중심이 되다 보니 지역실정과 특성에 맞게 집행하는 것이 아니라 전국적인 평균 방향으로 나갈 수밖에 없었다. 이렇게 농업 전종목과 전체 농가를 대상으로 한 평균적인 경쟁력 추진은 젊고 능력 있는 경영 주체마저 농촌에서 빠져나가게 하였다.

현재 주된 농업노동력의 주체는 은퇴를 앞두고 있는 노령층 인구가 대부분이며 30세 미만의 청년층 노동력은 전체의 2.4%에 불과하다는 사실은 농업성장 잠재력과 첨단기술의 현장접목 가능성마저 크게 위축시키고 있다. 따라서 경쟁과 관련이 적은 고령층에 대해서는 사회복지프로그램을 마련하고, 젊고 의욕적인 농업인을 위해서는 동기를 부여하는 정책을 강화하지 않는다면, 앞으로 적정규모의 국내농업 유지는 힘들 것이다.

위에서 제시한 세 가지 농업정책과제는 공통적으로 시간이 소요되는 과제이다. 따라서 만약 시장의 흐름에 따라야 한다면 한국농업이 현재 경쟁을 위해 시장에 나설 때가 아니라 시장에 대응할 수 있는 능력을 키워야 할 때이고 정부의 정책은 시장대응능력 향상을 앞당기기 위해서라도 아낌없는 보호적 정책적 지원이 필요한 때이다.

제4장

한국농업정책의 전개 및 주요 정책

한국농업정책 무엇이 문제인가?

종합사회정책을 위하여

어려운 농업·농촌을 진단하고 농업의 안정을 위해 농업문제 해결을 위한 정치적 대응 방식을 농업정책이라고 부른다. 그 합리성은 정치집단의 정당성과 사회정책의 합리적 의사결정에 의존한다.

방법론적으로는 어느 도식적인 가설이나 형식적인 당위에서 출발해서는 안 된다. 사회정책은 사회안정을 위한 사회문제해결을 위한 합리인 정책적 대응이라는 점에서 정책결정의 행위에 대한 분석과 함께 사회적 가치가 평가되어야 할 것이다. 그런데 어느 부분적인 정책만으로는 사회적 평가는 부족하므로 전체적인 사회안정 속에서 사회문제의 정치적 해결방식을 종합적으로 해결하려는 방식을 종합사회정책이라 부른다. 농업정책도 종합사회정책의 한 부분이고 이를 통해 가난한 농업인을 위한 전반적인 사회복지를 제시할 수 있어야 한다.

제4장

한국농업정책의 전개 및 주요 정책

제1절 농업정책의 의의 및 변화

1. 농업정책의 의의 및 유형

신자유주의는 자유무역 시장을 통해 수입개방 및 관세완화 등의 조건들을 수용하도록 압박을 가해 개도국 수준에 있는 한국농업이 더 어렵게 되었다고 앞서 살펴본 바 있다. 이것은 한국정부가 그 위기를 극복하기 위해 더욱 노력해야 함을 의미했다.

그러나 이러한 노력 역시 많은 의도적 실패를 가져왔고 농업의 위기는 계속되었다. 이러한 위기탈출의 방안으로 그동안 실행해 온 정책들을 살펴보고 앞으로 바람직한 농업정책방향에 대해 미력하나마 언급할 것이다. 먼저 정책의 일반적인 유형은 그 내용이 다양하여 전부 언급하지는 않고 그 방향과 주요한 정책만을 언급할 것이다.

그리고 본 글에서는 농업정책을 농업 부문의 사회·경제적 향상을 목표로 하는 정책을 의미하며, 농업인들과 관련된 여러 부문의 경제·복지·사회·지역정책 등과 연관되는 포괄되는 의미도 포함하여 사용한다.

농업정책은 전체 사회·경제정책의 틀 안에 있는 하위의 경제정책이고 국민경제의 전반적인 상황에 따라 농업정책의 방향과 농업 부문에 대해 적극적 또는 소극적 제 요구를 한다. 이같이 농업외부로부터의 요구는 농업정책을 규정하는 중요한 요인이 된다. 또한 정책을 결정하는 또 다른 요인은 농업내부로부터의 요구가 있는데 이런 내부적인 농업인으로부터의 요구는 당연한 것임에도 그동안 잘 지켜지지 않았으며 이것 또한 농업정책을 규정하는 하나의 중요한 요인이 된다.

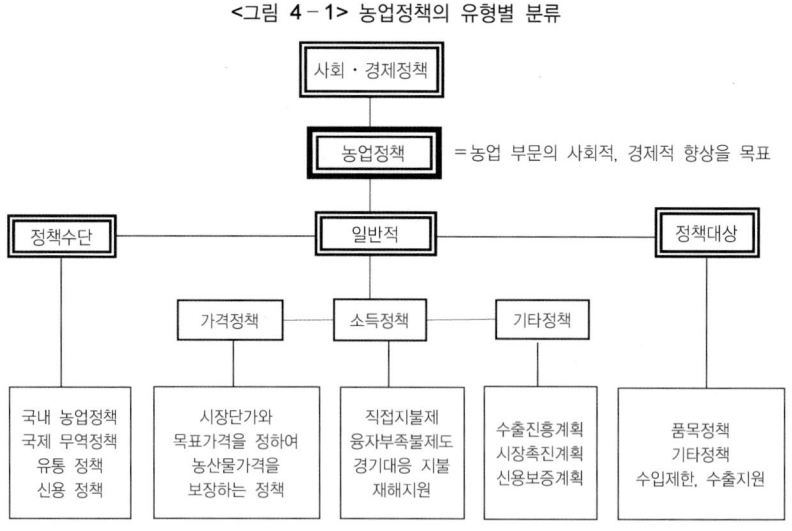

\<그림 4 - 1\> 농업정책의 유형별 분류

위의 〈그림 4-1〉에서 보듯이 농업정책의 유형은 여러 가지로 나눌 수 있는데 가격지지, 직접지불, 수입제한, 수출지원 등이 가장 일반적인 정책수단이나 구체적인 수단별 세부 정책은 조금씩 다르다. 정책수단을 중심으로 보면 농업정책은 국내 농업정책, 국제 무역정책, 유통정책, 신용정책으로 나눌 수 있다. 정책의 대상에 따라서는 품목정책과 기타정책으로 나눌 수 있다. 품목정책은 개별 농산물의 가격 및 소득지지를 목적으로 하는 정책이며, 농작물(품목)을 대상으로 하고 있으므로 농업인 정책과는 다르다. 이 외에도 수입제한 제도, 수출지원 제도 등 여러 가지가 농업정책으로 사용된다.

농업정책의 일반적 유형은 크게 분류하면 대개 가격정책, 소득정책, 기타정책의 세 가지 범주로 나눌 수 있다. 대부분의 정책이 이 범주에 포함된다고 볼 수 있으나 때로는 가격정책과 소득정책 간 구분이 모호하여 세 가지 범주에 포함시키기 어려운 정책도 있다(김재수, 2005: 120).

농업정책을 크게 소득정책과 가격정책으로 구분하기도 하는데 소득정책은 특정 농산물의 시장가격에 영향을 주지 않고, 농가에 직접적으로 지원되는 정책을 말한다. 소득정책으로는 직접지불제가 대표적이며, 저소득자에게 지원되는 식품보조, 유통보조융자와 융자부족불, 직접지불 및 경기대응지불, 재해지원, 작물보험정책 등이 있다. 융자부족불제도(Loan deficiency payment)는 가격지지융자를 받을 자격이 있는 농가가 융자를 받지 않을 경우 융자단가와 상환단가의 차액을 직접지불하는 제도[88]인데 이는 농가의 재고처

---

88) 미국에서 1985년 마케팅론(Marketing Loan) 제도를 도입해 현재까지 시행하고 있으며 시장가격이 융자단가보다 낮을 경우 담보농산물에 대한 권리를 포기하는 대신, 융자단가보다 낮은 상환단가로 융자금을 상환하고 정부가 융자단가와 상환단가의 차액을 농가에 보전한다

분 효과가 있고 융자를 받지 않는 생산자에게 지불되는 것이 특징
이다. 경기대응지불제(CCP: Counter-cyclical payment)[89]는 경기상
황에 따라 농산물가격이 하락하면 소득보전이 어려워져 농가에 직
접지불하는 것을 말한다. 경기대응지불제는 목표가격과 '고정직접
지불＋시장가격(융자단가)'의 차액을 직접 지불하는 제도[90]로 농가
에 일정소득을 보장하는 효과가 있다(이재옥, 2005: 175).

 가격정책은 일반적으로 시장(융자) 단가나 목표가격을 정하여 농
산물의 가격을 보장하는 정책이다. 가격지지정책은 해당 농산물의
가격을 지지해 주는 것이 가장 큰 목적이며, 과거부터 가장 중요
한 수단으로 여겨 왔으나, 최근에는 직접지불제도로 그 비중이 옮
겨 가고 있다.

 가격지지정책은 나름대로 장점도 많으나 많은 비판도 있다. 가
격지지정책의 부작용은 우선 자기모순에 빠진다는 것이다(김재수,
2005: 125). 가격지지정책은 가격상승으로 인한 공급증가를 가져와
해당 품목의 가격이 하락하는 구조적인 악순환을 가져온다. 이를
개선하기 위해 여러 방면으로 다양한 정책전환을 실시하고 있으며,
전환하는 방안의 하나로 소득지지정책을 추진하고 있다(이정환,

는 점에서 가격지지융자제도와 차이가 있다. WTO는 이 제도를 감축대상보조(Amber Box)
로 분류하고 있다(허용준, 농협중앙회, 2006).

89) 경기대응지불제(CCP)는 과거 부족불(Deficiency payment) 제도를 부활한 것으로 생산조정
의무는 없고 목표가격을 보장한다는 점에서 더욱 강화된 목표가격 보장정책이라 할 수 있다.
이는 목표가격을 사전에 설정하고 시장가격이 목표가격 이하로 내려갈 경우 그 차액을 보전
하여 소득이 감소해도 작물별 생산비 수준을 반영한 목표가격수준의 소득을 보장받는다. 그
러나 CCP는 가격과 역관계이기 때문에 생산량 변화에 따른 소득효과는 고려하지 않는다. 즉
농산물 생산량이 줄어들면 가격이 상승하여 농가소득이 줄지만 CCP 보조금은 지급되지 않
는 문제점이 있다.

90) 고정직접지불이란 매년 일정액의 직접지불금을 과거 기준연도의 면적과 단수에 기초하여 농
가에 지급하는 것을 말한다. 미국은 이 제도를 허용대상보조(Green Box)라고 주장하지만
WTO에서는 이를 인정하지 않고 있다.

2005: 15). 그러나 가격지지정책이 다 부정적인 것은 아니며 소득 정책과 함께 병행해야 할 경우도 있다.

기타정책으로 농산물 수출을 지원하기 위한 것으로 수출진흥계획, 시장촉진계획, 신용보증계획 등이 있다. 그 외에도 재고농산물 처리 등 여러 가지 프로그램을 통하여 농산물 수출에 대한 다양한 지원을 해 주고 있다.

2. 한국농업정책의 변화

1990년대 초까지 농업정책은 주로 이중가격제도 및 농산물 수입 제한과 같은 광범위한 정책이 포함된 시장가격지지정책이 대부분 이었다. 1980년대 중반 이후 '농촌공업화시책'이 가격지지정책의 대안이 되었으나 성공적인 평가를 얻지 못했다. 정부는 농촌의 위기극복을 위해 86년 '농어촌종합대책', 87년 '농어가 부채경감대책과 농어촌 활성화 대책', 89년 '농어촌 발전 종합대책', 91년 '농어촌 구조개선 대책' 등을 내놓았으나 크게 성공하지 못했다. 아래에서는 90년대 이후의 농업정책을 중심으로 살펴볼 것이다.

(1) 1990년대 초까지의 농업정책

1990년대 초까지의 농업정책은 주로 수출 주도형 경제발전에서 파생된 문제를 해결하기 위한 것이었다. 농정방향을 체계적으로 제시한 대책으로 농촌의 공업화를 통한 농가소득 증대, 농어민의 부담 경감 등을 주요 내용으로 하는 1986년의 '농어촌종합대책'이었다. 1980년대 말에는 GATT의 국제수지조항(BOP)[91]의 졸업과, UR 협상 개시 등에 따라 농산물시장개방에 대응하기 위해 '농어촌발전종합대책'이 1989년에 발표되고 개방농정이 추진되기 시작하였다. 이어서 1991년에는 '농어촌발전종합대책'을 더욱 구체화하고 1992~2001년의 중장기 재정계획도 포함시킨 '농어촌 구조개선대책'이 제시되었다.

이 정책은 개방화에 대비해 농업의 구조를 근본적으로 개선시키려는 계획이었으며 농업의 생산성 향상을 도모하여 농업인의 소득을 증대시키고 산업으로서 농업을 확고히 하려고 하였다. 그러나 결론적으로 1990년대 초까지의 한국의 농업정책은 장기적인 발전보다는 소득보상적, 시혜적 시책에 치중하고, 중앙집권적 하향식 정책으로 농어민은 정책 수립과 집행 과정에서 많이 배제되어 있었다. 농업정책 또한 평균적·분산적인 지원으로 정책의 효과가 작았으며 가격정책에 중점을 두어 농민이나 농촌에 대한 지원은 부족하다는 비판을 받았다(이재옥, 2005: 229). 물론 가격정책을 한국농업 입장에서 보면 잘못된 것은 아니다. 가격정책을 무조건 폐지되어야 하는 것이 아니라 활용하기에 따라서는 직접지불과 결합한 정책으로 농가의 소득을 얻게 하는 중요한 역할을 할 수 있다.

미국의 경우 자국의 필요에 따라 가격정책에다 다른 정책을 결

---

91) 이는 미국을 비롯한 주요 교역상대국과의 쌍무협정 및 GATT의 BOP협정에 의해 개도국이 일정 기간까지 국제수지보호라는 이유로 수입제한을 할 수 있었던 것을 졸업과 동시에 그 제한이 풀리는 것을 의미하며, BOP는 'Balance of Payment'의 약자로 국제수지를 의미한다. GATT(관세 및 무역에 관한 일반협정) 가입국들은 원칙적으로 수입제한을 할 수 없도록 되어 있으나 예외적으로 국제수지사정이 어려운 나라에 한해 잠정적으로 수입제한을 할 수 있도록 허용하고 있는데 수입제한 국가는 2년마다 수입제한의 타당성 여부를 의무적으로 GATT BOP위원회와 협의해야 하며 국제수지가 흑자로 전환될 때는 지체 없이 수입을 개방하도록 되어 있다. 이것을 규정한 것이 바로 GATT 18조 B항이다.

합해 농가소득의 안정을 도모하고 있다. 사실 이것조차도 주요국들의 이데올로기라고 볼 수 있고 자국들의 농산물을 판매하기 위한 구상에 지나지 않는다고 볼 수 있다.

(2) 1990년대 이후의 농업정책

1993년 12월 UR 농업협상의 타결에 따라 한국농업은 위기감으로 팽배해졌고 정부는 경쟁력 제고를 위한 토대가 우선이라 판단하고 그 대비책으로 1994년 6월 '농어촌발전대책 및 농정개혁 추진방안'을 제시하였다.

이 방안에서는 농어업의 경쟁력 강화, 농촌의 생활환경 혁신, 농업인의 삶의 질 향상, 국민 식생활의 질적 향상 등을 최상위 목표로 삼았다. 그리고 한국농업의 국제경쟁력 향상과 효율성을 위해 생산기반 정비와 지원제도개선 등 농업의 하부구조개선에 중점을 둔 것이 특징이다. 또한 농업진흥지역 내의 농지소유상한 폐지,[92] 쌀의 민간유통기능 활성화 등 정부의 시장개입 축소와 시장기능의 확대를 위해 노력하였다. 아울러 장기적 투융자 계획하에 농어촌특별세 15조 원을 포함하여 총 57조 원이 투자·지원될 계획이었다.

문민정부는 UR에 따른 손실보전을 명분으로 48조 6,598억 원을

---

92) 농지소유상한의 폐지는 2003년 농지법에 근거하였으며 그 폐지의 논리는 UR농산물협상 등 농산물 수입개방 추세에 직면, 농업이 자생력을 가지고 성장해 나갈 수 있도록 생산성 향상과 경쟁력 제고 차원에서 농지소유상한제를 폐지할 필요가 있다는 것이다.
이러한 필요성은 농지개혁사업이 종료되던 1958년 이후 여섯 차례에 걸쳐 농지법 제정이 시도되었고, 특히 제3차 농지법 제정연도인 '67년부터는 기업농에 대한 농지소유상한의 완화문제가 초점이 되었으나, 농지개혁 이전의 역기능의 부활, 비농민의 농지투기우려 때문에 소유상한완화 정책이 채택되지 못했다. 그러나 요즘과 같은 국제화·개방화 시대에서는 한국 농업도 외국의 농업과 경쟁해야 하므로, 능력 있는 전업농업인의 경영규모 확대를 제도적으로 제약하고 있는 농지소유상한 3ha를 폐지해야 할 필요성이 있다는 취지이다.

지원(농림통계연보 참조)했으나 IMF 금융위기를 경험하고 새로 들어선 국민의 정부는 IMF의 극복과 이를 위한 국정 전반의 개혁에 중점을 두고 작은 정부를 지향하기 위해 관련 기관과 인력을 축소하고, 시장원리에 맞는 개혁 작업에 착수하였다. 이러한 외환위기에 따른 피해를 구제하기 위해 41조 원을 집행하였다. 그리고 식량안보, 환경보전 등 다원적 기능의 확보와 정부지원이 강조되었으며, 생산·유통·품목의 특성에 따라 다양하게 발전할 수 있는 가족농이 농업의 기초가 되어야 함을 강조하였다.

국민의 정부는 이러한 농정 이념과 목표가 포함된 '농업·농촌 발전 계획'을 2000년 1월부터 시행하기 시작하였는데 이 계획에서 IMF 위기 때도 쌀 생산은 도움이 되었다고 평가하고 우량농지 보전을 강화하고 벼 재배면적을 최대한 확보하는 데 주력하였다(이재옥, 2005: 231). 정부는 쌀 생산 강화를 위해 미곡종합처리장(RPC)과 생산농가를 계열화하여 품종통일, 공동작업, 브랜드 판매로 비용 절감과 품질 향상을 도모하고, 수매제도를 민간중심으로 전환하는 등 양곡관리제도를 WTO 규정에 합치시키고자 하였다. 또한 정부는 환경친화적 영농체제를 구축하고 유기농 등 환경농업 실천 농가에 대한 직접지불제도 도입하였다(박진도, 2005b).

이 같은 농정개혁과 지원으로 농업성장률이 높아지고 농가교역 조건도 개선되는 조짐을 보이기 시작했으며 품목도 벼농사 위주에서 과수·채소·축산·화훼 등으로 다변화되고, 농업경영도 점차 규모화, 전문화되는 경향을 보였다. 농촌지역의 도로 포장률과 상하수도 보급률 역시 높아져 농촌지역의 생활 여건도 크게 개선되었다(농림부, 2006). 그러나 본 대책에도 불구하고 한국농업 생산기반과 생활 여건은 OECD 국가들의 평균 수준에 미달하고 농가부채가 소득보다 더 많이 늘어나 도·농 간 소득격차가 커지는 등 농업인들의 형편은 오히려 나빠진 것으로 나타난다. 이는 농업지원이 엉뚱한 곳에 사용되거나 효율성을 따지지 않고 현금나누기식의 정책이었기 때문이라는 분석도 있는데 이는 결국 농업구조조정의 속도를 늦추는 결과를 가져왔다.

참여정부에 들어서는 농산물시장개방에 능동적으로 대응하고 농정기조의 전환, 농어촌 투융자를 통한 구조조정을 추진하였으며 앞으로 '농업·농촌종합대책'을 통해 투자를 늘리겠다고 하였다. 또한 참여정부는 쌀 협상과 한-칠레 FTA를 계기로 119조 원 지원계획을 세웠는데 분야별 투융자 계획을 보면 〈표 4-1〉과 같다.

<표 4-1> 분야별 119조 원 투융자 계획

(단위: 억 원, %)

구분	'03	'04~'08	'09~'13	합계	비중
총 투융자 규모	77,052	505,135	687,768	1,192,190	100.0
농업체질 강화 및 경쟁력 제고	19,128	141,026	221,164	364,212	30.4
농가소득 및 경영안정 강화	15,944	127,410	196,802	324,212	27.2
농촌복지 증진 및 지역개발	6,639	64,850	111,296	176,146	14.8
농산물 유통 혁신	5,175	48,101	45,175	93,276	7.8
산림자원 육성	5,025	30,947	38,655	69,602	5.8
농업생산기반 정비	25,141	92,801	74,676	167,477	14.0

자료: 농림부. '농업·농촌종합대책, 2004. 2.'

위의 〈표 4-1〉에서 보면 농업투융자 사업규모는 증대되었지만 실질적인 지원규모는 크지 않다는 비판이 있어 왔다. 정부는 농업구조개선을 위해 쓰겠다는 119조 원은 구조개선과 관계없는 사업까지 포함[93]하고 있어 농업인들에게 실질적인 도움이 되는지 의문을 제기하고 있다. 위의 표에서 보듯이 농업의 경영기반은 어느 정도 구축하고 있으나 경영능력·유통개선·수출지원 등의 부문은 미흡한 실정이다. 농업인들이 바라는 유통 혁신 부문에는 7.8%밖에 안 된다. 또한 사업추진에 있어서 사후관리 부실로 비효율적인 자금집행과 과잉공급으로 보조금을 받을 목적으로 사업을 신청하는 경우도 있어 많은 비판을 받기도 했다.

그동안 투융자 사업은 중앙정부 주도하에 추진되어 왔으나, 참여정부 때부터 지방의 특수성과 자율성을 살린 상향식 농정체계를 시도하였다. 그러나 사업배정에 있어서 나누어 먹기식의 폐해와 부당하게 집행된 정책자금 등이 적발되기도 하였다(조일호, 2003: 16). 이는 정부가 정책 집행에만 관심을 가지고 사후관리에 대해서는 적절한 제도적 장치가 적어, 적지 않은 투융자를 했음에도 그 성과에 대해서는 계속 비판이 있어 왔다. 투융자 사업은 농업생산기반의 정비, 유통기반의 조성, 농산물가격 안정, 농산물품질 개선 등 일정한 성과는 있었지만 농업내외에서 농정실패라는 비판을 받았다. 그 비판은 다음과 같다.

첫째, 구조조정을 위한 노력은 상당한 효과를 거두었지만 농산물 수입증가와 투융자 사업을 통한 생산성의 증대는 농산물가격을 떨어뜨려 소득을 감소시킨 측면이 있다(조일호, 2003: 160). 한마디로

---

93) 119조 원 속에는 기금을 포함한 농림투융자 예산이 포함되어있어 10년간 농림투융자 예산 100조 9,611억 원을 빼면 순수하게 늘어난 금액은 18조 원에 불과하다는 것이다.
사업 부문은 222개 세부사업 중 기존사업을 제외한 신규사업은 51개뿐이다(농민신문, 2006. 10. 16).

농가소득 안정장치의 부족과 사안별 대응이 부족했다고 볼 수 있다.

농업인들에게 중요한 것은 자신들의 손에 얻어지는 소득인 것이다. 그런데 시장개방에 따른 피해는 농가에게 귀속되고 이에 대한 농가의 반대가 있을 때마다 포장된 정책으로 농가의 도덕적 해이와 농업의 정치논리를 형성하는 반복적인 현상이었다.

둘째, 경쟁력 강화를 위한 정책들이 주로 규모화를 고려한 정책들이 많았는데 이것은 경쟁력 강화를 위한 생산적인 것보다는 정치적 안목을 고려한 현금 나누기식의 소모적 지원도 많았다. 사실 경쟁력 강화를 위한 가격지지정책이나 인프라에 대한 투자는 소득이전효과가 낮고 직접지불정책은 소득이전효과가 상대적으로 큰 정책인데 지금까지의 정책은 가격지지와 구조개선사업에 치중하였다. 구조개선사업은 경쟁력 있는 농가를 선별하여 규모화, 전문화를 위해 농가 육성에 중점을 두어, 대다수의 소규모 농가를 하향화하거나 퇴출토록 유도하였다.

따라서 농가소득문제는 산업의 문제로 접근하기보다는 사람과 환경의 문제에 중점을 두어야 할 것으로 보인다. 최근에 친환경 지역농업을 위한 정책의 하나로 환경농업 실천 농가에 대한 직접 지불정책에 대한 확대를 마련하고 있다(〈표 4-3〉 참조).

셋째, 복잡한 사업결정과 집행체계, 지원방식의 혼란, 중앙에의 지나친 의존 등은 투융자 사업의 성과를 늦추게 하는 결과를 가져왔으며 농업인의 피부에 닿는 교육, 의료, 주거 등에 대한 대책과 농촌에 대한 복지대책이 미흡했다는 점을 들 수 있다. 한마디로 농업인의 피부에 와 닿는 정책이 아니라 사업중심, 정부중심의 농정을 추진해 왔던 것이다(조일호, 2003: 160). 그러다 보니 현실적인 것은 무시한 채 정치적 고려에 따라 예산을 소모한 농업 포퓰리즘으로 예산을 집행했으면서도 농업인들의 삶의 질의 추구에는 미흡한 점이 많았던 것이다.

(3) 농업정책의 평가

UR 농업협상의 타결과 시장개방에 대응하기 위한 '농어촌발전대책'은 주로 국제경쟁력의 제고와 그 손실보전하는 데 정책의 목표가 있었던 반면, 국민의 정부하의 '농업·농촌발전계획'에서는 경쟁력 제고보다는 농업의 공익적 기능을 강조하면서 WTO 규정에서 허용되는 범위 안에서 소득보전정책을 확대하려고 노력하였다.

참여정부의 농업정책은 국민의 정부 연속선상에서 시장개입을 축소하는 동시에 가급적 가격과 생산에 연계되지 않는 직접지불제도를 확대하려고 하였다.

1990년대 이후 정부는 급격한 경제성장 과정에서 농업에 영향을 미치는 '다수의 소작농', '노령 농민의 증가', '취약한 소득구조'와

<표 4 - 2> 시장개방 이후 농업정책의 변화

	농어촌발전대책(1994/'97)	농업·농촌발전계획(1998/'02)	농업·농촌종합대책(2004)
경제여건	UR협상의 타결과 시장개방	IMF 금융위기와 농가 경제 침체	신자유주의/FTA/DDA 확대, 쌀협상의 압력
농정목표	하부구조개선을 통한 경쟁력 제고	소득직접지불제 도입 농업의 공익적 개념 도입	중장기 투융자 계획 수립추진 농식품 육성 및 안정성 추구
주요사업	생산기반정비사업 농업기계화, 시설현대화 품목별 경쟁력 제고	직접지불제의 확대 환경농업 및 재해보험 등 WTO 허용보조 정책의 도입 농가부채대책	직불제 확충 양정제도개편 유통s/w 개선 농촌 의료, 복지 지역개발 지역농업 클러스터 활성화

출처: 이재옥, 2005: 232를 참조하여 재구성.

같은 문제를 해결하고자 '농업 투융자 사업'을 통해 농업의 구조조 정을 유도했다. 문민정부는 '농어촌발전위원회'를 구성하여 '농어 촌 발전대책 및 추진방안'(94)을 확정하였으며 투자재원의 마련을 위해 '42조 투융자계획'의 3년 조기집행(92~98)을 결정하고 '농어 촌 특별세'를 통해 재원을 추가로 조달하였다. 이 시기의 농가소득 성장률은 1994년부터 둔화되기 시작하였고 농산물 수입량이 증가 하였다. 이에 대응하기 위해 시행된 '농업 투융자 사업'이 농업소 득을 올리는 데 큰 변화를 유도하지 못하자 정부는 '농가소득정책' 과 동시에 '농업구조 조정정책'을 해야 하는 큰 부담을 안게 되었다.

국민의 정부는 '농정개혁위원회'를 설치하여 '농업·농촌발전계 획'(98)을 수립하고 그것을 뒷받침하기 위해 '농업·농촌기본법'(99) 을 제정했다. '농업·농촌기본법'에서는 농업·농촌정책의 기본방향 을 설정하였으며 이어 '농업·농촌 투융자 계획'을 확정하고 1999 ~2004년에 45조 원을 확정 시행키로 하였다. 또한 WTO 뉴라운 드에 대응하기 위해 '농어업·농어촌 특별 대책 위원회'를 발족시 켜 융자비중과 농업인프라 투자를 축소하는 대신 농업체질 강화, 소득 및 경영안정, 농촌복지 및 지역개발에 대한 투자를 확대하기 로 하고 특히 직접지불 규모를 확대하기로 하였다. 또한 투융자 사업의 효율을 높이기 위해 '농업·농촌 종합대책'에서와 같이 3 년마다 상황을 평가하여 현실에 맞게 보완해 가기로 하였다.

2002년 참여정부는 농업정책을 농업정책, 농민정책, 농촌지역정책 의 세 영역으로 세분화하고 생산자가 시장지향적으로 반응할 수 있 는 정책을 시행하고자 하였다. 농민정책과 농촌지역의 경우 정부는 최소한의 역할만 하고 시장실패의 결과를 바로 잡고자 했는데 이 과정에서 한국농업은 집중과 선택, 그리고 균형개발이라는 의견으로 나누어졌다. 이 같은 논란 속에 참여정부는 농업의 위기를 극복하기 위해 2004년 향후 10년간 119조 원을 투입하는 '농업·농촌 종합대책'을 발표하였다. 이는 2013년까지 10년간 농업인의 소득 및 경영안정, 농촌복지 및 지역개발에 대한 지원을 강화할 계획으로 있다. '농업·농촌 종합대책'의 개요는 〈그림 4-2〉와 같이 나타낼 수 있다.

<그림 4-2> 농업·농촌종합대책의 주요 내용

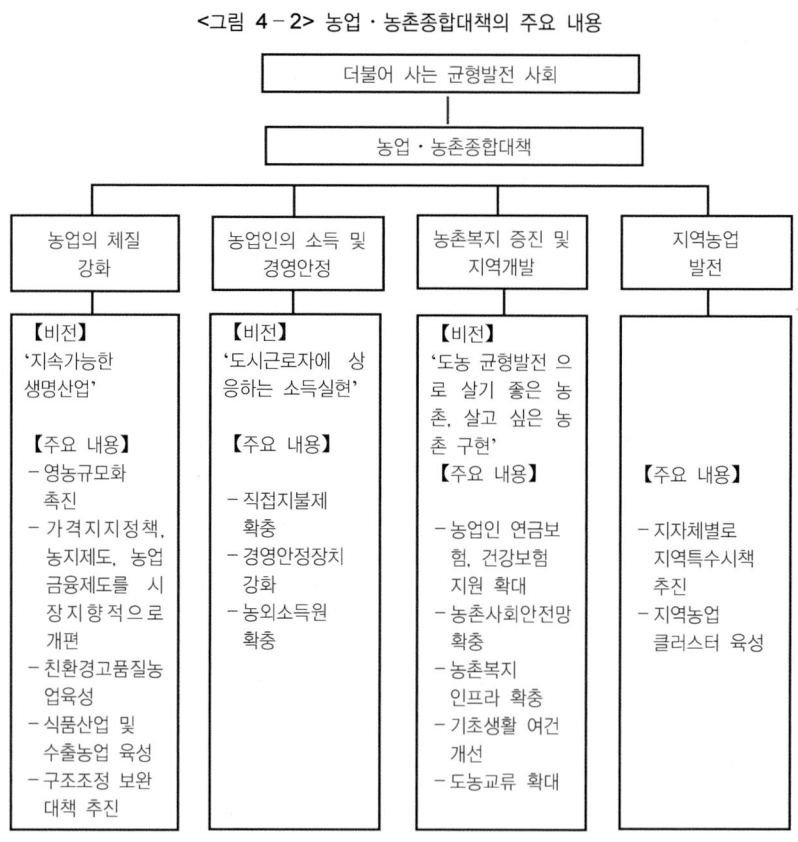

출처: 농협중앙회, 2004: 71.

‘농업·농촌 종합대책’은 농업의 체질 강화, 농업인의 소득 및 경영안정, 농촌의 복지 증진 및 지역개발, 지역농업발전 등 4가지를 중심적인 과제로 하고 있다.

첫 번째로 각 과제별로 비전과 전략을 살펴보면 농업의 체질강화는 지속가능한 생명산업을 비전으로 하고 있다. 이를 위해 영농규모화의 촉진 등 각종 제도들을 시장지향적으로 개편하고 구조조정정책에 대한 보완대책을 추진하는 것들이 포함되어 있다. 세부적인 제도로는 농지소유 규제의 완화, 정책자금을 종합자금제로 일원화, 우수농산물제도(GAP) 도입, 생산이력제 도입, 지역특화 작물개발 등을 통해 농산물의 부가가치를 높이는 방법이 있다.

두 번째로 농업인의 소득안정을 위한 제도로 도시근로자에 상응하는 소득실현을 비전으로 하고 있는데 이를 위해 직접지불규모를 농가소득의 10% 수준으로 확대한다는 목표를 세우고 직접지불제를 점차 확대할 계획으로 있다. 직불제의 종류로는 구조조정을 위한 직불제로 경영이양 직접지불제, 쌀생산 조정제 등이 있으며 공익적 기능을 위한 직불제로 친환경농업직접지불제, 친환경 축산직접지불제, 조건불리지역 직접지불제, 경관보전 직접지불제 등이 있

<표 4-3> 직접지불금 현황

(단위: 억 원, %)

	97	98	99	2000	2001	2002	2003	2004	2005
직접지불금예산	607	518	534	402	2,509	4,289	6,432	8,675	10,014
쌀소득보전직불제					2,105	3,929	5,053	5,765	7,402
친환경농업직접지불제			57	57	57	30	30	55	69
조건불리지역지불제						15	5	100	123
기타직불	607	518	477	345	347	315	1,344	2,755	2,420
농업예산대비	0.8	0.7	0.9	0.7	4.1	6.5	9.8	13.1	13.6

자료: 농림부, 2006: 517.

다. 이와 관련한 직접지불예산은 〈표 4-3〉과 같다.

〈표 4-3〉에서 나타내고 있는 바와 같이 직접지불금의 규모는 갈수록 증가하고 있으며 그 규모는 대부분 쌀소득보전직불제에 많이 배정되어있다. 그러나 직접지불제의 단점이라면 농업구조개선 작업의 지체, 직불제 간의 상충성,[94] 논과 밭의 불균형성, 제도적 기반의 미흡 등이 있는데 농업구조개선에는 지불기준이 과거의 생산실적에 근거하기 때문에 농가규모 확대나 생산성 향상에 대한 유인이 없다는 한계가 있다. 그리고 현재 논에 집중되고 있는 직불제는 불가피한 면이 있기는 하나 밭에 대한 직접지불액은 5%에 불과해 형평성의 문제가 있다(김태곤, 2006: 149).

세 번째로 농촌복지 증진 및 지역개발은 도농 균형발전으로 살고 싶은 농촌 구현을 비전으로 하고 있다. 이를 위해 농업인연금과 건강보험을 지원확대하고 기초생활보장을 확대하는 등 농촌사회안전망을 확충할 계획으로 있다. 또한 도농교류를 확대하고 기초생활 여건을 개선하여 농촌지역을 활성화시키고 대학생 장학금지원 등의 정책과 농업인 영유아 양육비 지원, 농업인력의 질적 향상을 위한 제도 및 환경개선 등을 위해 지역특성 교육추진을 강화하는 등의 정책을 쓰고 있다(농림부, 2006b). 사실 이 부문에 가치를 두고 지향해야 할 부문이 아닌가 한다.

네 번째로 지역농업 발전계획은 지자체가 지역농업 발전을 위해 자율적으로 정책을 수립, 추진하는 것을 말한다. 지역에 맞는 특화작물과 관광사업을 개발하고 중앙정부는 지자체의 특성사업을 최

---

94) 예로 경영이양직불제와 쌀소득보전직불제(고정형)가 대표적인 사례이다. 경영이양직불제는 규모 확대를 촉진하는 것이 목적이지만 쌀소득보전직불제는 농가소득에는 기여하지만 규모의 고착화를 초래하는 부작용이 있을 수 있다.

대한 지원하는 것이다. 이 같은 사업은 농산물의 가공·유통·생산들과 관련된 주체들이 특색 있는 지역상품을 개발·판매하도록 지원함으로써 지역발전과 농업인의 소득 증대에 기여하는 것을 목적으로 한다.

현재 지역농업 클러스터로 20곳이 선정되어 있으며 중앙정부는 3년간 사업단별 평균 27억 7천만 원을 지원할 예정이다. 그러나 산·학·관·연의 네트워크는 형성되었으나 이 네트워크를 이용한 시범사업단의 가시적인 성과가 쉽지 않다는 단점이 있다(농림부, 2006b).

그런데 이 같은 농업정책과 농정개혁에도 불구하고 농업·농촌은 점점 악화되어 가고 있다. 농업인들의 빚은 늘어만 가고 농정에 대한 불신은 증대하면서 그동안 우리 농업을 지탱해 온 농본주의 정서가 붕괴되어 가고 있다. 농업정책이 거듭 실패하는 이유는 농업정책 자체에도 문제가 있지만 농업정책만으로 농업문제를 해결하는 데는 한계가 있기 때문이다. 농업정책은 경제정책의 하위정책으로 볼 수 있기 때문에 경제정책의 방향이 신자유주의적 방향으로 추진되는 한 농업과 농촌에 불리하게 영향을 줄 수밖에 없는 것이다. 농업정책은 농업에 관한 국가의 시책이지만 그것이 자본주의 경제정책의 일환인 한 '자본의 원리'에 의해 규제되는 것으로 보아야 한다. 따라서 총자본이 농업을 바람직한 방향으로 유도하고 그 바람직한 모습을 국가의 의지 형태로 나타내는 것이 농업정책의 일부라고 볼 수 있다. 그런데 현실적인 문제는 바람직한 방향이 무엇이고 누구에게 바람직한가 하는 것이다. 농업정책의 형성과정은 농업외부(자본)로부터의 요구와 농업내부로부터의 요구의 조정과정이라고 할 수 있는데 그동안 농업정책은 국민경제의 이익을 앞세운 시장경제정책에 종속되어 왔고 자본의 이익을 위해 희생되어 왔었다.

1970년대 말까지는 농업의 생산력을 늘리자는 농정이었고 80년대 말 이후부터는 자본의 이익을 얻기 위한 농업구조조정 과정이라 볼 수 있다. 농업구조개선정책은 시장개방의 대응책으로 경쟁력을 향상시키자는 취지인데 이는 단기적으로는 농업에 긍정적으로 작용할 수도 있지만 장기적으로는 가격 하락으로 농업인들을 더 어려워지게 할 수 있다.

농업내부의 요구는 80년대까지는 경제정책이나 농업정책에 농업인들의 요구가 반영되지 못하다가 80년대 중반 이후 그 요구가 농정에 점차 반영되기 시작했는데, 그때는 이미 경제정책의 방향이 시장개방 쪽으로 기울어져 농업정책을 통한 조정으로는 농업문제를 바로잡을 수 없었다. 경제정책 방향이 기본적으로 성장제일주의 정책이었는데 이는 총자본의 이해관계와 자본의 이익을 위한 것으로 추진되어 왔다. 농업·농촌은 개발독재 시대에는 공업화와 도시화를 위한 부분으로 인식되어 왔고 90년대 이후에는 경제성장의 걸림돌로 인식되어 왔다.

한·칠레 자유무역협정의 과정과 한·미 FTA 과정 속에서 보여준 정부의 정책방향은 농업·농촌은 희생될 수밖에 없다는 의식을 나타낸 것인데, 이러한 과정 속에서 대부분 농업인들은 농정을 크게 신뢰하지 않으며 이런 상황에서 많은 재정을 투자해도 성공하기 어렵다.

경제발전과정에서 농업 비중이 감소되었다고 농업의 가치와 역할까지 줄어드는 것은 아닌데 한국은 오히려 농업의 가치와 역할을 스스로 축소해 가고 있다.

농업정책을 통해 농업의 붕괴를 막고 새로운 활로를 찾아내는 일이 가장 중요한 과제라는 것을 농업인과 국민들에게 보여주어야 한다. 농업을 정치논리의 대상으로 취급해서는 안 되고 국가가 농정철학과 비전을 가지고 이해관계자들과 대화하고 설득할 필요가 있다. 그리고 현재 농정의 기조를 이루고 있는 경쟁력 지상주의로부터 벗어나야 한다.

개방시대에 농업경쟁력의 제고도 중요하지만 그것만으로 모든 농업문제를 해결할 수 없으며 보다 근본적인 경제·사회문화적인 것들을 고려하여 지속적인 발전을 도모하는 것이 필요하다. 보다 많은 사람들이 바쁜 도시생활에서 벗어나 친환경적이고 안전한 먹을거리를 원하고 있다. 따라서 소비자들의 욕구에 부응하기 위해서는 지역적 특성을 고려하고 농업인들은 자발적 노력을 통해 친환경농업공동체로 안정적인 식량의 공급과 휴식처를 제공하는 농촌을 만들어야 할 것이다. 만약 이것이 힘들다면 더 이상의 경쟁력 추구를 중지하고, 인간답게 사는 비전을 공유하도록 해야 한다. 그래서 도시 부문과는 달리 농업 부문은 시장지향적 정책만을 고집할 것이 아니라 유통성을 가지고 민주적인 농업이 될 수 있도록 정부는 지원·개발하고 그 지원체계를 시스템적으로 개발해야 할 것이다.

무조건 열심히 일만 하겠다고 효율성을 추구한다고 자랑할게 아니라, 올바른 방향설정 후에 열심히 하는 것이 중요하다. 잘못된 방향을 설정하고 열심히 일만하면 모두를 피곤하게 할 뿐이기 때문이다.

이런 문제는 기존의 농정만으로는 해결될 수 없고 농업·농촌의 가치를 분명히 평가하고 그것을 어떻게 유지 발전시키는 가는 전체 사회시스템과 연관시키는 차원에서 접근해야 할 것이다.

제2절 농업정책에 대한 농업인들의 평가

1. 대상자들의 속성 및 방법

앞서 언급한 농업정책들을 농업인들의 의견과 농정에 대한 실제적인 신뢰를 알아보는 것도 의미 있는 일이라 생각되어 실제 인터뷰를 해보았다.

여기서는 농업정책에 대한 현실적인 평가를 위해 심층면접법을 사용하였다.

부분적이긴 하지만 전국에 있는 농업인들을 대상으로 연구목적에 적합한 사람들을 고르는 방법으로 이루어졌다. 구체적인 선정방법은 연구자가 알고자 하는 정보를 가진 사람을 만나는 전략적 제보자(strategic informants) 표집을 사용하였다. 이는 지역농협 담당자에게 비교적 경작규모가 큰 농업인들을 소개받고 일부는 규모가 작은 농업인을 소개받아 심층면접을 하였다. 대상자의 선정은 모든 면에서 다양한 사고를 지닌 농민들이 골고루 포함될 수 있도록 하였다.

<figcaption><그림 4-3> 심층연구의 모형</figcaption>

| 신자유주의에 대응하는 농업정책에 대한 평가 | | 농업정책의 만족도
신자유주의 이후 농업인식
친환경농산물에 대한 인식 |

이 연구를 위한 면접은 2005년 4월부터 9월까지 실시하였으며 면접시간은 약 1시간 정도 소요되었고 면접장소는 주로 면접대상자의 집이나 농장의 조용한 장소를 택하였으며 이들 면접대상자의 연령이나 그 인적 속성은 〈표 4-4〉와 같다.

<표 4-4> 심층면접 대상자의 인적사항

면접번호	연령	재배작물	학력	지역	규모	경력
1	62	양배추, 토마토, 옥수수 등	국졸	강원강릉	전15,000평	37
2	54	한우, 수도작	중졸	강원평창	전 9,000평	28
3	56	수도작(논농사)	고졸	전북주안	답50,000평	38
4	60	수도작 및 옥수수	중졸	전북익산	전45,000평	39
5	52	고랭지 배추	고졸	강원삼척	전30,000평	30
6	48	느타리버섯	대졸	전북부안	전25,000평	20
7	59	모돈 130두(총 1300두)	고졸	전북진안	돈 1,300두	35
8	54	당근, 감자	고졸	강원철원	전 7,500평	36
9	45	포도	고졸	경북상주	전 2,000평	20
10	57	배	중졸	전북김제	전15,000평	31
11	65	고구마 5,600평	국졸	전북익산	전 5,600평	28
12	49	한우, 애호박, 감자	고졸	강원화천	전10,000평	27
13	51	딸기 및 채소	고졸	전북완주	전24,000평	26
14	58	사슴, 머루 등	중졸	강원속초	전11,000평	37
15	56	사과	대졸	충남당진	전 2,300평	23
16	45	복숭아, 경종업	고졸	경기안성	전 700평	
17	41	사과	고졸	경북봉화	전 500평	17
18	57	사과	중졸	경북봉화	전 1,500평	25

이 조사에 대한 응답에서 전업농과 농외소득이 많은 농업인도 자신을 전업농업인이라고 이야기하고, 면접과정이나 내용에서도 일관되게 전업농으로 인식하고 있었다. 객관적 기준으로는 전업농의 범주에는 들지 않지만 전업농과 같은 의식을 공유하고 있다는 점에서 전업농의 범주에 포함시켰다.

당연한 것이지만 농업정책에 대한 관점이 농업인의 입장이냐 국가나 자본의 입장이냐에 따라 달라지는데 각 입장이 조화로운 관계일 수도 있고 상호 갈등관계에 있을 수도 있다. 지금까지 이루어져 온 연구들 중 농업인의 관점에서 적용한 연구는 그리 많지 않다.

2. 농업정책에 대한 농업인들의 평가: 농업정책에 대한 전반적 평가

지금까지 시행해 온 농업정책에 대해 농업인들은 어떻게 생각하는지 그 의견들을 인터뷰하였다. 일반적으로 농업과 농촌은 경쟁력이 적고 경제성이 떨어지는 것으로 간주되어 왔다.

농업이 정체된 큰 이유 중 하나는 역대 농정이 공업 부문을 위해 희생시킨 결과라 할 수 있다. 따라서 농업인들에게 농업정책이 현재 농업현실을 제대로 반영하고 있는지 그리고 정체하고 쇠퇴하는 농촌현실을 정책에 적용하는지에 대해 각자의 의견을 들어 보았다(사례 〈1~3〉, 〈5〉, 〈11〉, 〈13〉, 〈17〉).

> 저는 지금까지 농사를 저 왔지만 앞으로 농업이 점점 힘들어진다고 생각해요. 평생 해 온 것이 농사밖에 없어서 선택의 여지가 없지만요. 그리고 농

업정책은 불만입니다. 우리의 농업현실을 너무 모르는 것 같아요. 아마도 외국의 힘에 너무 쉽게 굴복해서인지 우리의 현실과는 동떨어진 것 같아요. 〈사례 1, 62세, 국졸, 농업경력 37년〉

나름대로는 정부와 농협에서 열심히 한다고들 하는데 저는 그게 피부에 와 닿지는 않네요. 아마도 너무 멀리 내다보고 정책을 펴는지, 아니면 준비가 안 되어서인지 농업현실을 제대로 반영하지 못하는 것 같습니다. 장관도 자주 바뀌고 일시적인 정책이 아닌 좀 피부에 와 닿는 정책을 폈으면 합니다. 〈사례 2, 54세, 중졸, 농업경력 28년〉

솔직히 내 개인적으로는 농업정책은 불만입니다. 농업현실을 직시 못 하는 것 같아요. 그러나 세상의 흐름은 이해합니다. 다만 정부가 우리 농업현실을 알고 준비 좀 했으면 하는 바람입니다……우리의 농사는 미리 준비 좀 해야 하는 것 아닌가요. 〈사례 3, 56세, 고졸, 농업경력 38년〉

한마디로 노력의 흔적은 보이지만 미흡하다고 봅니다. 예로 유통 부문에서 하는 것 보면 아직까지 우리의 유통현실을 감안한 정책은 미흡하다는 생각이 듭니다. 배추를 농협을 통해 팔면 가락동까지의 운임을 따로 내야죠. 또 가격도 대부분 일반 경매업자보다 적게 나오고 …… (중략) 그 이유는 정부가 우리의 유통현실을 모른다는 겁니다…… 〈사례 5, 52세, 고졸, 농업경력 30년〉

판매망 구축에 있어서 농협이 앞장서고는 있는데 정부 차원에서는 아직까지는 미비해요. 너무 우리의 실정을 모르는 것이 아닌지, 아니면 내가 모르는 것인지…… 아무튼 현실적으로 크게 판매할 곳이 없어요. 〈사례 11, 국졸, 65세, 농업경력 23년〉

생산보다는 유통 부문에 대한 현실을 잘 모르는 것 같아요. 유통 부문의 현실을 바로 알고 농업 유통에 대한 정책을 획기적으로 개선했으면 좋겠어요. 〈사례 13, 51세, 고졸, 농업경력 26년〉

점점 어려워져 가는데 정부는 지금의 현실을 잘 모르는 것 같아요. 그냥 책상에 앉아 있지 말고 현장에 와서 농업의 현실을 느껴 갔으면 좋겠어요. 이곳 지방 공무원들은 아는 것 같은데 중앙 공무원들은 너무 모르는 것 같아요. 〈사례 17, 41세, 고졸, 농업경력 17년〉

사례 〈5〉, 〈11〉, 〈13〉, 〈17〉의 경우를 보면 농업인들은 정부가 유통 부문의 현실을 잘 모른다고 응답했다. 생산 결정자가 유통 담당자 혹은 소비자로 변하고 있는 현실에서 유통 부문의 변화는 생산과 관련된 의사결정과 생산과정 자체를 변화시킨다. 소비자의 건강문제, 유기농산물 등을 둘러싼 최근의 각종 논의는 소비 부문이 유통과 밀접한 관련을 맺고 있다는 것을 말해준다. 정부의 정책적 지원과 정책의 방향 등이 농업인에게 중요한 영향을 미치는 현실에서, 유통 부문에 대한 인식부족은 농업에 커다란 영향을 미칠 수도 있다. 농산물 유통에서 가장 큰 문제는 유통의 다단계로 인하여 소비자에게 불필요한 유통비용을 부담시킨다는 점이다.

다양한 유통체계의 개발과 소비자 조직의 활성화가 필요한데 소비자 조직의 규모가 영세하여 유통체계의 개발이 미흡할 경우 농산물 생산자도 피해를 입는 경우가 있다. 반면 〈사례 4〉의 경우는, 전반적으로 농업정책만을 탓할 것이 아니라 농업인 자신들이 스스로 준비해 가야 한다고 하였다.

> 저는 모든 가족들이 농업에 매여 있으니까 밖의 현실은 잘 알지 못해요. 가끔 농협에 나가 보면 다른 사람들이 농업정책이 잘못되었다는 얘기를 많이 합니다만 나는 그런 것보다는 자신들이 미리 준비해 나가야 한다고 생각해요…… (중략) 정부가 농촌현실을 제대로 담고 있다고 생각은 안 합니다만 언제까지나 정부 탓만 해서는 안 된다고 봅니다…… 〈사례 4, 60세, 중졸, 농업경력 39년〉

또한 사례 〈7〉, 〈9〉, 〈12〉의 경우, 미흡하긴 하지만, 정부에서 어느 정도는 농업현실을 반영하려고 노력하는 중이라고 인식하고 있었다.

축산에서는 분명 예전보다 지금이 전체적으로 힘들어진 것은 사실입니다. 그러나 매년 다르게 행정기관에서 찾아와서 묻고 관심을 가져줍니다. 저 같은 경우는 좀 미흡하긴 하지만 정부가 그런대로 현실을 반영하려고 노력한다고 평가하고 싶습니다. 〈사례 7, 59세, 고졸, 농업경력 35년〉

그런대로 노력은 하는 것 같아요. 하지만 완전해지려면 시간 좀 걸리겠지요. 미소……〈사례 9, 45세, 고졸, 농업경력 20년〉

미흡하지만 그런대로 잘 반영하고 있다는 생각이 들어요. 전 농협을 많이 이용해 그리 큰 애로사항은 없어요. 생산하면 농협에서 팔아 주는데 그 수입금이 그런대로 괜찮아요. 〈사례 12, 49세, 고졸, 농업경력 27년〉

앞에서 살펴본 바와 같이 대부분의 농업인들은 농업정책이 현실을 제대로 반영하지 못한다는 인식과 함께 정부의 소극적, 사후적 대응으로 결국 농업경쟁력을 후퇴시키고 있다고 인식하고 있었다.

3. 농업인의 농산물 수입개방에 대한 인식: 신자유주의 이후 농업인식

여기서는 농산물 수입개방과 DDA / FTA에 대한 정부의 대응방안에 대해 농업인들은 어떻게 생각하는지 알아보고자 하였다. 대부분의 농업인들은 농산물 수입개방 압력에 대한 정부의 대응방안이 아주 미약하다고 인식하고 있었다(사례 〈2~4〉, 〈6〉, 〈9〉, 〈15〉, 〈17〉).

아마도 열심히 노력들은 하는 것 같은데 정부의 대응방안이 확실히 서 있는 것 같지 않아요. 아마도 농업 부문에 소홀히 하고 다른 부문에 더 신경 쓰는 듯한 느낌을 받아요. 아마도 농업은 줄이고 수입개방 쪽으로 가는 것 같습니다. 〈사례 2, 54세, 중졸, 농업경력 28년〉

한마디로 정부의 대응방안은 너무 약한 것 같습니다. 빨리 감지하고 어떤 방안을 정부 수준에서 마련하든지 제시하든지 해야 할 텐데 말입니다. 저는 개인적으로 유기농 쌀 생산으로 준비를 하고 있습니다만 이것도 혼자 여기저기 다니면서 고민 끝에 결심한 것들입니다. 정부의 정책은 별로 도움이 안 되었던 것 같아요. 〈사례 3, 56세, 고졸, 농업경력 38년〉

우리 농촌에 대한 현실을 알고 준비를 한 다음 개방을 해야 하지 않을까 하는데…… 사실 구체적으로는 정부의 똑똑한 사람들이 잘 알아서 하겠지만, 농업이 망가지지 않았으면 하는 바람이네요. 〈사례 4, 60세, 중졸, 농업경력 39년〉

그 대응방안을 너무 늦게 내놓지 않나 생각이 드네요. 예전에는 그런 걱정을 많이 하지 않았는데 요즘은 점점 더 고민을 하게 돼요. 사실 나도 한때 위기가 있었거든요…… 좀 미리 대비해야 하는데 늦장을 부린다는 생각이 드네요. 〈사례 6, 48세, 대졸, 농업경력 20년〉

수입개방에 대한 정부의 대응방안은 한마디로 좀 미진하다고 생각됩니다. 우리의 농업현실, 특히 판매망 구축에 대한 고려 없이 칠레와의 무역협정 등을 보면 좀 답답하다는 생각이 듭니다만…… 정부의 구체적인 청사진이 없어요. 있는지는 모르지만 우리에게는 그렇게 느껴져요. 〈사례 9, 45세, 고졸, 농업경력 20년〉

글쎄요. 가격에 대한 불만이랄까. 하여간 농산물 특성상 그렇지만 항상 불안정해요. 더구나 유통체계의 구성상 불합리한 점도 있고요. 어쨌든 수입농산물에 대비해 가격 안정이 빨리 이루어졌으면 좋겠습니다. 〈사례 15, 56세, 대졸, 농업경력 23년〉

농산물 수입개방 압력에 대해 우리 정부의 대응방안은 너무 준비가 안 되었다는 생각이 들어요. 점차 준비한 다음에 개방을 해도 늦지 않을 텐데 무엇 때문에 급히 서두르는지 모르겠어요……〈사례 17, 41세, 고졸, 농업경력 17년〉

위의 사례에서 보듯이, 농업인들은 농산물 수입개방과 DDA / FTA에 대한 대응이 미진하다고 인식하고 있으며, 〈사례 4〉에서 정부가 현실에 대한 준비 없이 개방부터 하여 농업을 망치게 하지 않을까 하는 염려도 있었다. 대부분의 농업인들은 정부의 농산물 수입개방에 대한 대응방안이 너무 미진하고 늦은 감이 있기에 대응방안을 마련한 후, 점차적으로 개방하기를 바라고 있었다. 또한 〈사례 9〉나 〈사례 15〉의 경우, 농산물 유통체계의 불합리한 구조의 개편과 더불어 가격 안정이 필요하다고 하였다.

〈사례 7〉의 경우는 "축산농가의 경우는 그만두라는 것 같은 느낌을 받아요."라고 하면서 축산업에 대해서 정부의 대응방안이 미흡하다고 인식하고 있었다.

> 제가 생각하기에는 정부의 방안이 큰 농장 같은 경우는 살리고 조그만 축산 농가의 경우는 그만두라는 것 같은 느낌을 받아요. 정부는 축산 분야에 대해서는 거의 개방한 듯한 느낌을 주니까요. 한마디로 대응방안보다는 수입개방 쪽에 기울어졌다고나 할까……〈사례 7, 59세, 고졸, 농업경력 35년〉

〈사례 8〉의 경우는, 정부에 군납을 하고 있어서 타격이 클 것 같지는 않지만, 주위 사람들의 얘기로 미루어 보아 정부의 대응방안이 역시 미진하다고 인식하고 있었다.

> 저 같은 경우는 군납을 주로 하니까 크게 타격을 받는다고 할 수는 없지요. 그러나 여러 가지 상황으로 보아 정부의 대응방안이 미진하다는 얘기는 많이 하더라고요. 〈사례 8, 54세, 고졸, 농업경력 36년〉

〈사례 10〉, 〈사례 13〉, 〈사례 14〉, 〈사례 18〉의 경우는 정부가 수입개방에 대응할 새로운 농업기술을 농업인들에게 빨리 알려주어야 한다고 인식하고 있었다.

정부의 대응방안은 좀 더 새로운 농업기술을 개발하여 우리 농업인에게 빨리 알려주는 것이라고 생각합니다. 그래야 새로운 농업기술로 외국의 농산물을 이기고 그에 맞서서 싸울 거 아닙니까?〈사례 10, 57세, 중졸, 농업경력 31년〉

나는 신농업기술을 국가적 차원에서 많이 개발하고 새로운 농법을 널리 보급하면 수입개방에 대한 두려움도 적어질 것이라고 생각됩니다……〈사례 13, 51세, 고졸, 농업경력 26년〉

세상의 흐름이 어쩔 수 없다면 점차적으로 개방해야 한다고 생각해요. 우리의 살길을 준비하면서 최대한 끌어야 하지 않을까요. 농업인들에겐 최대한 많은 정보와 새로운 방향을 정부 차원에서 제시해 주어야 하지 않을까 하는데요. 제 경우는 한우축사를 개축하여 기술영농을 시도하고 있는데 제가 이렇게 결심하고 실행하기까지는 많은 시간과 정보가 필요했어요. 아마도 정부에서 이런 정보나 지도를 적극적으로 하였다면 시간과 노력이 많이 줄었을 겁니다.〈사례 14, 58세, 중졸, 농업경력 37년〉

저는 사과 농사를 짓는데 FTA 등 시장개방 등으로 예전보다 수입이 더 줄어든 거 같아요. 물가는 계속 오르는데 농산물은 조금씩밖에 오르지 않아 예전보다는 재미가 없어요. 이제는 사과의 품질을 좋게 하는 새로운 기술도 많이 개발되어서 좀 더 좋은 사과를 생산해야 사과 가격을 더 받을 수 있어요. 지금은 예전같이 팔리지도 않고 가격도 그리 높지 않아요. 저는 현재 농협에다 공동선별해서 판매하고 있는데 그리 큰 만족은 아니지만 그런대로 괜찮아요.〈사례 18, 57세, 중졸, 경력 25년〉

즉 위의 농업인들은 신농업기술이 수입개방에 대응하는 적절한 조치이며, 정부가 하루라도 빨리 기술영농을 농민들에게 보급해야 한다고 인식하고 있었다.

4. 농업인의 친환경농산물에 대한 인식

여기서는 친환경농산물 수입개방에 대한 정부의 대응방안과 친환경농산물의 생산에 대해 어떻게 생각하는지 알아보고자 하였다. 대부분의 농업인들은 친환경농산물 수입개방에 대한 정부의 대응방안이 아주 미약하거나 거의 없다고 인식하고 있었다(사례 〈4~6〉, 〈18〉).

친환경농산물의 수입현실은 잘 모르지만 정부에서 대책이 확실히 서 있는 것 같지는 않아요. 아마도 친환경 및 유기농업 등에 소홀하고 다른 부문에 더 신경을 써서 그런지 거의 무방비 상태인 것 같아요. 친환경 및 유기농업은 우리 입장에서는 잡초제거 등 잔일이 많고 비용도 많이 드는 데 비해 판로가 적어 힘들다는 생각이 드네요. 〈사례 4, 60세, 중졸, 농업경력 39년〉

친환경농산물에 대한 정부의 대응방안은 너무 약한 것 같습니다. 친환경농산물 수입증가를 빨리 감지하고 어떤 방안을 정부 수준에서 마련하든지 해야 할 텐데 말입니다. 저는 개인적으로 유기농 채소 생산을 준비하고 있습니다만 이것도 쉽지가 않네요. 우선은 도시민들의 인식이 무조건 모양이 좋고 큰 것을 좋아해서 잘 팔리지가 않아요. 한마디로 들어가는 비용에 비해 수익을 창출할 수 있는 판로가 적다고 볼 수 있지요. 〈사례 5, 52세, 고졸, 농업경력 30년〉

어려운 우리 농업을 극복하기 위해서는 친환경농산물과 유기농 생산이 중요한데 그것마저 유기농산물의 수입에 의해 큰 장애를 받고 있어 안타깝습니다. 아마 유기농산물의 수입에 잘 대응하는 것이 중요하지 않을까 하네요. 사실 유기농산물을 생산해서 판로개척한다는 것이 쉬운 일이 아닙니다. 우리 소비자들의 친환경에 대한 인식도 초보단계인데, 수입 유기농에 의존한 소비는 유기농산물 유통구조를 더 어렵게 한다고 생각돼요. 〈사례 6, 48세, 대졸, 농업경력 20년〉

친환경농산물의 수입에 대해서는 잘 모르겠고요. 저는 사과를 친환경적으로 재배하려는데 유기농을 하면 비용도 많이 들고 힘도 드는데 그만큼 팔리지가 않아요. 시장이 적어 잘 팔리지 않는 것 같아요. 정부는 유기농산물을 팔 수 있도록 유기농산물시장을 만들었으면 좋겠어요. 소비자들도 약간 흠집이 있고 벌레 약간 먹은 농산물은 외면하는 실정이라 유기농산물 재배는 참 힘이 듭니다. 소비자들의 유기농에 대한 인식은 아직 초보단계입니다. 〈사례 18, 57세, 중졸, 농업경력 25년〉

친환경농산물에 대한 인식은 친환경과 유기농을 일부라도 하고 있느냐는 질문과 애로사항을 물어본 결과 대부분 일부라도 친환경농산물을 짓고 있으며 대체적으로 고학력일수록 뚜렷한 응답을 보이고 있다. 또한 친환경농산물을 시작하게 된 동기로는 안전한 농산물 생산으로 소비자의 신뢰 확보를 위한 것이라는 응답이 있었고 그 다음으로 농산물시장개방에 따른 차별화 전략과 지속가능한 농업실현 등의 응답도 나타났다. 또한 애로사항으로는 노동력이 많이 들고, 재배기술의 미흡, 판매가격의 불안정 등의 응답도 나왔다.

노동력이 많이 들어간다고 응답한 것은 농촌인력의 감소와 노동임금의 상승과 관계가 있는 것으로 추정되고 있다. 〈사례 3〉, 〈사례 12〉, 〈사례 15〉, 〈사례 17〉.

저는 친환경농산물로 벼농사를 짓고 있는데 저는 안전한 농산물 생산으로 소비자들에게 신뢰를 회복해 소득의 증가를 높이려는 욕심으로 시작하였습니다. 그런데 소득증가도 생각만큼은 잘되지 않더군요. 친환경농산물을 경작하는 데 애로사항으로는 노동력이 많이 소요되고 생산비용이 많이 소요된다는 단점이 있어요. 그리고 잘 팔리는 편도 아니고요. 〈사례 3, 56세, 고졸, 농업경력 38년〉.

저는 감자만 아무런 비료도 농약도 치지 않고 농사를 짓고 있는데 잡초를 제거하는 것이 힘들어요. 저는 소득을 높이기 위해 안전하고 신뢰가 갈 수 있는 농산물을 생산할 욕심으로 감자만이라도 먼저 시작하였습니다. 그런데 비용은 많이 들어가고 힘은 드는데 수익은 생각만큼 나지 않더군요. 〈사례 12, 49세, 고졸, 농업경력 27년〉

저는 친환경농산물(사과)을 생각하게 된 이유가 수입개방 등의 압력으로 점차 기존의 농법으로는 어려울 것이라는 생각에 기존 농산물(사과)에 대한 차별화 전략에 대한 한 일환으로 시작하게 되었어요. 친환경농산물(유기농산물)의 판로 확보의 문제가 크다는 생각이 드는데 그에 비해 성과가 너무 작고 가격도 좋은 편이 못 돼요. 〈사례 15, 56세, 대졸, 농업경력 23년〉.

저는 솔직히 사과농사를 하지만 그동안은 약간씩 농약을 치고는 했어요. 전혀 안 치면 사과에 벌레가 있고 하여 판매가 힘들기 때문에 기준치보다 적게 치고 계속적인 농업이 가능한 방향으로 바꾸었습니다. 애로사항이라면 농약을 적게 치다 보니 생산량이 감소하게 되고 친환경농산물에 대한 판로 확보가 부족하다는 생각이 듭니다. 정부에서 판로를 개척할 수 있는 정책을 마련했으면 합니다. 〈사례 17, 41세, 고졸, 농업경력 17년〉.

이상의 사례 등에서 살펴보았듯이 대부분의 농업인들은 친환경농산물을 일부라도 짓는다고 응답하고 있으며, 그 애로사항은 주로 판로 확보와 방제 제초 등 기술적인 문제인 것으로 나타나고 있다.

친환경농업을 시작하게 된 동기로는 안전한 농산물로 신뢰성을 통해 소득 증대와 기존농산물과의 차별화 전략 및 환경정화 등 지속가능한 농업 때문이라는 응답도 나왔다.

현재 친환경농산물 생산량은 매년 큰 폭으로 증가하는 추세에 있으며 소비자들의 기호도 안전식품을 추구하는 방향으로 바뀌고 있다. 친환경농산물에 대해 가장 큰 애로사항으로는 유통체계의 미비를 들고 있는데 최근에는 직거래가 감소하고 백화점, 농협, 대형할인점 등에서 취급하는 친환경농산물도 점차 산업화되어 가고 있다. 중요한 것은 지속가능한 농업을 위해 농업·농촌문제의 중요성을 강조하고 유기농업의 확대를 통한 안전한 먹을거리 생산을 위해 노력해야 한다는 것이다.

친환경농산물의 유통 활성화를 위해서는 유통단계를 과감히 줄이고 대형매장이나 농협 또는 소비자와 연결하여 친환경농산물의 유통·소비를 확산하도록 해야 한다. 농협이나 대형매장의 경우 친환경농산물 전문코너 설치와 가까운 지역 판매장과 연계한 지속적인 공급시스템을 구축토록 한다. 그리고 친환경농산물의 대량 수입 방지와 학교, 병원, 대기업체 등의 대량 수요처를 적극 발굴토록 해야 한다. 이를 위해 안전한 먹을거리를 홍보하고 농업단체 및 유관기관과 연계하여 지역에서 생산된 친환경농산물을 이용하도록 추진한다. 지금까지 친환경농산물 가공제품은 대부분 수입품인데 이제는 국산 친환경농산물 가공을 확대하여 보다 많은 소비자들의 소비를 유도할 수 있도록 해야 할 것이다.

지금까지 농업인들에 대한 인터뷰 결과는 다음과 같이 요약할 수 있다.

첫 번째로, 농업정책이 현재의 농업현실을 반영하느냐는 질문에는 대부분이 농업현실을 반영하지 못한다고 응답하고 있다. 농업정책은 나름대로 현실을 감안한다고 하는데 농업인들의 동의를 얻지 못하는 것은 그 정책의 실행이 현장중심이 아니기에 농업인들은 피부로 느끼지 못하고 있는 것이 아닌가 한다. 농업정책의 실행에 앞서 농업인들의 신뢰와 광범위한 합의를 형성하는 것이 필요하다.

두 번째로, 농업인들은 수입개방화에 대해 어느 정도 알고 있으며 대체로 수입개방은 하되, 농업구조가 준비될 때까지 전면적인 수입개방은 막았으면 하는데 이에 대한 대응은 미진하다는 의견이 많았다. 수입개방에 대응하는 농업인들은 자신만의 농업기술을 개발해야 한다고 응답하며 신기술개발은 유기농법 등 친환경농법의 개발이 대부분이었다.

세 번째로, 친환경농산물에 대한 의견은 대부분 안전한 먹을거리 생산과 소비자 신뢰 확보가 중요하고 차별화 전략, 지속가능한 농업을 위해서 시작했다는 의견이 나왔다. 친환경농산물을 생산하는 데 애로사항으로는 손이 많이 가는 일이며 재배기술의 미흡 등

투입에 비해 산출이 적다는 의견이 있었다. 한마디로 많은 노동력의 투입에 비해 농가소득은 적다는 의견이 다수였다.

네 번째로, 외환위기 이후 우리의 농업은 예전보다 물질적으로는 나아진 것이 있을지 몰라도 마음은 더 힘들고 바빠졌다고 응답하고 있다. 이것은 신자유주의 이후 농업 부문의 상품화는 농가의 젊은 노동력이 줄어들고 각종 복지혜택을 줄이는 등 어려워진 농촌과 농촌 노령화와 관련이 있는 것으로 보인다.

제3절 농업정책의 대안 모색

1. 신자유주의에 따른 농업정책

정부는 신자유주의 시장개방에 대한 대응으로 농업인들이 시장환경에 적응할 수 있는 정책을 추진하였는데, 이를 바탕으로 한 지속적이고 가시적인 농업정책은 농가직접지불제, 농촌지역개발 및 농업인복지, 유통정책, 농가부채대책, 농정의 분권화, 친환경농업정책 등이 있는데 이를 각 항목별로 살펴보면 아래와 같다.

(1) 농가직접지불제도

농업인에 대한 안정적인 농가소득보전의 한 형태로 직접지불제가 확대되는 배경에는 WTO체제의 규율들을 고려하는 경우 가격지지 방식보다는 소득지지 등의 직접지불제도가 유리하기 때문이다. 우리나라는 WTO 출범 이후 경영이양직불제(97년 도입)와 친환경농업직불제(99년 도입), 논농업직불제('01년 도입), 쌀소득보전직불제('02년 도입), 친환경축산직불제, ('04년 도입)조건불리지역직불제('04년 도입), 친환경배합사료직불제 경관보전직불제('05년 도입) 등을 시행하고 있다(농협중앙회, 2004: 75).

이러한 정책은 소득보전이나 생산보전은 WTO 규정에 벗어나기 때문에, 직접지불제를 통해 생산과 가격에 연계하지 않고 농가에 직접 소득보조를 하려는 것이다. 직접지불제를 그림으로 요약하면 〈그림 4-4〉와 같이 나타낼 수 있다.

<그림 4-4> 정부의 직불제 정책 현황

목적 ＼ 분야	논	밭	축산
소득안정	논농업직불제		
	쌀소득보전	소득보전	
소득안정 / 구조조정	경영이양	부적지감귤	
	생산조정제	과원	
다원적 기능 제고	친환경농업직불제		친환경축산
			친환경배합사료
		조건불리지역직불제	
		경관보존직불제	

출처: 농협중앙회, 2004: 80.

현재의 직불제는 농지면적을 기준으로 하고 있으며 논과 밭으로 구분해 보면 쌀소득보전, 친환경농업보전, 경영이양보전과 같이 논을 대상으로 하는 직불제와, 조건불리지역직불제, 친환경농업직불제 등과 같이 밭을 대상으로 하는 직불제로 나눌 수 있다.

논과 밭별로 면적을 보면 대부분 논 중심이며 지불기준도 친환경축산을 제외하고는 농지면적 기준이다. 즉 ha당 지불단가를 결정하여 지급하고 있다. WTO협정상 직불제는 대체로 허용대상정책(Green box)에 포함되며 다만 쌀소득보전직불제의 변동형은 당 연도 시장가격에 연계하고 있기 때문에 감축대상정책(amber box)에 포함된다(김태곤, 2006: 146).

농업인에 대한 농가소득보조정책의 일환인 직불제는 소득안정을 위한 직불제, 농업의 공익적 기능을 위한 직불제, 구조조정을 위한 직불제로 나누어 볼 수 있다(농협중앙회, 2004: 78).

첫째, 소득안정을 위한 직불제는 목표가격을 정하여 고정형 직불(생산중립적 직접지불)과 변동형 직불을 통해 농가소득을 안정시키는 대책을 시행하는데 여기에는 논농업직불제와 쌀소득보전직불제가 있는데 논농업직불제는 고정직불금으로, 쌀소득보전사업은 변동직불금으로 개편하면서 하나로 통합하였다.[95] 밭작물에 대해서는 고정형 직불을 도입하는 방안을 검토하고 있다. 장기적으로는 농가단위의 소득보전직불제(소득안정계정)로 통합하는 방안을 강구하고 있는데 한국의 경우는 농가별 소득을 파악하는 데 어려워 쉽지 않을 것으로 보인다.

---

95) 고정직접불금은 쌀값과 상관없이 ha당 평균 70만 원씩 지급하며 휴경 시에도 지급하는 반면 변동직접지불금은 목표가격과 산지 쌀값 간 차액의 85%에서 고정지불금을 빼고 지원하며 휴경 시는 지원하지 않는다. 논 농업에 이용하는 농지면적이 300평 미만은 제외한다.

둘째, 공익적 기능을 위한 직불제로 친환경농업직불제가 있는데 이는 다양한 방식의 친환경 프로그램을 도입하여 조건불리지역직불제, 토양보전을 위한 수질정화기능 작물재배, 상수원보호구역, 국공립보호구역 등 환경보전을 목적으로 농업활동이 규제되는 지역에 대해 경관보전직불제를 실시하고 친환경축산직불제를 친환경농업직불제의 메뉴에 포함하여 실시하고 있다.

셋째, 구조조정을 위한 직불제는 현재 전업농 확대를 위해 시행되는 경영이양직불제가 있는데 지급단가가 낮고 고령층의 은퇴가 낮아 경영이양을 위한 수단으로도 미흡한 실정이다. 현재는 농지매도시 2,317만 원/ha을 8년간 분할 지급하고, 임대 시는 298만원/ha을 일시불로 지급하고 있다(농협중앙회, 2004). 따라서 2010까지 한시적으로 보조금을 대폭 확대하고 최장 10년간 매월 분할 지급하는 방식으로 개편하는 방안을 검토하고 있다.

그러나 모든 제도에 양면이 있듯이 직접지불정책도 문제가 있는데 첫째로, 직접지불의 기준이 생산의 과거실적에 근거하기 때문에 생산성 향상에 대한 유인이 적다는 점이다. 또한 지불단가가 높아지면 직불금 신청을 위해 농지소유자가 직접수급하거나[96] 임차지를 회수하는 등 구조조정에 역행할 수도 있다.

둘째로, 논농업 종사요건과 경작확인 등의 규정에 문제가 있을 수 있다. 이는 곧 서류의 조작이나 허위확인 등의 절차가 너무 쉽다는 것이다. 확인서를 마을이장 등 지역대표에게 확인도장을 받도록 하고 지급대상자의 소득규모 제한이나 지급면적의 상한규정도 없어 부재지주들이 끼어들 소지가 많다.

---

96) 직불금을 받으면 자경을 인정받아 양도소득세를 면제받을 수 있다는 점도 유리한 점이다.

셋째로, 직불제 간의 상충성인데 그 예로 경영이양직불제와 쌀소득보전직불제(고정형)는 서로 목적이 달라 경영이양직불제는 규모 확대를 목적으로, 쌀소득보전직불제는 규모의 고착화를 목적으로 하여 서로 상충되는 부작용도 발생하고 있다. 따라서 직불제의 종류를 늘리기보다는 부문별로 단순화하여 공익적, 환경적 기능을 살릴 수 있는 방향으로 확대해야 한다.

넷째로, 직접지불제는 대부분 논에 집중되어 있어 전체 농지의 40%에 달하는 밭에 대한 지불액은 5%에 불과한 형평성 문제를 초래하고 있다.

다섯째로, 직접지불제에 대한 제도적기반이 미흡하다는 것인데 이는 실시과정의 검증, 사후관리 등의 문제가 생기면서 관리체계 면에서도 업무별로 분산[97]되어 있다는 점이다(김태곤, 2006: 149).

사실 농가직접지불제는 농업구조의 개선을 위한 정책의 하나로 농업을 주업으로 하는 농가를 안정화시키기 위한 정책이라고 볼 수 있다. 따라서 직불금 수령자의 경지면적의 상한을 정하여 대규모 기업농이 과다수령을 받는 역작용을 없애 비교적 형평성 있는 직불제를 위해 노력해야 할 것이다. 직불제를 다양화하기보다는 공익적 기능을 위한 직불제와 농업기술 개발 등의 연구에 지원을 장려하고 농업인들의 자생력을 위해 제도적으로 심화시키는 것이 중요하다.

(2) 농촌지역개발 및 복지정책

신자유주의의 영향으로 농촌지역 및 농업인들의 삶이 점점 더

---

97) 관리체계의 분산은 다음과 같다. 논의 형상유지는 농어촌공사, 토양검사는 농업기술센터, 잔류농약 검사는 농관원에서 하고 있다.

어렵게 되고 농업의 규모화·전문화에도 농업이 개선되지 않아 이를 극복하기 위한 농업정책을 시도하였다. '국가균형발전 특별법'과 '농림어업인 삶의 질 향상 및 농산어촌 지역개발 촉진에 관한 특별법'(이하 삶의 질 법)의 제정이 그 예이다.

'국가균형발전 특별법'은 지역 간 불균형시정과 지역의 특성화를 목표로 하고 있다. 이 법은 '국가균형발전위원회'를 두어 주요 정책을 협의·심의하여 국가균형발전특별회계를 설치 운용토록 하고 있다. 이는 낙후지역 및 농산어촌 지역개발은 기반시설의 확충에 관한 사항, 주민소득에 관한 사항, 향토자원의 개발 및 활용에 관한 사업을 지원한다는 내용이다(농림부, 2006a). 이 법은 지방주도적체제의 전환, 지방 발전재원을 안정적으로 확보하고, 부처 간의 이해갈등을 조정하는 체제를 마련했다는 평가를 받고 있다. 그러나 구체적 목표가 분명하지 않고, 너무 큰 목표를 설정하여, 기존 법과의 중복성과 실질적인 조정이 쉽지 않을 것이라는 단점이 있다.

'삶의 질 법'은 농림어업인의 삶의 질을 넓히고 지역 간 균형발전을 도모할 것을 목표로 하고 있다. 이 법은 경관의 보존과 형성, 도농교류 등을 향후 농촌개발과제로 제시함으로써 농촌개발의 영역확대를 도모하고 있다. 그러나 이것도 선언법적 성격이 강해 실효성에 의문이 있으며 정책 추진에 있어서 주체성과 상향식 관점이 미흡하다는 단점이 있다(박진도, 2005a: 113). 따라서 이들 법에 대한 성공적인 안착을 위해서는 농촌개발정책의 주무부서를 하나로 통일시킬 필요가 있다.

다음으로 지역개발의 집중지원을 위해서는 안정적인 재원 확보를 위해 중기·장기로 예산계획을 세워 실행해야 한다. 계획을 중·

장기적으로 실행하기 위해서는 농촌개발을 구체적으로 수립하고 농촌현장을 잘 아는 농업인단체 또는 농업연구기관과 협력하여 실질적인 농업인의 뜻을 담은 정책을 상향식으로 조정해야 할 것이다(박진도, 2005a: 124). 지역개발사업은 지역별 특성에 따라 삶의 질이상향되는 방향으로 자율권을 부여하며 정부는 분위기만 조성하고 지역에 맞는 지역농업의 활성화는 지역농업인들이 자치적으로 개발·조직할 수 있도록 해야 한다.

현재 농촌의 고령화가 빠르게 진행되고 있는데 이는 농촌뿐만 아니라 사회·경제적으로도 세대 간의 통합과 균형, 연령 통합적인 접근이 요구되고 수요자 중심의 농업인 복지정책을 적극 시행해야 한다. 농업인들의 복지요구에 부응하기 위해서는 정부의 제도와 민간 부문의 참여를 통한 다원적인 복지정책이 필요하다(박대식, 2006: 193). 다른 부문도 마찬가지이지만 특히 경제적 약자인 농업인을 위한 농촌지역의 복지, 의료, 교육 등의 확충을 위한 적극적인 사회적 투자를 다른 부문보다 우선 해야 한다는 점을 강조하고 싶다.

(3) 유통정책

농업인들을 보다 가치 있고 부유하게 할 수 있는 방안의 하나는 새로운 유통체제의 발전일 것이다. 그동안 산지유통체제를 위한 물적 시설은 과잉공급되어 왔으나 그 운영 면에서는 초보적인 단계에 있었다. 미곡종합처리장(RPC)은 원래의 취지와는 달리 상업적으로 운영되고, 협동조합은 과잉생산된 쌀을 반타율적으로 수매하여 적자폭이 증가하는 등 산지유통시설은 출하능력은 충분하였지만 경영시스템은 초보단계로 아직 미숙하다는 평가를 받았다.

따라서 산지유통시설은 경영시스템과 결합하여 단순한 저장, 가공시설이 아닌 실질적인 주체활동으로 전환, 발전시키는 것이 중요하다. 이를 위해서는 도매시장과 물류센터 이외에도 소비자를 연결해서 묶을 수 있는 공동시설 운용도 검토해야 한다.

또한 유통정책의 하나로 농산물안정성조사, 농식품 수출지원, 우수농산물관리제 및 이력추적제, 원산지표시제도, 원예작물 브랜드 육성지원 등이 있으나 여기서는 우수농산물관리제 및 이력추적제를 중심으로 살펴보기로 한다. 우수농산물관리제도(GAP)는 농산물의 안정성 강화를 위해 농약, 중금속 등 식품위해요소를 생산 및 포장단계까지 관리하는 제도를 말하며, 농산물이력추적관리제도(Traceability)는 농산물의 생산부터 판매까지 이력을 기록해 농산물 안정성 문제 발생시 추적을 통해 원인규명 및 신속한 조치를 취하기 위한 제도를 말한다. 인증기관은 농협, 이마트, 롯데마트 등 21개 기관으로 지정하고, 수확 후 처리되는 위생시설 보완 등 인프라의 구축과 GAP 및 이력추적관리 정보시스템을 구축하였다.

그러나 이러한 정책 역시 홍보의 부족 탓인지 소비자들이 그 중요성을 잘 알지도 못하고 신뢰도 그리 깊지 못한 것이 현실이다. 한마디로 유통정책은 복잡한 여러 단계의 과정들을 축소하고 협동조합 등을 통한 직거래 등을 유도하도록 하여 정부는 농산물을 품질관리화하고 시스템화하여 소비자가 믿을 수 있는 품질관리가 되도록 소비지유통 개선과 판매장 확대를 통해 친환경소비를 확대시켜야 한다.

(4) 농가부채대책

신자유주의 무역협정으로 한국은 세계 곳곳에서 생산된 농산물을 수입했는데 이는 결과적으로 농산물가격 하락을 가져왔다. 이에 위기를 느낀 농업인들은 농업의 황폐화를 막기 위해 대출을 받았으나 갈수록 어려워지는 농산물가격 형성으로 결국 부채를 떠안게 되었다.

이 같은 구조적인 농업위기의 한 요소가 된 농가부채는 지원시기, 효과, 형평성 등에 많은 문제제기가 있었다. 부실화발생 즉시 조치하는 것이 아니라 사회문제로 부각되어야 대책을 내놓았으며, 소득수준이나 상환 실적에 관계없이 기준시점에 부채가 있으면 혜택을 보게 되어 형평성 문제가 야기되었다.

부채문제는 상환유예나 이자율 인하와 같은 것으로는 해결할 수 없는 농가가 많아 부채대책은 일시적으로 위기에 처한 농가를 지원하는 정책에 한정하고, 소득보조정책과 같이 병행해야 한다. 소득보조정책을 강화하면 상환능력이 있는 농가는 부채대책이 필요하지 않기 때문에 부채대책을 금융정책으로 한정할 수도 있다. 지금과 같이 부채대책이 농가소득보조의 수단으로 인식되는 한 소득분배의 왜곡과 금융질서까지 깨지게 될지도 모른다(박성재 외 1인, 2003). 따라서 과감한 채무조정을 통해 농가재무 구조개선과 농업인들의 소비성향을 절약하는 분위기로 바꾸고 농업금융질서를 바꾸는 것이 필요하다.

현재 부채상환을 촉진하기 위해 정상 상환하는 경우 상환액의 1년간 이자액의 40%를 환급하고 있다. 그러나 농업 분야의 부가가치가 22.4조 원인 점을 고려하면 5.9조 원에 달하는 상호금융저리자금을 상환할 경우 금융위기를 야기할 수도 있다는 문제점도 고려해야 한다(농림부, 2006a). 농업금융은 생산을 촉진하고 소비를 충족하기 위한 의도에서 만들어졌었지만 이제는 상황이 많이 달라져 변동금리를 적용하여 과수요를 억제하는 것도 농업구조를 건전화시키는 장기적인 대안의 하나가 될 것이다.

(5) 수출지원 및 친환경농업정책

농산물시장개방에 따라 지금까지 관세 및 비관세 장벽에 의한 보호와 정부의 지원 등은 더 이상 정부의 보호를 기대할 수 없는 상황으로 변하였다. 따라서 각 국가들은 자국의 농업을 위해 시장적 요소를 도입하면서도 효과적인 대책으로 자국에 맞는 지속가능한 친환경농업을 도입하고 있다.[98]

시장개방에 따른 농가소득의 감소는 농업의 안정적인 발전을 저해하므로 정부는 농업의 지속적인 발전을 위해 다양한 정책을 모색하게 되었다. 그 다양한 정책은 농가소득안정장치를 제도화하고 농업을 기본적으로 시장기능에 맡기되 시장 실패의 우려가 있는 부분은 정부가 적극 개입하여 바로잡는 것이다. 농산물교역은 한편 국경을 상호 완화하는 계기가 되고 동시에 기회로 작용하여 농산

---

98) 이들 친환경을 효과적으로 보존하기 위해 첫째, 친환경농업체계에 대한 국민들의 인식이 필요하다. 이는 산사태와 같은 토양침식과, 친환경 활동을 관리하는 것을 민간중심으로 운영하게 하여 그 활동의 중요성을 인식게 하는 방안이다. 둘째, 물관리체계와 다른 생태보전 등과 같은 활동과의 통합관리이다. 수질보전, 생태보전, 오폐수 관리 등을 하나로 통합하고 주민의 참여를 적극적인 참여를 유도하는 방안이 적극적으로 이루어져야 한다. 셋째, 친환경 경관보존에 대한 적극적인 국가 보조가 필요하다. 하지만 이것을 농업지원에 포함시키기에는 어려움이 있기 때문에 지방자치단체 나름대로 지원하면서 이를 중앙정부가 통합 지원하는 별도의 접근이 이루어져야 한다.

물 수출을 위한 상품화, 현지유통업체 직수출, 수출홍보 등에 대해 적극 지원하고 있다. 그 지원대상은 채소, 과일, 화훼, 김치, 인삼, 축산물 등이며 수출물류비도 지원하고 있다. 또한 시설의 현대화나 수출업체의 원료농산물 수매·가공 및 운영비용인 수출운영 활성화 자금도 저리로 융자해 주고 있다. 따라서 보다 큰 수출을 위해서는 수출농산물에 대해 생산이력제 도입과 우수농산물관리제도(GAP) 등 품질을 보증할 수 있는 품질인증제 확대, 그리고 위해요소중점관리제도(HACCP) 확대 실시 등을 통해 품질경쟁력을 향상시킬 필요가 있다.

농산물에 대한 소비자들의 신뢰성 제고를 위해 농산물의 생산·가공·유통에 이르기까지 투명성을 확보하고 품질에 대한 확신을 줄 수 있어야 한다. 나아가 농산물의 국제적 브랜드를 만들어 농가소득을 위한 수출시장의 다변화 노력도 필요하다. 이는 식품산업의 육성과 연구개발을 통해 농산물의 부가가치를 높이고 식품클러스터를 조성하여 수출확대를 위한 노력에 힘써야 한다.

현재 한국의 농산물 수출은 미국과 일본 등 일부 국가에 의존하고 있고 그것도 동포들을 주 고객으로 하기 때문에 수출 증대에는 한계가 있다. 따라서 농산물 수출시장을 확대하기 위해서는 수출관련 기관들의 조직적인 네트워크와 적극적인 마케팅이 필요하고 지금까지 시행해 왔던 시장중심적 정책수단들을 전체적인 사회적 맥락에서 생각하는 발상의 전환도 필요하다.

최근 웰빙 추세의 확산으로 소비자의 생활패러다임이 변하면서 친환경농산물에 대한 관심이 증가하고 있다. 정부도 친환경농업의 육성을 위해 '친환경농업육성 5개년계획'을 홍보하고 있으며 광역 친환경농업단지 조성 및 친환경농자재지원 확대, 친환경농산물 소비 촉진 및 유통 활성화 대책을 추진하고 있다. 그러나 이러한 정책들은 너무 세분화되어 있고 소비자들의 관심과 다른 부문이 많다. 친환경농산물의 중요성을 소비자들에게 인식시키기 위해서는 생산·유통·가공 분야의 체계적인 관리, 생산이력제를 통한 생산자와 소비자의 교류확대 등을 통해 신뢰 확보가 이루어져야 한다(김창길 외, 2006: 288). 그리고 친환경농산물의 가격이 적정한 수준에서 유지되도록 생산 및 유통 부문의 개선이 동시에 이루어져야 한다. 생산자들에게는 친환경농업직불제의 단가를 상향 조정하고 친환경농업이 정착될 때까지 지원규모 확대를 통한 적정가격 생산이 되도록 해야 한다.

유통 측면에서는 소비자가 신뢰할 수 있도록 우수농산물관리제도(GAP), 생산이력제 도입, 위해요소중점관리(HACCP) 등을 엄격히 관리하고 소비자들이 저렴한 가격에 접근할 수 있도록 유통단계를 과감히 줄여서 가능하면 직거래 등을 통해 가격을 낮추어야 한다. 또한 소비자의 선호에 따른 판매전략도 필요한데 소비자가 원하는 규격대로 포장하여 소비자가 가격이나 규격 면에서 쉽게 접근할 수 있도록 해야 한다.

지금까지의 농업정책은 주로 농업만을 대상으로 하였으나 이제는 농업뿐만 아니라 농업인과 농촌문제를 포함하는 종합적인 접근이 필요한 시점이다.

예전의 농업정책 개념에는 공동체적 책임에 대한 명분과 보호를 위해 보조금 지급이 가능했으나 이제는 자유무역과 시장논리가 강조되어 보조금 지급이 점차 어려워지고 있다. 따라서 요즘의 새로

운 전략의 핵심으로 실천성과 실용성 중심의 가치를 지향하도록
해야 한다. 그렇다고 농업을 시장가치로만 평가할 것이 아니라, 시
장도 전체 사회 부문의 하나라는 것을 고민해 봐야 한다.

현재 한국의 친환경농업정책의 방향을 간략하게나마 제시하면
다음과 같다.

첫째로, 관행농업 위주에서 벗어나 친환경농산물 생산을 바탕으
로 소비자의 욕구에 맞는 고품질 농산물을 생산하는 체제로 유도
하고 지역농업인들의 복지를 중시하는 정책을 제시해야 한다. 먼저
친환경농업의 생산을 위해서는 친환경농산물에 대한 소비자들의
행태를 분석해야 하는데, 그 분석결과에 따르면 소비자의 친환경에
대한 신뢰도는 높은 편이나 인증단계의 이해는 낮고, 안정성은 민
감하게 반응하는 것으로 나타난다(김창길 외, 2006: 283). 또한 친
환경농산물의 속성에 대해서는 맛이나 외관보다 안정성과 친환경
성에 더 높은 가치를 부여하는 것으로 나타났다(김창길 외, 2006:
281). 친환경농산물 소비를 활성화하기 위해서는 소비자 요구에 부
응하는 포장단위와 농산물판매코너 설치, 적정한 가격공급 등의 소
비자 지향의 전략이 필요하다.[99] 이것은 지역의 관점에서 종합되
어야 함을 전제로 하는 것이다.

그동안 농업정책은 산업 부문 중심적이어서 지역에 기초한 종합
적 농촌정책은 거의 추진되지 않았다. 정부는 그동안 농업+농촌

---

[99] 현실적으로 친환경농업을 위해서는 상당 기간 수입감소를 감수해야 하며 유기농의 경우 지력
회복에 5년 정도 걸리기 때문에 이 기간 동안의 소득대책을 준비해야 한다. 한 지역 안에서
관행농업과 친환경농업이 혼재할 경우 친환경농업이 피해를 볼 수 있기 때문에 한 지역 전체
를 친환경농업으로 전환해야 하는데 이것은 사회적 시스템의 구축 등으로 판로 확보와 신뢰
구축이 이루어지도록 정부가 적극 나서야 한다.

＋농업인이란 점에서 종합이었지 정책 상호간의 유기적인 관련성이 부족하였기 때문에 이제는 농업·지역·환경을 포괄하는 통합적 농촌정책으로 전환해야 한다(박진도, 2005a: 94).

둘째로, 한국농업에 맞는 소농구조의 친환경농업 협업시스템구축이 필요하다. 경쟁력 강화를 강조하고 전업농, 기업농 육성을 기본방향으로 하는 농정은 현실적으로 한계가 있으며 이들이 강조하는 규모화는 관행농업의 규모화, 기계화, 화학농업의 확대를 가져와 한국농업의 가치를 점차 떨어트리게 될 것이다. 신자유주의에서는 이 자유무역의 농업이 자연적·역사적 조건에 얼마나 영향을 받는가 하는 점은 고려하지 않는다. 그런데 친환경농업은 기계적이고 관행적인 재배가 아니라 자연과의 교감 속에서 끊임없이 학습하며 경작한다는 특성이 있다. 따라서 한정된 농지에서 경작해야 하는 소농구조는 여기에 적합한 형태라고 볼 수 있다.

더욱이 한국의 농업구조는 가족노동에 근거하는 평균 1.2ha 수준의 소농형태를 띠고 있어 정부는 그 장점을 살려 적극적인 지원이 될 수 있도록 지원을 해야 한다. 소농의 조직은 소농들 간 원활한 의사소통을 통해 다양한 지식과 바이오 기술을 습득할 수 있도록 지원한다. 또한 같은 지역에서는 작목의 배합에 따라 생산이 달라질 수 있기 때문에 유기적인 협업은 매우 중요하고 소농 간 협업은 지역조직으로 발전시켜 생산자와 소비자의 간격을 최소화하면서 적극적 관계를 통해 농산물이 유통되도록 하게 한다. 이 시스템은 몰개성적인 수직적 통합이 아니라 농업의 독창성을 기반으로 한 수평적인 협력이 강조된다.

현재 정부가 추진하고 있는 지역농업의 정책은 농산물의 생산·

유통·가공 등과 관련된 주체들이 산·학·연·관 등과 네트워크를 형성하여 지역상품을 개발 판매하고 지역경제발전과 농업인 소득 증대에 기여할 수 있도록 하는 지역농업 클러스터를 추진 중에 있다. 따라서 민간 부문은 시장의 효율성을 중심으로 한 역할에 충실하고, 정부는 농업의 시장실패나 공공성의 문제를 관리함으로써 각 역할에 대한 조정과 올바른 관계정립에 힘써야 한다. 단, 소농들 간의 소통이 원활할 수 있는 협업시스템을 구축하면 더 효율성이 클 것이다.

셋째로, 친환경농업 지역공동체 비전에 대한 국민적 합의 도출이 필요하다.

늦게나마 정부는 지역농정 체제의 확립, 지방농정의 강화 등을 강조하였다. 또한 국제화, 지방화 시대에 맞추어 농정의 수립·추진에 농업인의 참여를 확대시키고, 농업인이 주인이 되는 농정을 표방하였다. 그러나 실제로는 농업인을 농정에 참여시키지 않고 지방분권으로 아직 완전히 전환하지도 않았다.

그 예로 농가부채에 있어 정치적인 논리로 예산을 집행한 결과 보조금이나 저리융자에 현혹되어 다소 필요성이 적은 농가도 대출을 얻게 되었고 결국 농산물가격 하락으로 농가부채만 남긴 채 실패로 끝났다. 또한 정부는 국내 농업발전을 위해 '농어촌 발전위원회'(이하 농발위)를 구성하였지만 정부는 '농발위'의 건의를 제대로 수용하지 않았다. 그것은 결국 농업계의 여론을 무마하기 위한 임시방편이었다고 할 수 있다. 그러나 이제는 농정의 대상과 범위가 국민경제로 확대됨에 따라 농정에서 국민적 합의의 중요성이 중요해지고 농업문제가 농업관계자뿐만 아니라 국민생활에도 영향을 미치게 되어 비농업인의 합의 없이는 농업에 대한 지원이 불가능해졌다.

예전의 농업생산이나 농가소득이 농업인을 대상으로 하였다면 오늘날의 농정은 농업생산이 식품의 안정성과 영양공급, 환경보전과 농촌지역의 발전 등 농업인과 비농민 모두를 포함하는 것이기 때문이다(박진도, 2005a: 99). 이러한 농업가치에 대한 국민적 합의를 얻기 위해서는 지역공동체의 바람직한 모델 설정과 도시와 농촌의 교류를 더욱 확대해야 한다. 지역공동체는 자체 힘으로 농업 문제를 해결할 수 있다는 전제 위에 국가지원이 결합되는 형태이다.

지역공동체는 공동체적 인간관계 회복을 통한 삶의 질 향상을 중시하며 운영은 비영리조직으로 자율성과 자발성에 근거하여 운용하고 판매는 주말농장 또는 생활협동조합 또는 기존의 농협매장 등을 통해 소비자들에게 안전한 먹을거리를 제공하는 것이다.

생활협동조합운동은 현재 안전한 먹을거리의 공급을 위주로 한 소비자운동을 하고 있지만 궁극적으로는 농촌의 공동체 복원의 가교역할을 해야 한다. 또한 정부는 농업 부문의 비교역적 NTC(Non Trade Concerns) 기능의 필요성과 그 지속적인 논리개발이나 대국민 홍보에 소홀하였는데 여기에 관심을 가져야 하는 까닭은 안전한 농산물과 쾌적한 국토공간에서 삶은 농업의 다기능성이 지속적으로 유지되어야 가능하다는 공감대를 확보해야 하기 때문이다.

2. 위기농업 대안에 대한 검토

지금까지의 농업정책 성격은 신자유주의 농업정책을 위한 무역자유화를 통해 규모의 농가경제로 구조개혁하여 농가의 경쟁력을 높이고자 추진하는 방식이었다. 그러나 이러한 정책방향으로 여러 문제들이 발생하자 정부는 보완책으로 여러 가지 농업정책들을 내놓기 시작했다. 그러나 신자유주의 농업정책을 추진한다는 방향을 설정해 놓고 그 보완책으로 부분적인 정책들만 내놓아서는 결코 농업문제에 대한 해결이 될 수 없음을 앞에서 살펴보았다. 각 보완책들은 일정한 틀 안에서 패러다임의 변화가 아닌 개량적인 태도를 취하고 있으며 각 정책들마다 약간씩의 소견을 붙이기는 했지만 근본적인 해결책이 될 수는 없었다.

지금까지 이 글은 간간히 의견을 제시한 것 말고는 정부정책을 거의 그대로 나열했는데 이는 한국농업현실을 있는 그대로 살펴보기 위함이었다. 따라서 정부의 정책방안으로 제시된 것 중 일부를 제시하고 이들 주장의 문제점과 그 대안으로 친환경농업(유기농업)에 기초한 지역농업화를 제시하고 가능하다면 기존의 패러다임을 바꿀 수 있는 농업체계를 제시하는 것이 중요하다 할 것이다.

(1) 영농의 '규모화' 및 '산업화'

농업이 어려운 이유 중의 하나가 소농구조 때문이라고 보면서, 영농규모를 키우고 규모화·산업화하면 우리 농업도 경쟁력을 가질 수 있다고 주장한다.

한마디로 규모의 경제가 영농의 효율성을 가져와 농산물의 가격을 낮출 수 있고, 그렇게 되면 외국 농산물과 경쟁이 가능하다는 것이다. 이는 농업생산이 규모화·시설화되면 생산성이 높은 전업농가가 농업생산을 담당하고, 또한 농지는 대농층으로 집중되어 시설원예, 과수, 화훼산업 등 자본집약형 농업으로 전환되어 규모의 이익을 본다는 것이다(성진근 외, 2004: 199). 이미 지금의 농업정책방향은 이러한 방향으로 움직이고 있는데 이러한 정책에도 몇 가지 문제를 내포하고 있다.

첫째, 이미 규모화 정책으로 많은 투자를 했음에도, 한국의 농업경쟁력은 여전히 어렵고 농촌이 공동화되어 간다는 점이다. 정부의 관점은 영농규모를 확대하고 시설을 현대화하여 생산비를 낮추게 되면 외국농산물과의 경쟁에서 이길 수 있다는 것인데, 오히려 그 과정에서 농민들의 과다경쟁만 유발시켜 이름뿐인 브랜드의 양산과 시설투자로 인한 농가부채를 증가하게 하여 농업을 더 어렵게 몰아가고 있다.

둘째, 전업농·규모화로 경작규모를 늘리면 외국 농산물과 경쟁력이 생긴다는데 이는 한국농업현실을 무시하는 것이다. 우리나라의 농경지는 규모를 아무리 확대해도 선진농업국(미국)의 100분의 1밖에 안 되고, 생산비를 아무리 줄여도 중국의 5배 내지 10배가 되는 현실에서 농지를 규모화하자는 관점은 무리가 따른다. 더욱이 한국의 경우 일부 지역을 제외하고는 대부분 경사가 있는 경작지여서 경지 확대나 규모화를 위해서는 초기 투자가 많이 들 수밖에 없다. 따라서 경작지의 지가가 비쌀 수밖에 없어 영농규모를 확대하는 데 제약이 되고 있다(김종덕, 2005b: 24).

셋째, 영농 규모를 늘린다 해도 저가의 수입농산물과 경쟁력을 가질 수 있는 작물(품목)은 소수에 불과할 것이다. 한국의 경우 농산물의 생산비용(노동임금, 토지비용, 생산재비용)이 높기 때문에, 외국의 저가 농산물과 경쟁할 수 있는 작물은 그리 많지 않고 규모를 키운다고 해도 한국농산물이 가격 경쟁력을 갖는다고 확신할 수 없는 현실이다. 따라서 한국농산물이 상대적으로 가격을 낮추기 위해서는 연구개발과 생산·유통뿐만 아니라 모든 과정을 효율적으로 수행하는 시스템을 확보해야 한다.

넷째, 신자유주의에 의한 규모의 확대를 통한 영농은 시장경쟁 때문에 일반(관행)농업으로 지향할 가능성이 크다. 그 이유는 외국에서 수입되는 농산물과 가격경쟁을 하려면, 친환경농업보다는 가격효율성이 높은 관행농업으로 나갈 수밖에 없기 때문이다. 이미 알려진 대로 관행농업은 생산자인 농민은 물론, 소비자 그리고 환경 등에도 부정적인 영향을 미친다. 이는 결국 농업이 시장의 상품화로 전락하여 국민들에게 안전한 먹을거리의 제공보다는 돈을 얻기 위한 수단으로 전락하였기 때문이다. 또 단기간에는 시장에 많이 팔아 이윤을 얻을 수 있겠지만, 장기적으로는 안전한 먹을거리를 원하는 국민들의 관심에서 벗어나게 되어 지속가능한 농업이 되기 어렵다.

(2) 벤처농업(첨단기술 도입)과 신지식인 창출

이동통신과 통신기술의 발달은 초국적 기업들이 신흥시장을 찾아 전 세계를 누비는 데 큰 발판을 제공했으며 이 초국적 기업들은 막강한 자본과 정치력을 앞세워 신자유주의를 전 세계로 전파하기에 공을 들이고 있다.

이에 편승하여 한국도 아이디어와 벤처농업으로 그리고 신지식인 창출을 통한 경쟁력을 확보하자는 주장이 있다. 이 방안은 일부 연구자, 농림부 등에서 제시하는 방안이다. 몇몇 성공적인 농업인들을 예로 들면서 농업도 잘하면 경쟁력을 가질 수 있다고 주장하는데 민승규, 강신겸은 우리나라 농업의 회생방안으로 '벤처농업'[100]을 강조한다.[101] 벤처농업은 첨단기술과 아이디어를 조합하여 농업의 생산력과 판매를 높이려는 방안이다. 벤처농업의 유형으로 (1) 기본에 충실, (2) 마케팅으로 승부, (3) 아이디어와 기술의 접목, (4) 전통의 재발견, (5) 하이테크에 도전, (6) 해외시장 개척, (7) 농촌지역의 관광 상품화, (8) Off – line과 On – line의 결합을 들고 있다(민승규 외, 2000).

정부가 발굴하여 지원하는 신지식농업인도 위기극복 방안의 하나로 제시하고 있다. 신지식농업인이란 지식의 생성, 저장, 활용, 공유를 통해 농업의 생산, 가공, 유통 등을 끊임없이 개발, 혁신하여 높은 부가가치를 창출하고, 나아가 농업, 농촌의 변화를 주도하는 농업인 또는 농업법인을 말한다.

---

100) 벤처농업의 사례로 (1) 안방에서 인터넷으로 농사짓는 eCyberFarm.com (2) 쌀의 명품 풍년농산 (3) 초콜릿 틈새시장의 독보 브랜드 본정초콜릿 (4) 고기능 약재로 수출되는 장생도라지 (5) 국제경쟁력을 가진 민속주 가야곡양주 (6) 조류 분양을 고소득 사업으로 이끈 통영관상 조류농장 (7) 고품질 버섯과 첨단기술의 만남 한우리영농조합법인 (8) 과학적 사육으로 승부하는 정우미네랄포크 (9) 상황버섯 하나로 국경을 허무는 버섯돌이3형제 (10) 유기농산물의 대표 브랜드 학사농장 (11) 인터넷 쇼핑몰로 유통구조를 혁신한 농부가 (12) 가뭄, 태풍도 이겨내는 '전천후 과수원' 현명농장 (13) 농촌마을의 상품화 토고미 마을 (14) 교육공간이자 버섯신비의 체험장 김영표버섯명가 등이 있다(김종덕, 2005b: 25).

101) 우리나라에서는 2000년 4월 벤처농업이라는 용어가 처음 등장했고, 300여 농업인들이 자발적으로 벤처농업 포럼을 조직하여 활동하고 있다(민승규 외, 2000).

216

이러한 아이디어와 첨단기술 도입을 통한 신지식농업인과 벤처농업 활용방안도 몇 가지 문제를 내포하고 있다.

첫째, 농업은 기본적으로 식량공급 차원의 산업이기 때문에 일부 품목과 농가를 제외하고는 벤처농업으로는 국민들의 먹을거리 생산과 공급이 충분하지 못하며, 농산물가격과 공급의 불안이 계속 일어날 것이라는 점이다(김종덕, 2005b: 25).이 방안은 자본적 차원의 농업생산이고 따라서 농업의 다원적 가치 창출은 어렵고 소수의 성공적인 농업인들은 몰라도 다수의 농업인들은 점점 더 어렵게 될 것이라는 점이다.

둘째, 신지식인은 지식을 통한 대량생산과 생산비의 절감을 통해 저가 농산물 공급을 전제하는데 이는 신자유주의 시장원리에 충실한 방안이라고 볼 수 있다(ex. 하우스 송이재배, 고밀도재배, 반환경적 단작대규모재배). 그러나 농업은 그 특성상 시장원리에 의한 효율성과 능률성만으로 평가해서는 지속적인 농업발전을 실현하기 어렵다. 풍요롭고 지속적인 농업의 발전은 전 국민들의 자발적인 동의와 안전한 먹을거리의 확보를 위해 효율성은 좀 떨어져도 먹을거리의 안전성과 식량안보 등이 우선되어야 하기 때문이다.

셋째, 벤처농업의 기준에 맞추어 직접생산 가능한 작물이 그리 많지 않다는 점이다. 농업은 농작물의 특성상 유기적인 과정을 거치는 생물이기 때문에 벤처산업이나 아이디어로 개발 가능한 생물은 한정되어 있다. 대부분의 농작물은 정상적인 성장과정을 거쳐야 하는 것들이고 그렇지 않은 것은 유전자 조작 등을 통한 비정상적인 농작물의 개선만이 가능하다.

따라서 소수의 성공사례를 확대하는 어려움과 성공한 농업인도 소수에 머무를 수밖에 없으며 이를 위해서는 많은 연구비용과 시간이 따르기 때문에 전체적으로 보면 그 효율성은 떨어진다고 보아야 한다. 또한 핵심적인 소수만이 영농에 종사하게 되므로 나머지 대다수 농업인들의 잉여노동력 문제와 농업노동자층의 문제도 생기게 된다.

(3) 친환경에 기초한 지역농업의 조직화를 지향하며

친환경에 기초한 지역조직화 방안은 김종덕(2005), 박진도(2005) 등이 제시하고 있으며 신자유주의에 대한 대응의 기본방향으로서 동의한다.

현재 한국농가의 대부분은 소수의 기업농을 제외하고는 대부분 가족농으로 구성되어 있는데 이것은 그동안의 농업정책 영향이 컸다. 따라서 현실을 감안하여 그동안의 농업희생에 대한 보상, 위기의 농업을 지키는 것에 대한 급부로 소규모 가족농들의 농업재생산 조건을 만들어 주어야 한다. 그렇게 될 때 가족농들은 영농을 지속하면서, 안정적이고 상대적으로 안전한 농산물을 생산할 수 있다.

소규모 가족농의 영농에 정부뿐만 아니라 소비자들의 관심과 지원도 필수적이다. 이는 친환경농업에 대한 생산자와 소비자를 조직적으로 연결하여 농업의 지역생산, 지역소비가 함께 이루어지도록 제도화하는 협조관계의 구축이 중요하다고 할 수 있다(〈그림 4-5〉 참조). 친환경농산물의 직거래는 이웃 간 혹은 도·농 간의 공동체문화 정신의 복원이 필요하다(박진도, 2005a: 181). 따라서 친환경농업의 발전을 위해서는 생산자와 소비자를 연계하는 프로그램을 강화하고 지원하는 정책을 실시할 필요가 있다.

그런 의미에서 99년부터 추진하고 있는 '농·소·정 협력사업'[102]은 나름대로 의미가 있다. 이 사업은 초기 의지가 많이 퇴색되어 전시성 행사라는 비판도 있지만 기본적으로 친환경농업생산자와 소비자 간에 상호 이해를 마련했다는 점에서 의미가 크다. 초창기에 지원을 받은 단체들은 농업인들과 교류하는 농촌체험, 전시판매 및 직거래사업지원 등과 같은 홍보사업 등을 많이 하였다(박진도, 2005a: 182).

<그림 4-5> 친환경농산물의 생산과 소비의 체계

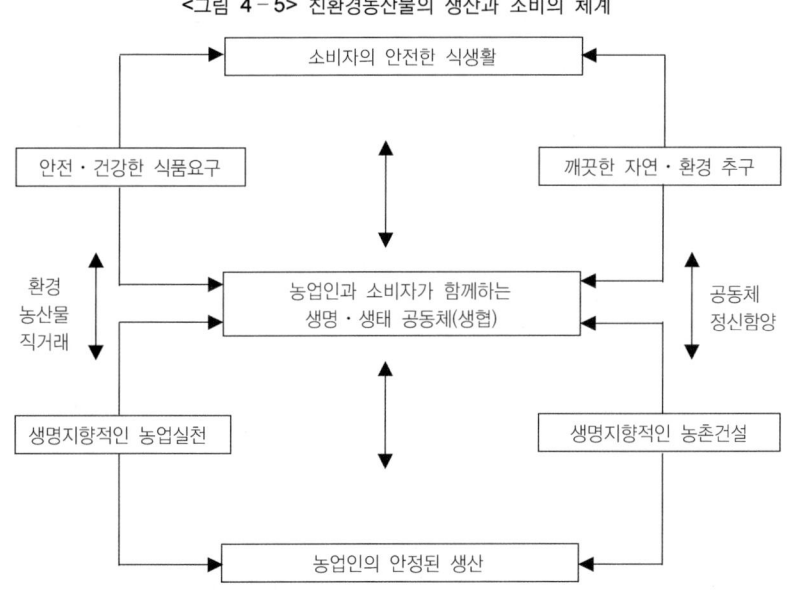

출처: 박진도, 2005a: 182. 재인용.

---

102) 이 사업은 농민, 소비자, 정부가 협력해 도시와 농촌 간의 교류를 활성화하고 농업과 농촌에 대한 이해의 증진과 농업발전의 틀을 마련하기 위해 만든 사업이다(박진도, 2005a: 182).

친환경 지역농업은 국내에서 생산된 친환경농산물과 외국에서 수입된 농산물과 차별화한다는 점에서 필요하고 바람직한 방안이며 지속가능한 농업이기 때문에 매우 바람직하다. 하지만 현재 단계에서 친환경농업만을 우리 농업의 위기극복 방안으로 하는 데는 다음과 같은 어려움이 있다.

첫째, 현재 한국의 현실에서 친환경농업의 확산은 구조적으로 어려운 점이 많다는 것이다. 정부의 친환경농업정책의 실시, 의식 있는 농민, 사회단체 등의 노력으로 친환경농업의 확산이 이루어지고 있으나 시대의 변화에 비해 친환경농업은 매우 느리게 진행되고 있다는 점이다.

현재 소비자들이 친환경 수입 농산물을 많이 이용하게 되는 것은 가격 때문이고 또한 소비자들이 농업인과 단절되고 단순한 상품의 소비자로서 위치하여 있기 때문이다.[103] 한마디로 한국에서 친환경농업은 생산비가 많이 들어가기 때문에 수지가 맞지 않는다는 것이다. 거기다가 정부의 정책방향은 효율성과 경쟁력이 높은 산업형 농업을 유도해 왔기 때문에 이에 기반을 둔 농업은 식품산업, 농기업, 대규모 기업농, 수송산업의 이해를 선호하고 이들 농기업들은 기업 합병과 인수·연합 등을 통해 농업부문의 전 영역을 지배하고 있다.

이러한 현실에서 친환경농업에 근거한 지역농업을 활성화시킨다는 것은 어려움이 많다. 왜냐하면 자본은 식량생산, 가공, 유통, 분배를 통해 자본축적을 하며, 식량, 종자, 생명의 지배를 통해 영향

---

103) 신자유주의 체계에서는 생산자와 소비자의 관계가 단절되어 있기 때문에 농민들은 경작위기, 농산물 판매 위기를 겪고 있고, 소비자들은 농업을 지탱하는 역할을 하지 못하고 있다. 이것은 특정 국가에 국한된 것이 아닌 전 세계적인 현상이다(김종덕, 2005).

력을 행사하기 때문이다(김종덕, 2005b: 27).

둘째, 친환경농업의 경우 농업인과 소비자의 유통망 연결이 제대로 이루어져 있지 않다는 점이다. 친환경농산물 생산자의 가장 큰 문제는 앞서 살펴본 농업인들의 인식에서도 나타나듯이 친환경농산물의 유통망 부족을 지적하고 있다. 한마디로 친환경농산물을 생산해서 판매할 곳이 부족하다는 것이다. 이에 생산자들은 판매를 위해 대기업, 대형 유통망을 이용하게 되는데 이들 유통업체들은 낮은 가격을 요구하기도 하고, 친환경농산물에 맞지 않는 환경에 부담을 주는 포장을 요구하기도 한다.

이러한 기업화된 유통망은 지역농업의 발전과 식품안전을 위협하는데 이는 식량을 원거리에서 이동해 오기 때문이다. 또한 이러한 장거리 수송은 환경에 부정적으로 작용한다는 것을 농업인과 소비자들이 그 문제점을 인식하기 시작하면서, 아직 초보적이긴 하나 지역농업체계에 대한 관심과 참여가 늘어나고 있다. 그렇다면 친환경농업이 무엇이고 지역농업체계가 무엇인지 그 형태와 특성을 살펴보기로 한다.

(가) 친환경농업의 개념 및 지역농업의 특성

친환경농업은 환경에 거스르지 않고 에너지와 비료 등을 최소화시키면서 생태계의 원리를 과학적으로 응용하는 유기농업을 말한다(농협안성교육원, 2004: 3). 여기서 친환경농업[104]은 유기농업을 포함하는 개념으로 사용할 것이다. 이는 농약잔류문제, GAP(Good

---

104) 한국의 경우 친환경농산물의 인증단계를 저농약, 무농약, 전환기, 유기농 단계로 나누고 있다.

Agricultural Processing)와 HACCP[105](Hazard Analysis Critical Control Points)등으로 대변되는 식품의 안정성 중시 등을 포함하는 개념도 포함한다.

신자유주의 농업이 경제적 효율성에 주력한다면, 친환경적 농업 체계는 생산과 환경오염을 분리하는 생태적 효율성에 주력한다. 여기에 친환경적으로 생산된 고품질 농산물이 적정 가격에 판매되도록 제도적 장치만 구비된다면 환경문제뿐만 아니라 농업소득까지 해결할 수 있을 것이다. 이것은 정부와 농업인 그리고 소비자 등 이해관계자 간의 적절한 거버넌스의 구축과 이에 기초한 시장의 방식을 요구한다. 이는 시장의 기능을 반대하지 않으면서 모든 것을 시장에 맡기지 않고 정부, 생산자, 소비자, 농업 관련 단체 등의 상호 과정에 기초한 제도적 장치를 형성하고 이런 틀 속에서 시장기구를 작동시킨다는 의미이다(조영탁, 2006: 42). 친환경농업에서는 환경성과 안정성을 담보하는 '신뢰적 시장거래'가 중요한데, 이를 위해서는 농산물의 품질과 안정성을 인증할 수 있는 제도적 장치가 필요하다.

현재 시행되고 있는 제도로는 GAP(우수농산물관리제도), HACCP(위해요소중점관리기준) 등이 있다. 또한 생산기술 측면에서는 유기농법과 생태친화적 BT농법, 정밀농법 등이 있으나 이론상 유기농법이 가장 적합한 것으로 거론되고 있다. 친환경농업체계는 다양

---

105) HACCP는 Hazard Analysis Critical Control의 약자로 '해썹'이라고 한다. '위해요소중점관리기준'으로 통칭하고 있다. HACCP는 가축의 사육·도축·가공·포장·유통의 전 과정에서 축산식품의 위생에 해로운 영향을 미칠 수 있는 위해요소를 분석하고, 이러한 위해요소를 방지·제거하거나 안전성을 확보할 수 있는 단계에 중요 관리점을 설정하여 과학적·체계적으로 중점관리하는 사전 위해관리 기법을 말한다.

한 역할을 수행하는 복합공간(생산과 어메니티공간)으로서 지역개발은 환경 및 유기농업이 조합된 방식이다.

친환경농업에 가장 적극적인 곳이 EU인데, 이들은 농산물협상에서 농업의 다기능성에 기초한 EMA(European Model of Agriculture)를 내세우고 자국의 농업보호를 위해 노력하고 있다(조영탁, 2006: 43). 이것은 환경보호를 위해 직접소득지원을 하며 환경에 도움이 되는 영농방식에 대해서는 추가적인 지원을 하는 것을 주요 내용으로 하고 있다. EU가 시장기능을 활성화하면서도 사회적 형평성을 위해 농업인에 대한 소득지원을 친환경농업의 확산과 적극적으로 결합시켜 가는 것은 한국농업에도 시사하는 바가 크다. 따라서 한국적 특성을 살린 친환경의 지역농업을 살려야 한다.

그렇다면 먼저 지역농업의 특성이 무엇인지를 살펴보기로 한다.

첫째, 지역농업특성은 생산자와 소비자들이 직접 연결되어 있다는 점이다. 농업인들은 자기들과 연결된 소비자를 염두에 두고 생산을 하고, 소비자들은 자기들과 연결된 농업인의 농산물을 구매한다. 농업인들은 자신의 얼굴을 가진 농산물을 생산하여 공급하기 때문에 최선을 다하게 되고, 소비자들은 이 때문에 농업인들의 농산물을 신뢰한다. 농업인과 소비자가 밀접하게 연결되어 있기 때문에 피드백이 가능하고, 농업 및 식량문제, 식품안전문제 등과 관련하여 소비자들과 공동으로 대응할 수 있다(김종덕, 2005b: 28). 또한 이러한 특징은 직거래판매를 가능하게 해 농산물을 소비자가 안전하고 값싸게 구입할 수 있다는 장점이 있다.

둘째, 친환경농산물의 지역생산과 지역소비가 가능하고 더욱 활성화된다는 특징이 있다.

신자유주의에 입각한 산업형 농업에서는 수익창출을 위해 보다 먼 곳에서 생산된 농산물을 수입하고, 원거리 수송 등을 통해 농산물이 공급되지만, 지역농업체계에서는 생산지와 소비자의 거리가 짧고 농민시장, 기관구매와 같은 대량구매체계 등을 통해 소비를 충분히 하고, 남는 부분은 다른 지역으로 유통시킬 수 있다는 장점이 있다. 그런데 중요한 것은 기관구매와 대량구매체계가 제대로 실천될 수 있느냐 하는 점이다.

셋째, 지역농업은 친환경적 요소와 전통, 지역의 정체성 등에 기반을 두고 생산한다는 특성이 있다.

산업형 농업이 경쟁과 이윤이라는 기준으로 세계화된 농업을 지향한 결과 농업인들은 양극화, 농업가치의 다양성 파괴, 환경 파괴 등의 문제를 가져오게 하였다. 이에 반해 지역농업체계는 속도, 경쟁을 덜 중시하고 지역의 조건과 환경에 맞는 농업을 경작함으로써 지역농업의 발전과 취약한 농업인들의 복지 및 환경보호, 지역의 정체성, 등의 발전에 기여한다. 또한 신뢰와 책임을 바탕으로 농산물을 소비자의 기호에 맞추어 생산한다. 현재 한국농업은 위기현실 타개를 위해 지역농업체계를 이론적으로 구성하고 시도하고 있지만 아직은 시작단계에 불과하다. 그 이론적 형태에 대해서는 아래의 글에서 언급한다.

(나) 지역농업체계의 형태

지역농업체계에는 여러 가지 형태가 있지만, 이 중에서 대표적인 것이 공동체지원농업(Community Supported Agriculture: CSA),

농민시장(Farmers' Market), 기관구매(Institutional Purchase) 등이 있다(김종덕, 2005b: 29).

CSA(Community Supported Agriculture: 이하 CSA)는 소비자가 생산자의 농업을 미리 지원하고, 생산자와 함께 위험을 공유하며, 나중에 수확물을 분배받는 것으로, 즉 생산자인 농업인과 소비자가 함께하는 농업이다(김종덕, 2005b: 29). 공동체지원농업(CSA)의 목표는 농업에 사람들을 연결하여, 이해당사자들의 능동적 참여를 고취시키는 것이다. 따라서 대부분의 CSA는 친환경농산물을 생산한다(Allen, 2004).

이것은 농업인들의 틈새시장의 역할과 지역사회에 사회적 신뢰를 주는 사회제도로, 이는 소비자인 회원에게 돈을 미리 받아 농업인들은 필요한 자본을 미리 확보할 수 있어 안정적인 경작이 가능하고, 농업에 대한 투자도 가능해진다는 이점이 있다. 또한 소비자들과의 연결로 인해 소비자들 가족과 인간적인 접촉도 하고 식량생산의 위험을 공유함으로써 공동체 의식도 증대할 수 있다. 한국의 경우 한살림공동체 등 여러 생협 등을 들 수 있다.[106]

농민시장(Farmers' Market)은 농업인이 중간상인을 거치지 않고 자기가 생산한 농산물을 판매할 수 있고, 소비자들은 농업인으로부터 농산물을 직접 살 수 있는 직거래 공간을 말한다(김종덕, 2004a). 한마디로 농민시장은 지역의 농업인들과 소비자들을 서로 연결하

---

106) 생명공동체로서의 한살림공동체는 생산자와 소비자가 함께 회원으로 참여해 유기농산물을 소비자에게 공급하는 체계이며 회원들의 출자금으로 운용되는 비영리단체이다. 이는 회원들이 주체가 되어 운영하며 농촌과 도시가 함께하는 더불어 사는 사회 만들기를 목표로 하고 있다. 또한 여러 생협운동체들도 거의 유사한 형태의 운영을 하고 있다(한국생협연합회 등). 중요한 것은 이러한 이론적 제도가 아니라 자본에 많이 노출되어 있는 현실에서 얼마만큼 공동체 운동을 충실하게 운영하느냐에 달려 있다.

고, 농민들이 농산물을 판매하는 장소이다(Allen, 2004). 또 농민시장은 지역공동체의 행사장 역할도 하며 통합에 기여하고 그곳에 오는 사람들에게 농산물거래에 관여하게 한다.

그런데 한국의 경우 직거래 농민시장과 관련하여 일부 농민단체가 지방자치단체의 재정지원을 요청하여 물류센터 같은 건물을 원하기도 한다. 그러나 이같이 농민직거래라는 명분으로 지방정부의 지원을 먼저 받아 물류센터를 짓는다는 발상은 실패 가능성이 높고 성공해 봐야 또 다른 시장기구에 지나지 않을 가능성이 많다. 만일 농민시장에서도 직거래 센터라는 이름으로 집중과 경제의 효율을 추구한다면 새삼 새로운 시장기구를 만들 필요는 없을 것이다. 문제는 자본의 현실에 몰입되지 않으면서 직거래를 현실적으로 어떻게 운용하느냐이다.

기관구매(Institutional Purchase)란 지역농민과 지역 공공기관이 연결되어 지역농산물의 대규모 소비가 이루어지는 것을 지칭한다. '농장-학교 연결'(Farm to School) 프로그램이 대표적이다(Allen, 2004: 68). 이 프로그램은 교육청(school district)이 소규모 농민들과 계약을 맺고, 가까운 지역 농민들로부터 신선한 과일이나 야채, 우유, 달걀, 호두, 쇠고기, 빵 등을 구입한다. 농민들은 단독 또는 조합, 연합 등의 형식으로 지역에서 생산된 식품재료를 공급한다 (Oklahoma Food Policy Council, 2003). 지역의 산업체, 병원, 공공시설 등에서도 이 같은 방식으로 지역농산물을 이용할 수 있다.

그러나 앞서 언급하였듯이 이러한 학교급식도 한국에서는 현실적으로 많이 다르다. 그 예는 27년의 유기농사 경력이 있는 정경식 농민의 사례를 통해 알 수 있다. 정경식 농민은 2005년 상반기부터 지역의 7개 생협에 유기농산물을 공급하고 하반기부터는 지역의 10개 학교와 9개 유치원에도 유기농산물을 공급했다고 한다. 그러나 농업인들이 생산할 수 있는 유기농작목에는 한계가 있어 다품목 소량생산보다는 시장경쟁에 유리한 단일작물의 대량생산을 선호하였다. 그 결과 남는 유기농산물 판매를 확대하기 위해 학교급식을 직거래했는데 이는 오히려 더 많은 적자에 시달리게 했다. 그 이유는 학교에서 모양이 좋은 농산물을 요구하고, 농산물규격을 따져서 반품도 많이 했는데 그보다 더 큰 문제는 학교 측이 생산농민 또는 직거래단체와 사전의논이나 통보도 하지 않은 채 필요에 따라 마음대로 주문하는 데 있었다. 거기다가 일반 농산물과 가격차이도 문제가 되어 결국 실패하고 말았다.

이러한 실패는 기관구매에 있어 미리 예견 가능한 것이었는데 식당 같은 경우 미리 짜놓은 식단에 의해 식재료를 주문하는 방식이 일반적이었기 때문이다. 따라서 친환경농산물 공급을 위한 새로운 식단방식은 생산 및 공급이 가능한 생산물을 먼저 입수해 그에 따라 메뉴를 짜는 '식단혁명' 방식이다. 가능하면 제철에 나는 음식을 소비하도록 하고, 다른 계절에 생산되는 농산물을 지양한다면 그것은 친환경농산물직거래를 위해 커다란 도움이 될 수 있다(천규석, 2006: 24).

친환경농업이 성공하고 안전한 먹을거리를 소비자들에게 공급하기 위해서는 전제되어야 할 것이 많은 것이 현실이다. 따라서 학교급식의 경우 조례가 개정된다 해도 학교급식담당자들의 인식[107]

---

107) 특히 단체급식 담당자의 식단은 영양사들에 의해 결정되는데 이들 영양사들의 인식전환도

이나 교육이 선행되지 않는 한 성공한다는 보장이 없다.

그럼에도 기존의 관행농업체계보다는 친환경 지역농업체계가 회원들의 사전 주문이나 기호를 파악함으로써 과잉생산, 저장비용, 판매부진 등을 피할 수 있고 소비자는 믿고 먹을 수 있다는 이점이 있다. 따라서 농업인들은 소비자들에게 건강한 농산물을 제공할 수 있는데 이는 지역농산물이 신선하고, 영양가 높고, 농약 잔류가 적기 때문이다.

지역농업체계의 긍정적인 결과는 지역 소비자들의 다양한 소비욕구 때문에 영농의 다양화와 농업이 지속 가능하다는 점이다. 또한 소규모, 다양한 농장을 장려하기 때문에 생산자 간 경쟁이 줄어들고 비료, 농약, 에너지 사용을 줄임으로써 토양을 보전하고 생태의 다양성을 추구할 수 있다. 따라서 친환경농업과 유기농업의 확산에 기여하여 소비자들이 친환경 영농을 통해 생산된 농산물을 보다 값싸게 먹을 수 있게 된다. 지역농업체계는 지역경제의 활성화에 기여하며 지역 음식문화, 영농문화 등을 포함한 지역문화의 보존에도 기여할 수 있다(김종덕, 2004).

3. 대안적(친환경적) 지역농업을 위한 정책

신자유주의로 인한 농업환경의 변화는 시장구조뿐만 아니라 가치관과 정책이념, 생산기술 등의 변화를 수반하고 있으며 앞으로

시급하다. 현실적으로 식품공급업자들은 영양사들의 비위를 맞추어야 하고 융통성 있는 공급을 감당해야 한다. 그렇지 못할 경우 공급업자를 바꾸는 등의 불이익을 감당해야 하기 때문이다.

더 많은 변화가 있을 것으로 보인다.

<표 4-5> 농업의 변화과정과 친환경농업

구분		보호주의 농업	신자유주의 농업	친환경지향농업
가치관		사회성(형평성) 식량안보로서 국내생산	경제성(효율성) 식량의 안정적인 확보	환경성(생태효율성) 안전한 식량체계
정책이념		가격지지정책=패리티 (시장개입 및 보호무역)	구조조정정책 (시장자유화 및 자유무역)	환경농업정책 (시장과 거버넌스의 결합)
시장	수요	단순한 식량수요	다양한 농산물수요	안전농산물과 환경적 수요
	유통	국가의 유통개입	시장중심의 유통	시장유통 및 관계적 네트워크
	공급	소품종 증산주의 소규모농가(농민소유)	소품종 품질주의 (정밀농법)	다품종 품질주의와 결합생산 지역협력(농지의 공공성)
기술		녹색혁명기술 환경오염형 고기술	오염저감형 기술 (정밀농법)	환경농법 (유기/생태친화적 농법)
지역 공간		농촌=농업=농민 (단선접근)	농촌≠농업≠농민 (분리접근)	농촌=복합적 어메니티공간 (융합접근)

출처: 조영탁, 2006: 38 재인용 및 구성.

보호주의 농업은 위의 〈표 4-5〉에서 보는 바와 같이, 가치 측면에서는 사회적 형평성과 국내증산에 기초한 식량안보를 강조하고 정부는 농산물의 증산을 위해 시장에 개입(관세 장벽하에 가격지지), 지원체계(인프라 정비 및 생산투입재 보조)를 구축함으로써 패리티와 식량안보를 유기적으로 결합시켰다. 이런 가치관과 정책이념은 농화학 자재를 사용하는 고기술을 이용하여 생산력을 증대시키도록 하였다. 또한 도시와 농촌의 문제를 농업인소득이 증가하면 농업발전이 이루어지고 이는 농촌발전으로 연결된다는 단선적인 차원에서 이해하였다. 이 같은 농업체계는 사회적 형평성 문제와 식량문제 해결에 어느 정도 성과는 얻었지만 오늘날 사회적 변화 속에서는 환경문제와 농산물의 안정성에 심각한 문제를 가져다

주었다는 단점이 있다.

　신자유주의 영향으로 인한 사회적 변화는 한국농업에 일대전환을 가져왔는데 우선 가치관 측면에서 시장원리에 기초한 경제적 효율성이 크게 부각되었다. 식량안보개념도 국내증산보다는 무역거래를 포함한 안정적인 식량 확보가 중시되었고 식량안보와 얽혀 있던 증산기조도 점차 약화되었다. 신자유주의 농업의 가치관과 정책이념으로 시장과 무역자유화가 농업의 전면에 부상함에 따라 기술적인 면에서 연속적인 변화가 나타났다(조영탁, 2006: 42). 농산물무역의 활성화와 소득증가로 인해 소비자의 선호가 다양화되면서 농산물에 대한 수요의 인식변화가 나타나게 되는데 이는 농업의 산업화를 통해 농산물도 일반 상품이라는 인식을 심어 놓았다. 농업의 산업화가 환경오염문제를 일으키자 오염저감형 기술을 촉발하게 하였으며 농업과 농민 그리고 농촌을 분리함으로써 농촌을 농업생산만이 아닌 도시적 요소의 차원에서도 접근하게 되었다(농촌관광 사업 등).

　이 같은 시장자유화로 인해 사회적 형평 문제가 야기되자 정부는 시장원리에 기초한 자원배분의 효율성을 강조함으로써 직접지불의 형태로 바꾸어 경제성 위주의 농업구조를 구축하고 지향하고 있다. 이 과정을 통해 시장개입을 최소화하고 시장기능을 회복시켜 농산물의 환경성이나 고품질 생산 등 다양한 사회적 수요를 시장에 반영될 수 있도록 한다는 것이다. 이 같은 신자유주의로 대변되는 농업체계구조는 적극적인 환경성과 사회성을 감안한 대안적 농업과는 아직 상당한 거리가 있다. 사회적 형평성 문제에 대해서는 직접지불이라는 제도적 장치를 통해 보완한다지만 친환경적 제도 장치의 미비로 농산물 무역과 환경문제 간의 갈등이 나타나고 있다. 따라서 농업의 경제성과 시장원리는 대안적 농업의 한 조건이 될 수는 있으나 충분조건은 되지 못한다.

대안적 농업을 위해서는 시장원리에 앞서 환경성과 사회성을 반영하는 제도적 장치를 먼저 구비하고 환경 및 유기농업을 통해 사회성과 경제성을 조화시키는 것이 필요하다.

이런 의미에서 신자유주의를 넘어 새로운 농업정책의 전환을 시도할 필요가 있다. 앞서 언급했듯이 농업에 대한 가치관의 변화는 농산물의 안정성과 건강에 대한 관심이 높아지면서 그 안정성과 건강 유지를 위한 친환경농산물에 대한 수요가 높아지고 관심이 제고되고 있다.

<표 4-6> 친환경농산물 인증량

(단위: 천 톤, %)

구분	2000년	2001년	2002년	2003년	2004년	2005년
친환경농산물 인증량	35	87	200	365	461	798
유기농산물*	6	11	21	33	37	68
무농약농산물*	16	32	77	120	167	242
저농약농산물*	13	44	102	212	257	488
전체 농산물 대비 비중	0.2	0.4	1.1	2.1	2.5	4.4

출처: 농림부, 『농림업 주요통계』, 2006.
• 유기농산물: 농약과 화학비료를 사용하지 않고 재배
• 무농약 농산물: 농약은 사용하지 않고 화학비료만 권장시비량의 1/3 이하로 재배.
• 저농약 농산물: 화학비료 농약을 기준량의 1/2 이하로 사용, 제초제 사용불가.

소비자들의 친환경농산물에 대한 수요변화는 위의 〈표 4-6〉을 보면 알 수 있는데 매년 친환경농산물에 대한 인증이 증가하고 전체 농산물 대비 친환경농산물이 매년 크게 증가하고 있다는 것은 소비자들의 관심이 친환경농산물 위주로 늘어나고 있다는 것을 말해준다. 이 같은 소비자들의 기호변화는 새로운 미래상을 창출할 수 있는 토대가 되고 이런 변화는 소비자들에게 맞는 비전을 새로 정립할 필요가 있다는 것을 보여준다.

최근의 농업정책은 부분적이나마 환경농업이나 품질경쟁력을 강조하고 농업의 다기능성 등을 강조하고 있으나 이는 어디까지나 시장경쟁력 강화를 목적으로 하고 있다. 농업의 규모화를 통한 경쟁력 제고는 상층농의 소득 유지에는 의미가 있겠지만, 대다수의 농업인들은 하향화 또는 도시빈민으로 전락할지도 모른다. 또한 친환경농업정책은 안전농산물생산을 하여 시장과 소비자 단체들과의 관계적 네트워크 형성을 하는 것이 중요하다. 한국농업은 경쟁력을 강조하기보다는 환경성에 기초한 방향설정이 양극화의 완화와 국민동의도 쉽게 얻을 수 있을 것으로 판단된다. 물론 환경농업 및 유기농업이라고 다 성공할 수 있는 것은 아니지만 소비자들의 수요가 다양화되고 있다는 점을 감안한다면 규모화보다는 환경과 안전한 농산물에 초점을 맞추는 전략이 소비자의 요구에 부응하고 성공 가능성도 높다고 판단된다.

현재 한국의 농정은 외형상 친환경, 고품질 농업을 언급하지만 농업의 규모화 전략에 치중한 결과 환경의 관점이 전체의 농업정책에 조화 있게 통합되지 못하고 있다. 이는 농가규모별로 분류한 전업농(전업농＝규모화＝가격경쟁력)과   중·소농(중·소농＝환경농업＝품질경쟁력)으로 나눈 이분법적 시각이 그 예이다. 이것은 친환경농업과 유기농업을 중·소농의 개념으로 고정시켜 중·소농의 역할과 위치를 상대적으로 소홀히 하고 있다. 친환경농업은 농촌을 단순한 생산뿐만 아니라 복합적 어메니티공간으로 보고 농촌관광 등 다기능적인 역할을 할 수 있도록 지원하고 중요한 것은 운영에 있어서 자치적인 공동체가 형성되도록 하는 것이 중요하다.

(1) 친환경농산물 수입증가 영향

유기농업의 활성화에 큰 장애 중의 하나가 외국산 유기농의 수입증가이다. 유기농업은 일반농업에 비해 노동력, 농자재 등 경제적 효율성이 떨어지기 때문에 수요 증가에도 불구하고 유기농 농가가 감소하고 국내 판로망(유통)의 어려움과 유기농산물의 수입증가로 유기농가들은 더 어려움에 처해 있다.

국내수입 유기농산물이 2003년 904톤에서 2005년 8,500톤으로 9.4배 증가했으며 이 가운데 중국산 콩(대두)과 밀, 들깨, 옥수수 등이 7,069톤(83.2%, 2005)이나 차지했다(www.kfem.or.kr). 친환경농산물 수입이 많은 중국의 경우[108] 녹색식품이라는 회사는 중국정부의 적극지원 아래 무공해 생산기지[109]로 발돋움하고 있음을 주목 할 필요가 있다. 무공해 쌀, 청대두 등을 한국에 수출하며 가격

---

108) 아시아의 유기농업규모는 비교적 작지만 점차 빠른 증가추세에 있다. 이들 국가 중 중국, 일본, 인도, 인도네시아 국가 등은 유기농업에 있어 눈여겨볼 만한 국가이다.

109) 중국 유기농 생산기지로 가장 적합한 지역으로 주목받는 지린 성, 랴오닝 성, 헤이룽장 성의 동북 3성이 그곳인데 이곳은 흙 안에 유기질이 많아 유기농이 유리하며 중국정부에서 적극적으로 지원한다. 이러한 유기농을 적극 재배해 수출하는 중국의 녹색식품은 이미 1996년도에 농산물 품종, 경종규모, 생산량의 증가를 가져 그 유기농의 식품규모가 주민들의 일상적인 소비구조로까지 침투하였다. 97년 이후 녹색식품은 적극적인 홍보로 시장의 점유율이 높아지고 국제시장으로의 수출을 확대하고 있다.

은 한국 농산물의 1/5 수준이어서 가격경쟁력도 있다.

뉴질랜드의 제스프리[110] 또한 한국키위시장의 5%를 차지하고 있는데 친환경농산물(키위)로 승부를 걸고 있다. 이 회사는 세계 70여 개국에 키위를 품질 개발하여 수출하고 있으며 그린키위, 점보키위, 유기농 키위 등의 키위를 취급 개발하고 있다. 반면 한국은 친환경농산물 유통구조가 미비하고 거래할 물량도 소규모이어서 아직 미약한 실정이다. 또한 유기농에 대한 인식도 초보 수준인데 유기농가공 농산물은 거의 수입이며 고가품이라는 인식이 지배하고 있다. 중요한 것은 수입 유기농산물에 대비한 한국 유기농시장을 어떻게 개발, 발전시킬 수 있느냐에 한국농업의 미래가 달려 있다고 볼 수 있다.

유기농시장을 발전시키기 위해서는 농업에 대한 소중한 가치를 인식시키고 수입은 원거리에서 오기 때문에 부패나 약품처리 가능성이 많다는 것을 국민들에게 적극 홍보하여 유기농산물은 근거리에서 생산된 지역농업이 중요하다는 것을 소비자들이 공감할 수 있도록 해야 할 것이다. 이것은 국가의 정책으로 시스템화하고 친환경농산물의 유통과정과 홍보 개선을 적극 지원하는 것이 중요하다.

(2) 지역농업체계의 시도 및 대응모색

친환경(유기농)시장과 관련하여 중요한 과제는 유통개혁인데, 유통개혁 없이 지원이나 보조금만 지원할 경우 과잉생산 등으로 판

---

110) 제스프리는 뉴질랜드 키위영농조합의 마케팅을 책임지는 회사로서 키위의 품질을 지속적으로 개발하고 있으며 이중 골드키위는 농민들이 그린키위나무에 새로운 키위종자를 접붙이는 자연적인 방식으로 노력해서 개발한 농산물이다.

매할 소비시장 때문에 어려움에 처할 가능성이 많다. 환경 및 유기농업의 성공 여부는 유통과정의 제도적 혁신에 달려 있다고 볼 수 있다.

유기농업의 전환과정에서 발생하는 일시적인 소득 감소, 안정적인 판로와 관련된 제도를 제대로 개혁하면 정부의 지원 없이도 생산자 주도의 유기농업을 가속화시키면서 기술혁신도 할 수 있다. 따라서 정부는 유기농업의 안정적인 판로개척을 위해 유기농산물의 수입증가 문제를 심각히 고민하고 대응해야 한다.

또한 환경 및 유기농업의 활성화로 연결시킬 수 있는 시장적 거래(인증표시제나 브랜드화)와 관계적 거래(직거래에서 신뢰장치로서의 네트워크)를 위한 제도적 기반 구축에 정부, 농민, 소비자가 다 함께 노력해야 한다(조영탁, 2006: 42).

앞으로 시대의 변화에 부응하는 생산의 조직화는 시장원리에 기초하기(규모의 경제)보다는 다양한 품목 간의 결합이 이루어지는 환경경영(범위의 경제)이 더 영향력이 있는데 이는 농산물의 안정성과 친환경에 대한 신뢰 때문이다. 경종과 축산의 결합, 농업과 바이오에너지의 결합 등을 대표적인 예로 들 수 있다. 따라서 정부는 지역특성에 맞춘 종합적인 정책이 필요하다. 이와 관련하여 정부는 '지역농업 클러스터'나 '광역친환경농업단지'와 같은 실험적인 농촌개발을 시도하고 있는데 농업체계의 전환을 위한 전략적 시도라는 점에서 주목할 만하다.

지역농업 클러스터[111]는 주로 지역특산물과 연관하여 진행되는

---

111) 지역농업 클러스터는 2005년 현재 전국 20개의 시범사업단이 있으며 지역경제발전과 농업인의 소득 증대에 기여할 것으로 보인다. 지역농업 클러스터는 네트워크는 형성되었지만 시범사업단의 가시적인 효과는 아직 판단하기 이르다. 그중의 하나로 안성맞춤클러스터를

것에 비해, 광역 친환경농업단지는 여타 일반 지역에도 적용될 수 있으며 그 내용도 자원순환형 농업을 시도한다는 점에서 의의가 있다(농림부, 2006b). 이런 농업체계의 기반을 위해서는 생산자, 유통조직, 소비자(소비자단체나 공공단체), 연구기관(기술혁신) 간의 자율적이고 강한 네트워크가 형성되어야 한다. 이 과정에서 정부는 협력적인 네트워크를 촉진·매개하는 촉진자로서 역할을 하고, 농업인이 어떤 작물을 어느 규모로 할 것인가는 생산 및 기술, 유통, 소비에 걸친 자율적이고 강력한 네트워크가 형성되도록 해야 한다.

현재 한국농정이 암묵적으로 지향하고 있는 대규모농가와 중·소농가 간의 이분법은 바람직하지 않다. 환경 및 유기농업이 중소규모에 적합하다고 전제하는 것은 현재 유기농업이 초기 단계임을 감안할 때 농업의 기술 확산과 지역농업체계의 형성을 훼손할 수 있다. 따라서 앞으로 농업기술의 진보에 따라 대규모·소규모 농가를 차별하지 않고 환경성을 제고하여 각각의 모델에 맞는 유기농법의 개발을 유도해야 한다. 이는 환경농업 및 유기농업은 대규모농가와 중소규모농가 모두에게 중요하기 때문이다.

앞으로 더 강화된 신자유주의에 대응하기 위해서는 지속적인 농

살펴본다. 안성클러스터는 수입개방에 맞서 안성시 전체가 연합해 경쟁체제를 만들자는 취지에서 출발했으며 99년 지역농협을 주축으로 사업연합이 발족되었고 안성맞춤브랜드를 만들어 소기의 성과를 이루어 냈다. 이 브랜드의 소유는 안성시에 있고 사용권은 사업연합이 갖고 있는 형태이다. 안성시는 품종에서부터 재배, 수확, 보관 등 철저한 브랜드 관리를 하고 있다. 예를 들어 장마로 넘어진 벼는 생산단지에서 수확을 했다 하더라도 차등보관하고 브랜드를 붙일 수 없게 하고 있다. 그러나 이와는 달리 사업연합은 현실적으로 매우 어려운 가운데 있다. 안성클러스터는 기존에 이미 해 오던 사업을 확대, 발전시키는 것으로 성공 가능성이 높다. 특히 안성맞춤 5대 농산물(쌀, 한우, 배, 포도, 인삼)은 이미 시장에 널리 알려져 있어 경쟁력을 갖추고 있으나 아직 안성맞춤브랜드는 소비자의 5~7%만이 이용하고 있는 실정이다(농림부, 2006B: 34-35).

업의 생존전략으로서의 친환경적 지역농업체계의 인식전환이 필요하다. 이를 위해서는 농산물의 안정성에 대한 수요자의 욕구를 활용하여 한국농업을 환경 및 유기농업으로 전환시키고 각 지역특성에 맞는 농산물을 개발하려는 정책혁신이 필요하다. 대외적으로는 유기농산물 수입이 증가하는 현실에서 친환경농산물 수입증가를 고민해야 하는 것은 한국농업의 지속적 발전에 대한 장애가 될 수 있기 때문이다. 현재 유기농산물의 수입은 국내인증기관의 인증과 점진적으로 수입을 늘리는 최소시장 접근물량(MMA)과 고정된 현행시장접근물량(CMA)[112]으로 병행 관리되어 당분간은 유기농산물의 수입을 늦출 수는 있을 것이다. 그러나 이 기간 동안 보다 근원적인 대책을 설정 준비하는 것이 중요하다.

우선, 친환경농산물품질 개선으로 국민들에게 신뢰를 받고 국제기준에 맞는 인증제도로의 승화가 중요하다. 초기에는 좀 어렵겠지만 정부는 친환경농업에 대한 직접지불제도를 확대하고 농산물의 끊임없는 품질개발로 국민 모두가 안전하다는 인식을 심어 주고 학생들에게는 친환경농산물 교육 등을 통해 그 중요성을 널리 홍보해야 한다. 이것은 나아가 친환경농산물 수출 확대로도 이어질 수 있을 것이다.

다음으로는 친환경농산물에 대한 가격 조정이 이루어져야 할 것이다. 많은 소비자들이 친환경농산물가격이 비싸서 구매를 망설인다고 응답하고 있다. 고품질의 친환경농산물을 생산하면서도 생산비용과 유통 혁신을 통해 농산물가격을 낮추어야 소비가 늘어난다.

---

112) 현행시장접근(Current Market Access)은 WTO 농산물 협상 중 시장접근 방식의 하나로 관세화 품목의 기준연도 수입이 국내소비량의 3%를 초과할 경우, UR 이행기간 동안 기준연도의 시장접근 기회를 계속 보장한다는 약속을 의미한다.

친환경농산물가격을 낮추더라도 비용 절감과 유통 혁신을 통해 농업인들은 순수익을 보장받을 수 있고 소비자인 국민들의 신뢰와 동의를 얻을 수 있을 것이다.

제5장

신자유주의를 넘어 지속가능한 농업

●

신자유주의를 넘는다?

지속가능한 농업체계?

농업이기 때문만이 아니라 상대적으로 농업인이 가난하기 때문에?

자발적인 친환경 지역농업체계를 시도하다

신자유주의를 통한 무역자유화는 수많은 농업인들을 가난의 행렬에 동참하게 하고 있다. 이는 결과적으로 안전한 식량 확보를 불가능하게 하며 전 국민을 식량위기로 내몰고 있다. 더욱이 기상변이현상, 국제적 적개심 등으로 테러가 빈번한 요즘의 현실 속에서 살아남기 위해서는 어떻게 해야 할까?

첫 번째로, 외부적으로 주요 선진국들의 신자유주의 압력을 그대로 받아들이기보다는 노동자, 농민등 대다수 국민들이 지지하는 아래로부터의 자유주의가 되도록 해야 할 것이다.

두 번째로, 내부적으로는 각자의 기본을 제대로 알고 구조적으로는 친환경 지역농업체계를 정책적으로 확대할 필요가 있다. 기본을 지킨다는 것은 급변하는 환경 속에서 살아남기 위해 강조되는 말이다. 위험으로 가득 찬 현재의 사회는 식품의 안정성을 특히 강조하고 친환경농업체계를 강조한다. 그런데 생산하는 농업인이 자발적이 아닌 수익성에 근거를 둔다면 과연……

나는 가끔 생각한다. 우리에게 인생의 시험을 주는 이가 그 누구든,
어떤 문제를 내더라도 절대로 우리가 실패하기를 원치 않는다고……

제5장

신자유주의를 넘어 지속가능한 농업

　신자유주의 영향으로 인한 한국농업의 변화방향은 점점 자본시장의 늪으로 빠져 들어가고 있으며 WTO의 출범, OECD 가입 등으로 한국농업과 농촌은 외부적 요인에 보다 많은 영향을 받는 체제로 바뀌었다. 그리고 현재 추세로 나간다면 변화의 내용과 방향은 긍정적이라기보다는 부정적이다.

　이 글에서 제기하는 문제제기는 첫째로, 신자유주의의 요구대로 무역자유화를 통해 자본주도의 시장으로 통합된다면 이에 대한 한국농업의 대안이 있는가 하는 점이다. 개방화로 인한 세계화의 영향이 더욱 거세지고 WTO 체제가 세계시장을 지배하면서 한국농업은 총체적으로 더 어려워지고 내부환경의 농가생산여건은 더욱 열악해지고 있다. 이는 농산물가격의 하락으로 인한 농가부채의 발생과 증가가 농가경제를 악화시키면서 농업생산기반이 약화되어 있음은 앞에서 살펴보았다.

이에 대해 본 글에서 언급하는 대응방향은 대체로 신자유주의의 전반적인 흐름은 인정하지만, 신자유주의 방향은 지금처럼 선진국 또는 초국적 자본에 의한 위로부터의 압력이 아니라 아래로부터의 방향으로 추진되어야 한다고 생각한다.

이것은 지금까지 위로부터의 신자유주의가 다수의 국민들에게 부와 행복을 가져다줄 것이라는 약속을 지키지 못하고 오히려 더 많은 빈곤과 고통을 만들어 내고 환경을 파괴하고 오염시키고 있다는데 있다. 따라서 이제는 방향을 바꾸어 아래로부터의 방향을 통해 지금까지의 빈곤과 황폐화에 대응하여 좀 더 나은 방향으로 살아 보자는 것이다. 이것은 지금의 고삐풀린 신자유주의가 아닌 규제 가능한 자유주의 이어야 한다는 것이다. 이것이 바로 공동체 지향적 지역농업체계라 불리는 것이고 일종의 고전적 자유주의라 불리는 것이다. 이러한 변화방향이 사람과 환경을 적극 보호한다는 보장은 없지만 정치적 지지의 성향을 보이면서 여러 운동 등을 통해 연대추진하면 성취될 가능성은 높다.

이렇게 운동에 적극 참여함으로써 얻을 수 있는 이익은 고삐풀린 자본의 논리에서 완전히 벗어나지는 못한다 해도 지배를 덜 받는 방향과 환경보호를 제시해 줄 수는 있다는 점이다.

더욱이 신자유주의로 인해 점점 심각해지는 농업인들의 삶과 농촌지역에 시장자유주의의 도전에 대처할 수 있는 사회관계 형성이 도시보다는 쉽게 이루어진다는 점이 유리한 점이기도 하다. 이런 분위기가 형성 지속될 때 아래로부터의 민주와 정책도 가능해져서 상향식 친환경 지역농업체계(클러스터)를 구축하고 친환경 지역특산물을 보다 원활히 생산, 유통할 수 있게 될 것이다.

둘째로, 정부의 농업정책의 기본방향에 대한 문제제기이다.

정부는 농업의 경쟁력 확보에 중점을 두고 투자의 효율성만을 강조하면서 인위적 선택에 의한 구조조정을 추진했다. 한국정부는 영세소농이나 고령농 등은 경영포기를 종용하고 이들의 농지를 전업농에게 모아 규모화를 이루고, 성장 가능성이 큰 농가에게 자본 집약적 시설농업을 유인하여 가격경쟁력을 높이고자 하였다. 이러한 구조조정정책의 이면에는 농업의 자연적 특성과 공익적 기능을 외면하는 자본과 정치의 평면적 농업인식이 숨겨져 있다. 그 예로 농업의 산업화와 상품화를 위한 구조개선 농업정책을 지향하면서 농업정책지원으로 재정자금 119조원 지원, 각종 투·융자계획 등의 정책 등을 추진 중에 있다. 이것은 소규모 가족농을 포함한 한국농업의 특성을 고려하지 않고 미국이나 EU 등 주요국의 발전형태를 답습하려 했기 때문으로 보인다.

그런데 중요한 것은 이런 주요 선진국들은 오랜 기간 동안 자국 농업에 대한 보호무역을 통해 농업을 발전시키고 농업에 대한 새로운 기술과 경험을 쌓아 왔다는 점이다. 또한 자국의 농업보호를 위해 보호관세와 보조금을 사용하고 외국인 투자자를 차별했었다. 그러나 이제 자국농산물이 경쟁력을 갖게 되자 농산물시장을 확장하여 다른 나라 농산물은 값싸게 수입하고 공산품을 비싸게 수출하려는 시도를 역사적 사실을 통해 인식할 필요가 있다.

이런 점에서 농업에 대한 평면적인 인식은 위험하다. 늦게나마 형평의 논리에 의한 가족농 육성과 친환경농업의 육성을 과제로 제시한 점은 의의가 큰데 한국농업의 특성을 고려한 친환경 지역농업은 하나의 토대가 될 수 있기 때문에 중요하다.

신자유주의의 구체적인 형태는 자유무역통상인데 이는 초국적 자본을 이용하여 전통적인 관계를 해체하고 자본의 이동성을 무기로 농업 부문에 대한 우위를 확보해 나가는 것이다. 마찬가지로 농업 부문에 있어서도 국민국가들의 특성은 고려하지 않고 강대국들의 자본논리로 획일화하려는 압력이 강하게 우리의 현실에 와 있다. 이러한 과정 속에서 요즘 진행되고 있는 DDA/FTA협상을 통해 농업 부문을 완전 개방하게 되면 아직 한국 농업은 여러 가지 불리한 결과들을 가져오게 된다. 따라서 농업협상을 통해 가능한 한국농산물의 개방속도를 늦추고 이에 대응하려는 정책적 노력을 위해 더 많은 노력을 해야 한다.

앞에서 농업인과 인터뷰한 결과들을 요약하면 농업인들은 우리 농업의 위기 완화를 위해서는 효과적인 무역협상에 대한 대응이 필요하다고 인식하고 있었다. 농업정책은 전반적으로 불신하고 있는데 그 이유로 현장감이 부족하다는 의견이 많았다. 친환경농업의 중요성도 인식은 하고 있으나 수익이 적고 유통시설이 전반적으로 부족하다고 응답하고 있다.

이 글에서는 농업위기 극복에 대한 심층면접조사를 토대로 농촌의 위기극복 완화를 위한 정책과제를 제시하였다.

첫 번째로, 지금까지의 농업정책이 신뢰가 적은 이유는 중앙집중식(하향식) 농업정책과 구조적 변화과정에서 체득된 신자유주의 의식에 입각한 농업정책 때문이다. 기본적으로 농업소득이나 고용과 같은 경제적 측면만을 강조할 것이 아니라, 전 국민의 농업에 대한 가치공유, 친환경농업, 지역농업 활성화 등 다차원적으로 접근하도록 해야 할 것이다. 한국농업의 발달을 가속시키는 원동력은 신자유주의에 입각한 자유시장이 아니라 신자유주의 인식에서 깨어난 정치가와 관료들의 인식이 중요하다 할 것이다.

두 번째로, 농업과 농촌에 차별화된 정책을 개발하고 지속적인 정책지원을 통해, 노령화되고 경제적으로 어려운 농업인에 대한 사회안전망을 강화하도록 해야 할 것이다.

경쟁력과 상관없이 가난한 고령층 농업인에 대한 의료, 사회복지 등을 우선적으로 강화하고, 농업부문에서 소홀해지기 쉬운 교육, 문화 등의 환경 조성과 농업의 자치적 발전을 위해 지역에 맞는 농촌관광 사업 등의 개선을 위해 정부는 적극 지원해야 할 것이다.

세 번째로, 농업의 위기 완화 및 지속적 성장을 위한 획기적인 중장기적 종합계획을 수립 실천하도록 해야 한다. 그 계획의 방향은 자본이 요구하는 합리성과 효율성이 아니라 사람과 생명의 가치를 느낄 수 있는 방향으로 세워져야 한다. 지금까지는 단기적이고 정치적 관점에서의 농업정책에 많이 기울어 있었다. 어떤 정책도 화려한 단기적인 설계에 그쳐서는 안 되고 중장기적인 현장감 있는 실천만이 보다 큰 효과를 거둘 수 있다. 이를 위해서는 친환경농업을 기초로 하는 지역농업체계를 세우고 그 실천을 적극적으로 실행할 수 있도록 해야 한다. 요즘 같은 위기시대에 농업의 지속적 유지를 위해서는 친환경농업에 기반한 지역농업체계를 구축하여 농업인들에게 조금이나마 형평성을 제고하는 것이 모두에게 유리하다는 것을 인식시키는 것도 필요하다.

농업인에 대한 인터뷰에서 현재의 농업정책은 현실성이 적고 변화가 많아 신뢰가 적고 단기적이라는 의견이 지배적이었으며 수입 개방문제에 대해서도 정부정책은 별로 기대하지 않고 있었다. 또한 정부는 농업유통 개혁에 힘써 주었으면 하는 바람이 많았다.

농업정책은 나름대로 현실을 감안한다는데 농업인들의 동의를 얻지 못하는 것은 그 정책이 현장과는 거리가 있어 농업인들에게 신뢰를 잃어 버렸기 때문이다.

친환경농산물 수입개방에 대한 정부의 대응방안은 아주 미약하거나 거의 없다고 응답하고 있으며 친환경농업은 신뢰 확보, 차별화 전략, 지속가능한 농업의 실현 때문에 시작하게 되었다는 응답도 나왔다. 또한 애로사항으로는 친환경농산물을 판매할 유통시장의 부족과 판매가격의 불안정과 친환경농산물의 수입증가 등도 인식하고 있었다.

한국농업은 1990년대 이후 UR과 WTO협상 이후 선별과 집중형 식으로 규모화를 추구하는 과정에서 농정의 갈등이 빚어지고 결국 한국농업이 위기에 처하게 되었음은 앞에서 언급한 바와 같다. 그렇다면 위기에 몰아넣은 신자유주의에 대응하는 한국농업의 방향은 어떠해야 할까?

먼저 신자유주의에 대응하고 한국농업을 보호할 수 있는 방법을 모색하기 위해서는 신자유주의의 전체적인 흐름은 인정한다 해도, 그 방향에 대해서는 여러 가능한 연대 등을 통해 지속적 유지가 가능한 규제 가능한 자본주의(친환경농업의 지역체계)를 전제해야 할 것이다. 이런 지역농업체계를 구축하기 위해서는 강한 의지의 실천도 중요하다. 자유무역의 협상과정에서 끝까지 버티는 전략의 구상도 생각해 볼 수 있고, 하다가 안 되면 내부적으로 농업 부문만 공유화(협업화)하는 방안, 그리고 자유무역협상에서 농업 부문만을 예외로 하겠다는 강력한 의지의 실천이 중요하다고 할 것이다.

1. 바람직한 신자유주의 방향

초국적 자본들은 그동안 가난한 나라들과 영세한 부문을 대상으로 그들이 원하는 대로 IMF, World Bank, WTO 등의 국제기구 지원을 받아 신자유주의 이데올로기를 전 세계에 확산시키는 데 성공하였다. 현재 국제사회에서 어느 누구도 신자유주의 세계화를 거부하기는 쉽지 않다. 그동안 신자유주의는 모두에게 이익을 가져다줄 것이라고 선전을 하였으나 그 공약과는 달리 세상은 불평등과 빈곤 그리고 실업이 증가하고 국가주권과 민주주의, 환경을 침해하는 결국 인간의 건강까지 위협하고 있다. 그럼에도 여전히 신자유주의와 시장맹신주의가 위세를 떨치고 있다(Wallden Bello, 2001). 사실 신자유주의와 시장은 초자연적인 것이 아니고 인간이 만들어낸 제도일 뿐이다. 시장원리는 시장참여자들에 의해 규정되며 시장은 각 사회의 구조와 발전단계에 따라 다양하게 존재한다.

그럼에도 신자유주의는 전 세계에 하나의 시장, 즉 자본의 활동과 자유가 보장되는 자유무역을 개도국에 요구한다. 그런 점에서 신자유주의는 시장근본주의(market fundamentalism)의 다른 표현이다(박시종, 2001b: 22). 시장은 양면성이 있기 때문에 모든 것을 시장에 맡기는 것은 조심해야 하고 우리가 시장을 자주적·민주적으로 통제할 수 있을 때만 유용하기 때문에 국가의 역할은 여전히 중요하다(김영진, 2005: 117 - 120).

그런 의미에서 신자유주의 세계화에 기초하더라도 통제가능한 시장자유화는 인정하지만, 상대적으로 영세한 농업 부문 등의 시장 자유화는 결국 통제 불가능한 상태로 흐를 수 있기 때문에 농업 부문은 공유화, 협업화 방향으로 추진하든지 자유무역에서 농업 부문은 가능한 예외사항을 많이 받아내든지 하는 강한 의지와 정책 방향을 생각해 볼 수 있다. 또한 한국농업정책에 큰 영향을 주는 초국적 자본과 부유한 엘리트에 의해 주도되는 신자유주의는 반대 하지만 인권단체, 노동조합·여성단체·환경단체 그리고 농민조직 들의 연대에 기초해 전개되는 아래로 부터의 세계화는 좀 더 발전 적으로 지향해야 할 것이라고 생각된다.

상대적으로 열세에 있는 농업인들에게 시장가치를 일방적으로 강요하여 수용하게 하는 것은 분명 잘못된 것이며 현실적으로 불 평등문제와 도·농 간 격차가 존재하므로 자유시장경제뿐만 아니 라 농업의 사회화, 협업화 등을 통해 농업 부문의 기초토대를 구 축할 수 있는 시스템을 정착시키도록 해야 할 것이다.

2. 자생적 친환경 지역농업의 조직화를 지향하며

신자유주의에 기초해서 추진되고 있는 다자주의(WTO/DDA)와 지역주의(FTA)는 한국농업을 크게 위협하고 있다. 그런 점에서 반

세계화와 한미 FTA 반대는 한국농업의 생존을 위한 불가피한 투쟁일 수 있다. 그러나 농산물시장개방 혹은 농산물 수입의 확대는 농업·농촌문제를 심화시키는 요인이 되지만 그 본질적인 요인은 오랫동안 진행되어 온 도·농 간의 격차가 오히려 농업문제의 본질이 되었다는 점이다.

따라서 농촌을 사람이 살 만하고 평등한 좋은 공간으로 발전시키기 위해서는 도·농 간의 격차를 좁히려는 통합적 정책이 필요하다(박진도, 2005b: 261 – 267). 신자유주의는 기본적으로 자본의 논리, 시장의 논리, 경쟁의 논리에 의해 움직이기 때문에, 경쟁력이 약한 산업과 그것을 기반으로 한 지역경제의 기반을 붕괴시킨다. 그 결과는 대부분 도시 빈민층과 가난한 농업인들의 빈곤을 향한 빠른 발걸음을 재촉하게 한다.

이러한 자유무역이나 세계화를 통한 농업부문의 성장추구는 농촌의 사회안전망 확충이 우선적으로 전제되어야 하고 무조건 시장질서를 숭배할 것이 아니라, 자발적으로 결정하는 자생적인 발전을 추구해야 한다. 자생적 발전은 지역의 환경을 보전하면서 지역자원을 합리적으로 이용하고, 지역 발전을 추구하여 농업인 복지와 삶의 질을 향상시키는 것이다. 자생적 발전은 신토불이(身土不二)와 유기농업에 기초한 지역농업체계의 확립 그리고 도시와의 인적·물적·문화적 교류[113]를 통한 상생의 길을 추구한다(박진도, 2005b).

---

113) 이를 위해 도농교류 사업을 행하고 있는데 이는 도시지역의 기관이나 기업이 농촌의 한 부락과 결연을 맺어 일정한 날짜를 정해 농촌에 내려가 농촌일손 돕기도 하고 서로 교류를 활성화하는 사업을 말한다. 이 사업은 90년대 말 이후 농협이 지자체와 함께 지속적인 추진을 함으로써 규모 있게 추진하게 되었으며 '02년부터 농촌체험마을, 전통 테마마을 등 농촌관광을 주요 내용으로 하는 다양한 정책들을 확대 실시하여 도농교류를 크게 활성화하였다.

농업에 있어 신자유주의에 대한 대안은 친환경에 기초한 지역농업이 자생적인 발전을 추구할 수 있도록 힘을 키워 가는 것이고 나아가 공동체적 지역농업체계로 형성하게 하는 것이다. 그 자생적인 힘을 가지기 위해서는 자본의 힘에 큰 영향을 받지 않는 시스템의 개발과 일정 정도는 시장에 기반을 두고 지역특산물을 생산·유통·판매할 수 있는 자발적인 조직 형성이 필요하다. 지역농업[114]의 조직화란 친환경농업과 자생적 발전 전략에 기초하여 협업공동체적인 형태로 발전시켜 가는 것을 말한다.

농업은 원래 지역성을 띠고 있으며, 자연적 조건, 역사적 전통, 사회경제적 조건이 각기 다르기 때문에 한 나라의 농업은 각 지역농업의 종합이라고 볼 수 있다. 이런 의미에서 농민들이 일상적으로 생활하고 깊은 유대를 맺고 있는 마을은 지역농업의 출발이자 기초범위인 것이다(박진도, 2005b: 266). 지역농업의 조직화는 지역자원(토지, 노동력, 자본)을 이용하여 농산물의 생산·가공·유통·소비·복지 등의 총체적 체계(total system)를 구축하는 것이 지역농업의 조직화이다. 지역농업의 조직화가 활성되면 지역의 의료 및 문화시설의 확충·농촌복지제도의 정비 등을 강구할 뿐만 아니라, 지역주민들의 후생을 위해 지역에 맞는 유기농업[115]의 발

---

114) 지역농업을 올바로 이해하기 위해서는 우선 '지역'이란 무엇인가 하는 문제부터 검토할 필요가 있다. 우리 사회에서는 지역을 행정단위 기준으로 파악하는 것이 보편적인데 이는 국가권력이 주민(국민)을 효율적으로 통제하기 위해 외부에서 인위적으로 설정한 것이다. 그런데 농촌지역의 경우 농민들이 오랜 기간 같은 장소에서 생산과 생활을 공동으로 영위하고 있는 등, 생활상의 필요에 의해 그 구성원이 연대하고 또는 관계를 맺는 공통의 공간이었다. 따라서 지역의 범위는 행정적으로 정해지는 것이 아니라 주민(농민)이 자신의 필요에 기초해서 농민 스스로가 정할 문제이다(박진도, 2005b: 264).

115) 지역농업의 조직화는 다음과 같은 점에서 유기농업의 발전에 기여할 수 있다. 첫째, 지역농업 복합화는 유기농업을 토지-작물·부산물-가축-분뇨-토지라는 순환체계로 하여 기술적 경제적 효율성을 높일 수 있다. 둘째, 노동력부족 해소에 기여한다. 유기농업에 직접적

전을 도모하여 농가소득과 주민들의 건강도 증진시킨다. 문제는 총체적 체계로서의 지역농업의 조직화를 자체적으로 형성한다는 것은 쉽지 않은 일이기 때문에 이 부문의 일정 정도는 정부의 도움이 필요하다.

한국에 맞는 지역농업 조직화는 앞에서 언급한 CSA(공동체지원농업체계)를 기반으로 하면서 지역농업인들이 자발적으로 참여하는 친환경적 지역농업 클러스터[116]를 제안한다. 오늘날 지역농업 클러스터가 관심을 끄는 이유는 농업 관련 주체들의 조직적인 연계로 기존 관행 농업에 새로운 활로를 모색하려고 하기 때문이다. 요즘의 농가들의 경영형태가 전문화 또는 단일화의 방향으로 추진하고 있는데, 이에 대한 문제해결을 위해 지역농업 조직화방안을 모색하는 것이다(농림부, 2006b: 362). 이러한 친환경 지역농업 조직화 방안은 현재의 관행 농업의 한계로 부가가치의 창출이 어렵기 때문에 저장·가공·유통을 연계한 행정과 연구개발 등과의 연

으로 필요한 퇴비제조와 제초작업 등에 요구되는 노동력을 공동작업으로 해결할 수 있다. 셋째, 지역농업의 조직화는 공동생산활동, 유기농업의 생산단지화, 유기농업기술의 개발과 보급 등을 촉진한다. 넷째, 유기농산물의 소비(유통)에 기여한다. 지역단위 복합경영을 통해서 소량다품목의 수송단위가 되도록 생산자를 조직화할 수 있다. 다섯째, 생산자와 소비자의 직거래체제를 가능케 한다. 즉 지역단위의 유기농업생산자 협동조합과 지역(대도시 또는 당해 지역)의 소비자협동조합의 결합이 용이하다(박진도, 2005b: 272).

116) 클러스터의 개념은 미국 하버드대학의 포터(M. Porter)로부터 비롯된다. 포터 교수는 클러스터를 '특정 업종에 종사하는 기업을 중심으로 부품공급업체, 서비스공급업체, 연관 산업 기업, 관련 기관들이 서로 경쟁하면서 동시에 협조하는 지리적 집적체'로 정의하였다. 그 후 경제협력개발기구(OECD)에서 1999년에 클러스터 보고서를 발간하였는데 여기서는 대학, 공공연구기관, 민간연구소, 컨설팅회사 등 지식을 취급하는 주체들을 클러스터의 혁신주체 속에 포함하여 이를 혁신클러스터(innovative cluster)로 명명하였다. 그리고 이들 지식활동 조직들이 기술과 지식을 창출하거나 학습하는 네트워크 활동을 확산함으로써 클러스터 내 다양한 조직들이 기술혁신 능력을 강화하고 부가가치를 더 많이 창출하는 원동력이 된다고 주장하였다. 한국에서는 산업자원부가 2003년에 산업클러스터 육성시책을 발표하면서 산업클러스터를 기업, 대학, 연구소 등이 특정 지역에 모여 연결망 구축과 상호작용을 통해 사업전개, 기술개발, 부품조달, 인력·정보교류 등에서 시너지를 발휘하는 지역단위라고 정의하였다(농림부 2006b: 344).

결을 통한 조직체[117])를 만드는 것이 중요하다.

지역농업체계에서의 자생적인 운영은 환경보전형, 자원순환형 농업을 목표로 생산자와 소비자 간에 교류가 가능하게 해야 한다. 그리고 농산물의 차별화를 위해 연구기관에서는 농약과 제초제를 배제하는 유기농법의 기술지원을 개발·보급하고, 정부는 유기농 재배법에 대한 의견교환이나 농약사용량 감소를 위한 대책모임 등을 주최, 지원한다.

현재 시행되고 있는 지역농업의 조직화의 정부안과 그 대안을 아래의 〈그림 5−1〉에서와 같이 여러 단계로 나누어 살펴보면 다음과 같다.

<그림 5−1> 지역농업체계의 단계별 발전모형

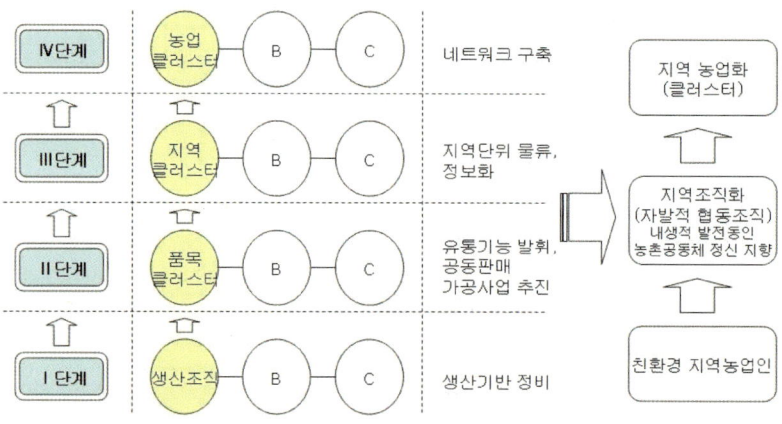

출처: 농림부, 2006b: 360 재인용 및 재구성.

---

117) 농업 클러스터의 주체는 농업인(기업체), 정부, 연구기관, 대학을 들 수 있는데 이미 앞에서 언급한 산업화·규모화 정책과 벤처농업(신지식인), 친환경농업 등의 단일적인 것이 아니라 이를 통합하여 친환경 지역농업 클러스터에서는 다음과 같이 연결시켜 생각해 볼 수 있다.
  ○ 기업체(농업인)·대학: 벤처농업과 신지식인기술 농업인.
  ○ 정부·연구기관: 산업화·규모화 정책, 친환경농업

우선 정부에서 추진하고 있는 지역농업의 조직화는 규모화, 상품화에 초점을 두고 있는데 1단계인 생산조직단계에서는 전문적이고 집단적인 생산단지가 형성될 수 있도록 기반의 정비를 목적으로 하고, 2단계로 유통기능을 발휘해 품목조직단위로 공동판매나 가공사업 등의 추진이 필요하게 한다는 것이다. 3단계에서는 그 이전 단계를 기초로 하며 품목클러스터를 지역단위로 묶어 지역클러스터를 형성하며 이 단계에서는 지역단위의 물류나 정보화가 중요한 역할을 한다. 4단계로 이러한 지역클러스터가 산업으로 발전하기 위해 생산요소와 상품 및 지식정보를 구성원 모두가 공유할 수 있는 연결망에 구축시키는 것이 중요하다는 것이다.

현재 농민참가형 지역농업의 형태로는 전북 장수, 경기 안성, 포천, 충북 영동 등 20개의 지역농업 클러스터[118]가 있으며 이를 운영하여 성공모델 창출을 위해 각 지역별 연 10억 원을 3년간 연속 지원하고 그 평가를 하여 지원 중단 여부를 정책적으로 결정하도록 하였다(농림부, 2006b: 14). 그러나 현재 추진하고 있는 농업 클러스터는 친환경 여부를 가리지 않고 지역적 특성을 살릴 수 있는 농산물의 상품화에 주력하지만, 친환경 지역농업 클러스터는 친환경·유기농적인 것을 추구하며 반드시 상품화만을 추구하지 않는다는 점에서 차이가 있다.

이에 대해 본 글에서는 친환경 지역농업인의 개별적 의지와 협

---

118) 지역농업 클러스터는 다음과 같은 문제점이 있다.
　　첫째, 클러스터의 범위를 정확히 확정하지 못하고 있다.
　　둘째, 참여주체들과 지역주민들의 참여가 미흡하다.
　　셋째, 성숙하고 안정적인 특산단지(독특한)의 형성이 미흡하다. 한마디로 다 비슷한 경향으로 수렴되고 있다.

동을 바탕으로 함께 연대할 수 있는 생산적 기반 조성을 정착화시키고 이에 기반한 친환경농업인의 육성에 힘써야 한다.

다음 단계로는 이런 친환경 지역농업인들을 기반으로 하여 자본유혹에 쉽게 물들지 않을 농촌공동체 지향의 목표를 가진 협동조직을 만들어 지역조직화를 해야 하는 것이다. 이렇게 자본의 유혹에 쉽게 물들지 않기 위해서는 외부환경요인으로 규제있는 자본주의가 이루어져야 한다.

마지막 단계로 그 이전 단계를 기반으로 친환경 지역농업 클러스터를 자발적 형식으로 만들되 반드시 상품화만을 추구하지 않고, 보다 가난한 농업인들에게 사회적·경제적 도움이 될 수 있고 소비자들에게는 안전한 먹을거리 제공을 목표를 추구하도록 하는 것이다. 그리고 중요한 것은, 친환경농업에 기반한 지역농업은 직거래의 기반이 되고 자급·자치적인 농촌공동체의 정신을 지향하는 것이어야 한다. 이러한 지역농업의 조직화가 자치적 관점에서 멀어진다면 이는 결코 오래 지속되지 못하고 결국 기존 시장과 별 차이가 없게 될 것이기 때문이다.

결론적으로 본 글에서는 자유시장경제는 부정하지 않지만 모든 것을 상품화시키는 그런 시장경제는 반대하며, 상대적으로 가난한 농업인과 기반시설이 미비한 농촌지역에 투자를 하는 것이 국민 모두의 먹을거리를 위해 필요하고 이를 위해 친환경·유기농적인 지역농업체계(클러스터) 구성이 필요하다고 강조하고 싶다.

농업정책은 앞으로 중장기적인 계획을 통해 지역자치 단위의 새로운 농업·농촌의 비전을 제시할 수 있어야 할 것이다. 신자유주의 영향의 고도성장 이래 도·농 간의 유기적 연계가 결여된 대도

시지역 중심의 발전전략에 따라 체계적인 농촌지역정책이 추진되지 못하고 이는 결과적으로 농업의 낙후성만 가져왔다. 따라서 개방적 농업의 흐름 속에서 농업정책은 다원적 농촌 발전을 목표로 종합적 지역정책을 지향하는, 통합적 체계로 전환되어야 할 것이다. 그 통합적 농업정책이란 앞에서 언급한 영농의 규모화, 산업화 그리고 벤처농업과 신지식인 창출 등 모두 포함하는 정책이며 각 기능별로 역할을 조정하여 균형적인 조화를 이루려는 농업정책을 의미한다.

이 글에서는 신자유주의화에 중점을 둔 규제 풀린 자본주의가 아니라 규제 있는 자본주의에 입각한 친환경 지역농업체계(클러스터)의 조직화를 제시하였다. 자본의 논리에 크게 종속되지 않는 친환경 지역농업 클러스터 형태(협업화 등)는 분명 한국농업에 큰 의의를 더해 줄 수 있을 것으로 믿는다.

參考文獻

◥ 국내문헌

강수돌, 1999, 『작은풍요』, 이후.

강대기, 2001, 『현대사회에서 공동체는 가능한가』, 아카넷.

강인수, 2006, 「한미 FTA에 관한 소고」, 『숙명여대 경제경영논집』 제
　　36집 2호.

강철규, 1998, 「위기의 한국경제와 그 극복방안」, 『당대비평』 봄호.

고세훈, 1998, 「영국 보수당의 보수주의와 대처리즘의 일탈」, 사회과학
　　협의회, 『신자유주의와 한국의 대응』, 나남.

고세훈, 1999, 「영국보수당 보수주의와 대처리즘의 일탈」, 안병영 외
　　편, 『세계화와 신자유주의』, 나남.

고영복 편저, 1994, 『사회정책신론』, 사회문화연구소.

권중서, 1999, 「미국 통상정책의 신보호주의 경향에 관한 연구」, 배재
　　대 국제통상대학원, 석사학위논문.

권오복, 2005, 『한미 FTA가 한국경제에 미치는 영향』, 한국개발연구원.

권오철, 1986, 『거시경제학』, 박영사.

권영미, 김성희, 김양식, 민승규, 2003, 『벤처농업 미래가 보인다』, 삼성
　　경제연구소.

권태일, 1986, 『최신경제학원론』, 일신사.

권태일, 1991, 『경제사상비교론』, 일신사.

권태환, 1992, 「인구변동과 농촌사회의 변화」, 『농촌사회2』 한국농촌사
　　회학회.

김균, 1998, 「재벌개혁과 한국 자본주의의 방향」, 『동향과 전망』 37호.

김경동, 1999, 「한국의 중산층 위기와 가족해체」 토론회 요지.

김경량, 2004. 12, 「WTO시대의 농정개혁과 과제」, 한국농업정책학회 동계학술대회 발표논문.

김경만, 2000, 『지식과 사회의 상』, 한길사.

김배성, 이대섭, 조영수, 강혜정, 이용호, 조용원, 2006, 「'06 농업 및 농가경제 전망」, 한국농촌경제연구원.

김석진 외 엮음, 1997, 『세계화와 신자유주의 비판을 위하여』, 공감.

김성수 외, 1998, 『자본의 세계화와 신자유주의』, 문화과학사.

김성수, 1998, 『경제위기와 신자유주의』, 문화과학사.

김성오 역, 1993, W. F 화이트/K. K 화이트 저, 『몬드라곤에서 배우자』, 나라사랑.

김성훈 외 9인, 1995, 『WTO체제하의 한국농업의 활로』, 경실련.

김수욱, 1990, 「농촌사회 구조변동에 관한 연구: 경기도 용인군 남사면을 중심으로」, 『한국교육학회지』.

김수행, 1996, 「자본의 세계화와 경향에 관한 일고찰」, 『경제논집』, 제 2, 3호.

김수행, 1989, 1990, 『자본론 I, II, III』, 비봉출판사.

김세균, 2006, 「한미 FTA 국민보고서 총론」, 『한미 FTA 국민보고서(범 국본)』, 그린비.

김영진, 2005, 『시장자유주의를 넘어서』, 한울아카데미.

김용일, 1995, 『WTO 세계무역기구 협정해설』, 한국무역경제.

김재수, 2005, 『미국농업정책과 한국농업의 미래』, 백산출판사.

김종덕, 1997, 『원조의 정치경제학』, 경남대 출판부.

김종덕, 1996, 『농업농촌의 변화와 신 농업 사회학』 한국농촌사회학회 발표집.

김종덕, 2005a, 『농업사회학』, 경남대 출판부.

김종덕, 2005b, 「지역식량체계 전환의 필요성과 과제」, 농정연구센터, 『농 정연구』, 통권 제15호.

김정호, 2003, 『농업 · 농촌의 비전과 농정』, 한국농촌경제연구원.

김정호, 2004, 「농업 농촌의 현실과 비전」, 『개방화 시대 농업 · 농촌 문제 해법 모색을 위한 토론회』, 한국농촌경제연구원.

김정호, 이병훈, 2006, 「농업구조의 변화와 정책과제」, 『농업전망 (I)』,

한국농촌경제연구원.

김진영, 「세계화(Globalization)와 헤게모니」, 『한국정치학회보』, 32 - 1(1998 봄).

김창길, 2004, 「친환경농업 개념과 주요실천과제」, 『농정연구』, 9호.

김창길, 2006, 「자원순환형 농업시스템 구축」, 『농업·농촌의 이해』, 박영률출판사.

김창길·김태영, 2006, 「친환경농산물의 구매형태 및 시장전망」, 『농업전망 (Ⅰ)』, 한국농촌경제연구원.

김철규, 2003, 『한국의 자본주의 발전과 사회변동』, 고려대출판부.

김태곤, 2006, 「직접지불정책의 방향과 과제」, 『농업전망 (Ⅰ)』, 한국농촌경제연구원.

김태성·김성륭, 1993, 『복지국가론』, 나남.

김태헌, 2001, 「한국 농촌사회의 변천: 농촌인구와 가족의 변화를 중심으로」, 『한국인구학』.

김현숙, 1991, 「농업구조의 재편과 생산조직의 발전방향」, 『한국농업의 위기와 재편방향』, 창작과비평사.

김형기, 1997, 『한국노사관계의 정치경제학』, 한울아카데미.

김홍상 외, 2004, 『농업 부문 사회갈등의 실태와 관리방안 연구』, 한국농촌경제연구원.

노대명, 1999, 「세계의 빈곤구조와 외환위기 이후 한국의 빈곤」, 『월간복지동향』, 12월호.

노암촘스키 저, 강주헌 역, 2000, 『그들에게 국민은 없다』, 모색.

농림부, 2002, 『농어업·농어촌의 새로운 활로』, 농어업·농어촌 특별대책위원회.

농림부, 2004, 『농업·농촌 종합 대책』

농림부, 2005a, 『알기쉬운 DDA 농업협상』

농림부, 2005b, 『WTO/DDA 홍콩각료회의 동향과 대책』

농림부, 2005c, 『제6차 WTO 각료회의 결과』

농림부, 2006a, 『농림업 주요통계』(www.maf.go.kr)

농림수산식품부, 2008 『농림수산식품 주요통계』(www.mifaff.go.kr)

농림부, 2006b, 『한국농업 행복네트워크』

농협중앙회, 2004, 『농업·농촌·농협에 대한 이해』.

농협중앙회, 2006, 『CEO FOCUS』 제164호.

농협조사부, 2003, 「DDA 농업협상과 한국농업의 개도국지위 유지」.
　　　　농협조사연구소, 2004, 2005, 2006, 「농업통상정보」
대외경제정책연구원, 2003, 『한·중·일 FTA의 필요성과 정책과제』,
　　　　연찬회 발표자료.
데보라 K. 패짓저, 2001, 유태균 역, 『사회복지 질적 연구 방법론』, 나남.
라메쉬 미쉬라 저, 이혁구, 박시종 역, 2002, 『세계화와 복지국가의 위
　　　　기』, 성균관대 출판부.
로버트 아이작 저, 강정민 역, 2006, 『세계화의 두 얼굴』, 이른아침.
램퍼트 하인즈 저 1994, 윤여덕 역, 『사회정책론』 민영사.
마이클 리보위츠 저, 1999, 홍기빈 역, 『자본론을 넘어서』, 백의.
맑스·레닌주의 연구소, 1989, 『맑스·엥겔스 선집 II』, 백의.
맑스, 엥겔스 저, 1990, 김성한 역, 『맑스·엥겔스의 농업론』, 아침.
문정인, 1995, 「세계화의 위협구조와 국가권력: 신중상주의의 가능성과
　　　　한계」, 『계간사상』
문옥표 등, 1993, 『근교농촌의 해체과정』, 한국정신문화연구원.
민주노조운동연구소 편역, 1998, 『신자유주의와 세계 민중운동』, 한울.
민승규, 강승겸, 2000, 「벤처농업의 가능성」, CEO 인포메이션 제275호.
박광주, 1998, 『신자유주의와 아시아의 경제위기 그리고 한국』, 부산대
　　　　학교 출판부.
박길성, 1996, 『세계화: 자본과 문화의 구조변동』, 사회비평사.
박노영, 1999, 「위기에 대한 신자유주의적 대응의 계급적 함의」, 『1999
　　　　년도 사회학 대회 발표논문 요약집』, 한국사회학회.
박능후, 2000, 「'생산적 복지' - 복지이념으로서의 의의와 과제」, 『2000
　　　　년 춘계학술대회 자료집』, 한국사회복지학회.
박덕병, 2005, 「미국의 Local food system과 공동체지원농업(CSA)의 현
　　　　황과 전망」, 『농촌사회』 15집 1호.
박대식, 2003, 『농촌지역사회의 변화동향과 전망』, 한국농촌경제연구원.
박대식, 2006, 「고령사회의 농촌복지 정책방향」, 『농업전망 (I)』, 한국
　　　　농촌경제연구원.
박대식 외 2인, 2006, 『농촌사회의 양극화 실태와 정책과제』, 한국농촌
　　　　경제연구원.
박성재 외, 2003, 『농가부채문제 진단과 중장기 대응방안』, 한국농촌경

제연구원.

박성희, 2004, 『질적연구방법의 이해』, 원미사.

박시종, 2001a, 「사회복지실천에서 권력주체화 이론의 방법론적 통합 가능성에 관한 연구」, 한국가족 사회복지학회, 『한국가족사회 복지학』 제7집.

박시종, 2001b, 「한국의 신자유주의 세계화 전략과 생산적 복지정책연 구」, 성균관대 대학원, 박사학위논문.

박문호·임송수, 2002, 『수입자유화에 대응한 녹차산업의 발전방안 연 구』, 한국농촌경제연구원.

박영도, 2000, 「세계화 시대의 민주주의: 그 딜레마와 전망」, 『경제와 사회』, 2000년 봄호.

박진도, 1988, 「8.15이후 한국농업정책의 전개과정」, 한국농어촌사회연 구소 편.

박진도, 1994, 『한국농업·농민문제연구1』, 연구사.

박진도, 2005a, 『농촌개발정책의 재구성』, 한울아카데미.

박진도, 2005b, 『WTO체제와 농정개혁』, 한울.

박진도 외, 1993, 『세계의 농업문제와 농업정책』, 농민신문사.

박진도 외, 2004, 『FTA의 현황과 문제점』, 토론회 자료집, (사)민주언론 운동시민연합.

박홍립, 2000, 『거시경제학』, 박영사.

배상건, 2004, 「DDA 농업협상 기본골격 합의내용과 시사점」, 농협CEO Focus 제139호, 농협조사연구소.

배상건·신재근, 2005, 「홍콩 WTP 각료회의 결과와 농업협상 전망」, 농협조사 연구소, 농협 CEO Focus.

삼성경제연구소, 2000, 『미국과 영국의 경제구조조정 사례와 시사점』, issue paper.

서진교·임소영, 2005, 『2005 DDA농업협상 대응전략』, 한국농촌경제 연구원.

서진교, 2006, 「한미 FTA쟁점: 저율관세 수입쿼터의 관리」, GS&J Institute, 2006. 8. 8.

서울국제민중회의조직위원회 편, 1998, 『신자유주의 IMF 그리고 국제 연대』, 문화과학사.

서울사회과학연구소, 1991,『한국에서 자본주의의 발전』, 새날.

서울사회경제연구소 편, 2005,『신자유주의와 세계화』, 한울아카데미.

성진근 외 3인 지음, 2004,『한국농업정책, 틀을 바꾸자』, 삼성경제연구소.

성진근, 1992,『농·사람·일·터의 가치와 역할 - 개방경제와 한국농업』, 을유문화사.

손호철, 1999,『신자유주의시대의 한국정치』, 푸른숲.

송호근, 2000,『세계화와 사회정책의 변화』, 서울대 사회발전연구소.

송호근, 2001,『세계화와 복지국가』, 나남출판.

신광영, 1999,「IMF 경제위기 하에서의 계급과 실업」,『1999년도 후기 사회학대회 발표문』, 한국사회학회.

신경아, 1997,「한국여성의 모성갈등과 재구성에 관한 연구」, 서강대 박사학위논문.

신장섭, 1999,『세계화 아시아 금융위기와 불평등 조정』, 삼성경제연구소.

신현종, 1999,「세계화의 배경과 경쟁」,『사회과학연구 제18권, 제2호』, 영남대 사회과학연구소.

심윤종·박승희·유홍준, 2000,『산업사회학』, 경문사.

심흥수, 1998,「IMF체제 논리로서의 신자유주의 이데올로기(패권의 존재와 약육강식적시장)」, 경상대 국제관계학과.

아민 말루프 저, 박창호 역, 2006,『사람잡는 정체성』, 이론과 실천.

안병영·임현백 편, 2000,『세계화와 신자유주의』, 나남.

알피콘 저, 1995, 함재선 역,『경쟁을 넘어서』, 비봉출판사.

어명근, 정정길, 강혜정, 허주녕, 2005,『동북아 경제협력체 출범과 농업 부문의 대응방안』, 한국농촌경제연구원.

에릭 R. 울프 저, 1988, 박현수 역,『농민』, 청년사.

에이미 추아 저, 2004, 윤미연 역,『불타는 세계』, 부광.

엔토니 기든스 저, 2000,『질주하는 세계: 세계화는 어떻게 우리의 삶을 바꾸고 있는가』, 생각의 나무.

오내원, 2000,「조건불리지역 농업의 특성과 직접지불제 도입에 관한 연구」, 서울대 대학원 농경제학과 박사학위논문.

오리오 기아리니·파트릭 리트케 저, 1999, 김무열 역,『노동의 미래』, 동녘.

유기준, 1990a,「세계농산물 무역과 주요국의 보호정책」,『수입개방과 한국농업」, 비봉출판사.

유기준, 1990b, 「농업구조의 재편과 농산물가격」, 『한국농업의 위기와 재편방향』, 창작과비평사.

유팔무, 1998, 「IMF구제금융사태에 대한 진단과 처방, 그리고 대응」, 「한국자본주의의 성공과 실패」, 『1998년 춘계학술대회자료집』, 한국산업사회학회.

울리히벡 저, 2000, 정일준 역, 『적이 사라진 민주주의』, 새물결.

월든벨로 저, 1998, 이윤경 역, 『어두운 승리』, 삼인.

월든벨로 저, 2004, 김공회 역, 『탈세계화』, 잉걸.

월드워치, 2000, 「농부들은 다 어디로 갔나?」, 『함께 사는 길』, 환경운동연합.

유영봉, 2006, 「한국농업의 성장경로와 지속성장의 조건」, 『농업·농촌의 이해』, 박영률출판사.

윤수종, 1990, 「한국농업생산에서의 노동조직의 변화과정에 관한 연구」, 서울대박사학위논문.

윤수종, 2001, 「농촌내부의 경제력 집중에 의한 농민층분해와 농민간 갈등」, 『농촌사회』

윤소영, 1999, 『신자유주의적 금융세계화와 워싱턴 콘센서스』, 공감.

윤여덕, 1995, 『1997, 1999, 국가와 사회정책』 Ⅰ, Ⅱ, Ⅲ, 민영사.

윤여덕, 1991, 『한국초기노동운동연구』, 일조각.

윤진호, 1998, 「IMF체제와 고용조정」, 『동향과 전망』 37호.

위르겐 하버마스 저, 2003, 장은주 역, 『인간이라는 자연의 미래』, 나남.

이근식, 1999, 『자유주의 경제사상』, 한길사.

이근식, 2005, 『자유와 상생』, 기파랑.

이경원, 2004, 「DDA 농업협상 전망과 과제, 농협 조사월보」, 『논총』.

이남구 외 2인 공저, 2005, 『글로벌경쟁과 한국경제』, 두남.

이대근, 1998, 『세계경제론: 세계자본주의와 국민경제』, 박영사.

이만갑, 1984, 『공업발전과 한국농촌』, 서울대학교출판부.

이명기, 2003, 「농업·농촌기본법에 나타난 농정 연구」, 사회과학논문집 제22권 2호.

이병기, 1999, 「선별이농이 농촌사회에 미친영향」, 『농촌사회』 9호.

안병영·임현백 편, 1999, 『신자유주의와 한국의 대응』 나남.

이상영, 1998, 「IMF구제금융 이후 사회경제체제의 변화와 전망」, 『동향과 전망』, 봄호, 통권 제37호, 한울.

이상향, 1996, 「신 국제정치경제 질서의 도래와 세계민주공동체로의 전환」, 『국제정치논총』.

이성형, 1994, 『콜레라시대의 라틴아메리카』, 『사상』, 가을호.

이성형, 2001, 『신자유주의의 빛과 그림자: 라틴아메리카의 정치와 경제』, 한길사.

이재옥 외, 2000, 『WTO 차기 농산물 협상의 전망과 대책 연구』, 한국농촌경제연구원.

이재옥 외, 2001, 『WTO 농산물 품목별 협상대책 연구』, 한국농촌경제연구원.

이재옥, 서진교, 이병훈, 2002, 『WTO/DDA 농업협상 시장접근분야 세부협상원칙 수립에 관한 논의동향과 과제』, 한국농촌경제연구원.

이재옥, 2005, 『WTO 농업협상의 전개과정과 평가』, 한국농촌경제연구원.

이영기, 1991, 「현단계 농업구조 변화의 동향과 그 성격」, 『한국농업의 위기와 재편방향』, 창작과비평사.

이영기, 2006, 「농업구조 정책의 주요과제」, 『농업·농촌의 이해』, 박영률출판사.

이정환, 1997, 『농업의 구조전환』, 한국농촌경제연구원.

이정환, 2001, 『21c 농업·농촌의 비전과 발전전략』. 한국농촌경제연구원.

이정환, 2004, 『FTA와 한국농업』, 한국농촌경제연구원(http://www.krei.re.kr).

이정환, 2005, 「FTA와 한국농업의 접점」, GS&Institute.

이종희, 1998, 「신자유주의의 공세와 민주화운동의 전망」, 김성구, 김세균 외 지음, 『자본의세계화와 신자유주의』, 문화과학사.

외교통상부, 2005, 「FTA 추진현황 및 계획」, 외교통상부 통상교섭본부.

이진경, 2004, 『자본을 넘어선 자본』, 그린비.

이일영, 2006, 「동북아 농업시스템 구축논리와 구조」, 『농업농촌의 이해』, 박영률출판사.

이태호, 2005, 「농업문제, 새로운 관점으로」, 농민신문, 2005. 4. 20.

이해영, 1998, 「독일의 질서자유주의」, 『신자유주의와 한국의 대응』, 한국사회과학협의회.

이혁구, 2001, 「사회복지실천의 성찰적 접근: 권한부여 이론을 중심으로」, 『한국사회복지학』, 2001, 봄호.

이홍탁, 1981, 『사회학원론』, 법문사.

임무송, 1998, 『80년대 이후 영국의 신자유주의적 구조개혁과 노사관계』.

임상봉, 2003, 「세계화 추세에 대응하기 위한 농업 및 농촌의 정책과제」, 『농촌사회』 제13호 2호, 한국농촌사회학회.

임송수, 1999, 「식량안보에 관한 쟁점 검토」, 『농촌경제』, 22권 1호.

임영일, 1998, 「코포라티즘에서 신자유주의로?」, 『사회연구』 제11집, 경남대 사회학과.

임정빈 외, 2000, 『WTO 뉴라운드 대응 공동연구: 농업 분야 영향분석』, 한국농촌경제연구원.

임정빈, 2006, 「우리나라 농산물 관세체계의 문제와 개선방향」, GS&J institute.

왕인근, 1983, 『현대의 농촌 사회학 - 한국농촌사회학 서설』, 박영사.

장상환, 1991, 「농업구조의 재편과 농지제도」, 『한국농업의 위기와 재편방향』, 창작과비평사.

장상환, 2006, 「한미 FTA와 한국경제」, 한미 FTA 국민보고서(범국본), 그린비.

장세진, 1998, 「밀턴 프리드만과 시카고학파의 신자유주의」, 「신자유주의와 한국의 대응」, 『사회과학협의회 심포지엄 발표논문』.

장원석, 2003. 7, 「참여정부의 농정방향과 과제」, 『하계학술대회 발표논문』, 한국농업경제학회.

전성철, 2003, 『변화의 코드를 읽어라』, 청년정신.

전태갑, 송문갑, 조창완, 김덕현, 윤선, 서정원, 방은제, 2000, 『환경농업』, 전남대출판부.

정기환 외, 1999, 『농촌인구 과소화지역의 유형별 특성과 대책』, 한국농촌경제연구원.

정동현·조준현, 1999, 『글로벌화와 현대 자본주의의 변화』, 부산대학 출판부.

정무권, 1998, 「국민의 정부의 사회정책: 평가와 과제」, 한국사회과학협의회, 『신자유주의와 한국의 대응』, 나남.

정명채 외, 1995, 『한국농촌사회경제의 장기변화와 발전: 제10년차 조사결과 종합보고』, 한국농촌경제연구원.

정영일, 2006, 『전환기 한국농업의 선택』, 박영률출판사.

정운영, 1997, 『세계화란 무엇인가: 세계화에 대한 일곱 가지 질문』.

조정환, 2005, 『제국기계비판』, 갈무리.

조지리처, 1999, 김종덕 역, 『맥도날드 그리고 맥도날드화』, 시유시.

정진영, 1994, 「세계화와 국민국가의 장래」, 『경제와 사회』 가을호.

조승연, 2000, 『한국농촌사회변동과 농업생산구조』, 서경문화사.

조영탁, 2006, 「지속가능한 농업과 한국농업」, 『농업·농촌의 이해』,
　　　박영률출판사.

조일호, 2003, 「개방화시대 한국농업의 발전전략」, 충남대학교 박사학
　　　위논문.

조옥라, 1996, 「여성농민의 성 정체성에 관한 연구」, 한국문화인류학회 편.

제러미 브레처 저, 2003, 이덕렬 역, 『아래로부터의 세계화』, 아이필드.

천규석, 2004, 『쌀과 민주주의』, 녹색평론사.

천규석, 2006, 『녹색평론』, 11～12월호.

최균, 1992, 「한국기업복지의 사회경제적 성격」, 서울대 박사학위논문.

최세균, 2005, 『FTA확대에 따른 농업 부문의 과제』, 한국농촌경제연구원.

최세균, 2006, 「미국의 FTA 농산물 양허방식과 시사점」, 한국농촌경제
　　　연구원 제31권.

최양부, 1984, 「농촌인구의 감소와 이촌의 장기전망」, 『도시문제』.

최영기·이장원 편저, 1998, 『구조조정기의 국가와 노동』, 나무와 숲.

최재석, 1988, 『한국농촌사회변동연구』, 일지사.

최혁, 1997, 『한·미 통상원리와 우리의 대응방안』, 통상법률 97-5,
　　　법무부.

킴 무디, 1999, 『신자유주의와 세계의 노동자』, 문화과학사.

토미스소웰 저, 2006, 채계병 역, 『비전의 충돌』, 이카루스 미디어.

통계청, 2004, 『2004년 4-4분기 도시근로자가구의 가계수지동향』, 통
　　　계청, 2005, 『2005년 사회통계조사』, 통계청.

프랑수아 세네 저, 2002, 서익진 역, 『금융의 세계화』, 한울.

프레드 맥도프, 존포스터, 프레드릭버텔 저, 2006, 윤병선, 박민선, 류수
　　　연 역, 『이윤에 굶주린자들』, 울력.

한겨레신문 1999년 12월 31일자 칼럼.

한국노동이론정책연구소, 1999, 『경제위기 신자유주의 그리고 노동운동』,

현장에서 미래를.

한국농업 장래를 연구하는 모임, 1991, 『한국농업 이 길로 가야한다』 비봉출판사.

한국농어촌 사회연구회 편, 1991, 『한국자본주의와 농촌사회』, 사회문 화연구소.

한국농어촌 사회연구회 편, 1991, 『한국농업 위기와 재편방향』, 창작과 비평사.

한국농업정책학회, 2004, 『WTO시대의 농정개혁과제와 방향』, 한국농 업정책학회.

한국농촌경제연구원, 1993, 『UR 타결에 따른 농축산물 시장개방의 파 급영향 분석』.

한국농촌경제연구원, 2000, 『농어촌 구조개선 사업백서(1992 - 1998)』.

한국농촌경제연구원, 2003, 『DDA 농업협상이 원예특작부문에 미치는 영향과 대응방안』.

한국농촌경제연구원, 2005, 『DDA 농업협상 최근동향 쟁점과 협상대책 방향』.

한국농촌경제연구원, 2006, 『농업전망 (I), (II)』.

한국농업경제학회, 1995, 『농업의 재발견』, 이진.

한국사회 경제학회 편, 2001, 『세계화의 도전과 대안적 자본주의의 모 색』, 풀빛.

한국사회경제학회, 1999, 『신자유주의와 국가의 재도전』, 풀빛.

한두봉 외, 1996, 『WTO 차기 농산물 협상의 시장개방효과』, 고려대 자연자원연구소.

한스 페터마르틴. 하랄트 슈만 저, 1997, 강수돌 역, 『세계화의 덫』 영 림카디널.

한미 FTA 저지 범국민운동본부, 2006, 『한미 FTA 국민보고서』, 그린비.

헨리조지 저, 1998, 김윤상 역, 『진보와 빈곤』, 비봉출판사.

홍두승·김병조·조동기, 1999, 『한국의 직업구조』, 서울대출판부.

울리히 벡 저, 1997, 홍성태 역, 『위험사회』, 새물결.

황덕순, 2000, 「생산적 복지를 위한 노동정책의 기본방향과 과제」, 황덕 순 편, 『생산적 복지를 위한 노동정책 연구』, 한국노동연구원.

황수철, 2006, 「푸드시스템과 식품안전 관리체계의 개편」, 『농업·농촌의 이해』, 박영률출판사.

황형성, 2005, 「DDA농업협상전망과 과제」, 농협조사월보, 농협중앙회, 2005. 9.

허미영, 김종덕, 2003, 「한국환경농가의 애로사항과 지원방안」, 『대산논총』 11집, 대산농촌문화재단.

UNDP 인터넷 사이트, 『매년 인간개발보고서』,
  http://www.undp.org/hdro/

연합뉴스, 농민신문 등 언론 보도자료(2000. 1.～2005. 8.)

◾ 국외문헌

Albrecht et al. 1990. "The Sociology of Agriculture", Iowa State University Press.

Andre G. Frank, 1969. "Capatalism and Underdevelopment in Latin America", New York: Monthly Review Press.

Immanuel Wallerstein, 1979. "The Capitalist World‐Economy", Cambridge: Cambridge University Press.

Allen, patrica, 2004. "Together at the table: sustainability and sustance in the America", Los Angeles: University of California Press.

Billing, Dwight, 1979. "Planters and the making of a new South Chapel", University of North Carolina Press.

Bonnano et al. ed. 1994. "From Columbus to ConAgra: The Globalization of Agriculture and Food", Kansan, University Press of Kansas.

Bonnano, Alessandro. ed., 1989. "Sociology of Agriculture", New Delhi, Concept Publishing Company.

Busch, Lawrence(ed.). 1981. "Science and Agricultural Development Montclair", NJ: Allanheld, Osmun & Co.

Buttel Fredrick H. and Howard Newby. 1980. "The Rural Sociology of Advanced Societies: Critical Perspectives", New Jersey: Allanheld, Osmun.

Buttel, Frederick H. 1982a. "The political economy of agriculture in advanced industrial societies: some observations on theory and melhod", In Scott G. McNall(ed.), Current Perspectives on Social Theory, Vol.3, Greenwich, CT: JAI Press.: 27 – 55.

Buttel, Frederick H., Larson Olaf. F & Gilbert W. Gillespie. 1990. "The Sociology of Agriculture", New York: Greenwood Press.

Buttel, Fredrick H. 1989. "The US farm crisis and the restructuring of American agriculture: domestic and international dimensions", In D. Goodman and M. Redclift(eds). The International Farm Crisis. London, Macmillian.

Chibnik, Michael(ed.). 1987. "Farm Work and Fieldwork Ithaca", NY: Cornell University Press.

Copp, James H. 1972. "Rural Sociology and Development."

Rural Sociology, vol.37: 515 – 533.

Coughenour, C. Milton and Louis E. Swanson. 1983. "Work statues and occupations of men and women in farm families and the structure of farms", Rural Sociology 48(Spring): 23 – 43.

Cox, Graham and Philip Lowe. 1984. "Agricultural corporatism and rural conservation", In T. Bradley and P. Lowe(eds.) Locality and Rurality. Norwich, CT: Geo Books: 147 – 166.

David Harvey, 2005, "A Brief History of Neoliberalism" Oxford University Press.

Dalecki, Michael G. and Bob Bealer, 1984. "Who is the 'organic' farmer?" Deo and Mohensi, 1989, "Biotechnology and the Development of Agriculture in Third World Countries", In Bonnano ed., 1989: 27 – 54.

FAO, UN, 1995, Food Outlook.

FAS, 1996, "Fact Sheet: The World Food Organization and U.S. Agriculture", May.

Friedland et al.(ed.). 1991. "Towards a New Political Economy of Agriculture", Boulder, Westview Press.

Friedland, William H. 1984. "Commodity system analysis: an approch to the sociology of agriculture", Research in Rural Sociology and Development 1: 221 – 235.

Friedland, William H. 1991. "Introduction: Shaping the New Political Economy of Advanced Capitalist Agriculture", In Friedland et al.(ed.) 1991 Towards a New Political Economy of Agriculture(Boulder, Westview Press: 1 – 34).

Friedland, William H. Amy Barton, and Robert J. Thomas. 1981. "Manufacturing Green Gold: Capital, Labor and Technology in the Lettice Industry", New York: Cambridge University Press.

Friedmann Harriet and Philip McMichael. 1989. "The world – historical development of agriculture: western agriculture in comparative perspective", Sociologia Ruralis 29.

Friedmann, Harriet. 1978a. "World market, state, and family farm: social bases of household production in an era of wage labor", Comparative Studies in Society and History, 20: 545 – 586.

Friedmann, Harriet. 1978b. "Simple commodity production and wage labour in the American plains", Journal of Peasant Studies, vol.6, no.1: 71 – 99.

Friedmann, Harriet. 1982. "The political economy of food: the rise and fall of the postwar international food order", American Journal of Sociology vol.88(Supplement), No.5: 248 – 286.

Friedmann, Harriet. 1990. "The Origins of Third World Food Dependence", In Bernstein, H. et al eds., The Food Question: Profits Versus People. London, Earthscan.

Friedmann, Harriet. 1991. "Changes in the international division of labor:agri – food complexes and export agriculture", In Friedland et al. 1991. ed. "Towards a New Political Economy of Agriculture", Boulder, Westview Press: 65 – 94.

Goodman David, Bernardo Sorj and John Wilkinson. 1987. "From Farming to Biotechnology: A Theory of Agri – Industrial Development", Oxford: Basil Blackwell.

Green, Gary P. 1987a. "Finance Capital and Uneven Development",

Boulder, Co: Westview Press.

Green, Gary P. 1987b. "The political economy of flue – cured tobacco production", Rural Sociology 52(Summer): 221 – 241.

Haney, Wava G. and Jane B. Knowles(eds.). 1988. "Women and Farming"

Havens, A. Eugene, and Howard Newby. 1986. "Agriculture and the state: an analytical approach": 287 – 304 in A. Eugene Havens et al., (eds.) "Studies in the Transformation of U.S. Agriculture", Boulder, Co: Westview Press.

Jerry Buckland, 2004, "Ploughing up the Farm", Fermwood Publishing.

Kenney, Marlin, Liniia M. Lobao, James Curry, and Richard Goe. 1989. "Midwestern agriculture in U.S. Fordism: from the New Deal to eco – nomic restructuring", Sociologia Ruralis 29, no.2: 131 – 48.

Kim, Jong Duk. 1996. "Food Dependency and Its Implication" presented at the 9th World Congress of Rural Sociology, Bucharest, Romania.

Le Heron. 1993. "Globalized Agriculture", Oxford: Pergamon Press.

Lenmann, David. 1986. "Two paths of agrarian capitalism, or a critique of Chayanovian Marxism", Comparative Studies in Society and History 28: 601 – 627.

Mann, Susan A. 1989. "Capitalism and Agriculture", Chapel Hill: University of North Caroliina Press.

Mann, Susan A., and James M. Dickinson. 1980. "State and agriculture in two eras of American capitalism", In Frederick H. Buttel and Howard Newby(eds.), The Rural Sociology of the Advanced Societies. Montclair, NJ: Allanheld, Osmun & Co: 283 – 325.

Mann, S. and J. Dickinson, 1978, "Obstacles to the development of capitalist agriculture", Journal of peasant studies, 5, 4.

Marsden, Terry K., Richard J. C. Munton, Sara J. Whatmore and Jo K. Little. 1986. "Towardsa political economy of capitalist agriculture: a British perspective", International Journal of Urban and Regional Research vol.4: 498 – 521.

Marthe Kiley – Worthington. 1993. "Eco – Agriculture: Food First Farming", London, Souvenir Press.

Massey, Doreen. 1984. "Spatial Division of Labor", London: Methuen.

McMichael. Philip. 1984. "Settlers and Agrarian Question", New York. Cambridge University Press.

McMichael. Philip. 1987. "Bringing circulation back into agricultural political economy – analyzing the Antebellum plantation in its world economy context", Rural Sociology 52(Summer): 242 – 263.

Mingione, Enzo and Enrico Puglise. 1994. "Rural Subsistence, Migration, Urbanization, and the New Global Food Regime", In Bonnano et al. ed, "From Columbus to ConAgra: The Globalization of Agriculture and Food", Kansan, University Press of Kansas.

Mishra, R, 1996, "The welfare of nations" in R. Boyer and D. crache(eds), "States Against Markets: The limits of Globalization", London: Routledge.

Mishra, R, 1999, "The Globalization and the welfare state", cheltenham, UK.

Mooney, Patrick H. l986. "The political economy of credit in American agriculture", Rural Sociology 51(Winter): 449 – 470.

Mouzelis, Nicos. 1976. "Capitalism and the development of agriculture", Journal of Peasant Studies 3: 483 – 492.

Newby, Howard. 1978. "The rural sociology of advanced capitalist societies", In H. Newby(ed.), "International Perspectives in Rural Sociology Chichester", England: Wiley.

Newby, Howard. 1983. "The sociology of agriculture: Toward a new rural sociology", Annual Review of Sociology 9: 67 – 81.

Oklahoma Food policy council, 2003, "The oklahoma Farm – to – school Report"

Redclift, Michael. 1987. "Sustainable Development", London: Melhuen.

Ritzer, 1993, "The McDonaldization of Society"(Pine Forge Press).

Rodefeld, Richard D. Jan Flora, Donald Voth, Isao Fujimot, and Jim Converse(eds.). 1978. "Change in Rural America: Causes, Consequences and Alternatives", St. Louis: C. V. Mosby Co.

Rosenfeld, Rachael. 1985. "U.S. Farm Women", Chapel Hill: University of North Carolina Press.

Sachs, Carolyn E. 1983. "The Invisible Farmers", Totowa, NJ: Rowman and Allanheld.

Skocpol, Theda. 1979. "States and Social Revolutions", New York: Cambridge.

Swanson, Louise E.(ed). 1988. "Agriculture and Community Change in the U.S", Boulder, Co: Westview Press.

The Rural Sociologist 4(January), pp.11 − 18.

Tigges, Leann M., and Rachael A. Rosenfeld. 1987. "Independent farming: correlates and consequences for women and men", Rural Sociology 52(Fall): 345 − 364.

Tom Barry, Beth wood and Deb preusch, 1983, "Dollars and Dictatiors", New York: Grove wolf.

Walden Bello, 2001. "The Future in the Balance", University of the Philippines press.

Wallerstein, Immanuel. 1974. "The Modern World System", New York Academic Press.

Whatmore, Sarah J., Richard J. C. Mouton, Terry K. Marsden and Jo, K. Little. 1987a. "Toward a typology of farm business in contemporary British Agriculture" Sociologia Ruralis 27.

약어표

AMS(Aggregate Measurement of Support): 농업보조총액(감축대상보조)

CCP(Counter − Cyclical Payment): 경기조정직접지불

CMA(Current Market Access): 현행시장접근

DDA(Doha Development Agenda): 도하개발아젠다.

EFTA(European Free Trade Association): 유럽자유무역연합

EU(European Union): 유럽연합

FAO(Food and Agriculture Organization): 세계농업기구

FTA(Free Trade Agreement): 자유무역협정

GAP(Good Agricultural Practices): 우수농산물관리제도

GATT(General Agreement on Tariffs and Trade): 관세 및 무역에
관한 일반협정

GDP(Gross Domestic Product): 국내총생산

GMO(Genetically Modified Organism): 유전자변형 생물체

HACCP(Hazard Analysis Critical Control Point): 식품위해요소 중점
관리기준

MERCOSUR(Mercado Comun del Sur): 남미공동시장

MFN(Most Favored Nation): 최혜국

MMA(Minimum Market Access): 최소시장 접근

MOU(Memorandum of Understanding): 양해각서

NTCs(Non – Trade Concerns): 비교역적 관심사항

OECD(Organization for Economic Coorperation and Development): 경제협력개발기구

RPC(Rice processing complex): 미곡종합 처리장

SG(Safeguard): 긴급수입제한조치

SP(Special Product): 특별품목

SSG(Special Safeguard): 특별긴급관세제도

SSM(Special Safeguard Mechanism): 특별긴급수입제한방식

TPA(Trade Promotion Authority): 무역협상권한

TRQ(Tariff Rate Quota): 관세율쿼타 저율관세 수입량

USDA(United States Department of Agriculture): 미국농무부

WTO(World Trade Organization): 세계무역기구

● GAP(Good Agricultural Practices): 우수농산물관리제도

소비자에게 안전하고 위생적인 농축산물을 공급할 수 있도록 생산자 및 관리자가 지켜야 하는 생산 및 취급과정에서의 위해요소 차단규범을 의미한다.

● 교토의정서(Kyoto protocol)

지구온난화 규제 및 방지의 국제협약인 기후변화협약의 구체적인 이행방법으로 선진국의 온실가스 감축목표치를 규정하였다. 1997년 12월 일본 교토에서 개최된 기후변화협약 제3차 당사국총회에서 채택되었다. 감축대상가스는 이산화탄소, 메탄, 이산화질소, 불화탄소, 수소화불화탄소, 불화유황 등 여섯 가지이다.

● 무역협상권한(Trade Promotion Authority)

2001년 부시행정부로부터 '신속협상권'이라 불리는 새로운 용어로 '무역촉진권한'으로 불린다.

● 북미자유무역협정(North American Free Trade Agreement)

미국, 캐나다, 멕시코 3국이 관세와 무역장벽을 폐지하고 자유무역권을 형성한 협정으로 '나프타'라고도 한다. 1992년 12월 정부가 조인하여, 1994년 1월부터 발효되었다.

● 비교역적 관심사항(NTCs)

'비교역적 관심사' 또는 '비교역적 기능'이라고 한다. 농업이 지니는 비경제적인 고유의 기능에 대해 사회적, 문화적 측면을 고려하여 개방할 수 없다고 주장되거나 기초식량의 안정적인 확보를 위한 생산기반 유지 등을 비교역적 관심사항으로 분류한다.

● 스위스공식(방식)

미국과 케언즈그룹 등 농산물 수출국들이 선호하는 농산물 관세감축방식인데 수입관세에 대해 관세상한선을 설정함에 따라 고율관세품목의 관세가 상대적으로 많이 감축되고 저율관세품목은 덜 감축되는 효과를 갖고 있는 관세감축방식을 말한다.

● 이력추적관리제도(Traceability)

이는 농가에서 생산하여 유통경로를 거치는 모든 과정을 기록해 관리 활용하는 것을 제도화하는 것을 말한다. 농약, BES 등 식품 안정성에 중요시되는 시점에 있어 이력추적관리제도는 그 중요성이 더욱 커지고 있다. 예로 쇠고기의 경우, 누가 키웠고 도축장과 판매자 등 모든 것이 기록 관리되어 소비자는 그 내역을 알고 선택하여 먹을 수 있게 된다.

● 특별긴급관세제도(SSG; Special safeguard)

관세화한 농산물 수입량이 급증하여 국내농가에 피해를 줄 경우 일정 기간 동안 관세를 올릴 수 있도록 한 제도이며, 농산물 수출국의 경우 이 제도를 철폐하려고 하나 수입국은 반대하고 있다.

● G-10그룹

WTO협상에서 한국, 일본을 중심으로 구성된 농산물 수입국의 진영을 일컫는 용어로 DDA협상 초기 EU와 함께 NTC그룹을 형성하고 있었으나 EU가 미국과 함께 선진국의 이익을 대변하자 G-10그룹으로 독자적인 형태를 갖게 되었다.

● G-20그룹

브라질과 인도가 이끄는 농산물 수출개도국을 의미하는 용어로 DDA협상 이후 형성되었다.

● G-33그룹

인도네시아를 중심으로 구성된 개도국 진영을 말하는 것으로 개도국의 특별품목인정과 개도국을 위한 특별세이프가드장치의 마련을 주장하고 있다.

● 감축대상보조(AMS)

생산이나 가격에 영향을 주는 무역왜곡효과 때문에 감축해야 할 국내보조금을 말한다.

● 교역조건

한 나라의 상품과 다른 나라의 상품의 교환비율을 말한다. 보통 수출상품 1단위와 교환으로 얻어지는 수입상품 단위 수를 말한다.

● 관세율쿼터(TRQ)

시장에 접근할 수 있는 기회를 주기 위해 낮은 관세로 수입하는 수입관리제도를 말한다. 주로 국영무역형태로 이루어지고 있으며 쌀과 같은 민감품목이 주요 대상품목이다.

● 모델리티(Modality)

농산물 관세 및 보조금의 구체적인 감축방식을 지칭한다.

민감품목(Sensitive Products)

무역협상에 있어서 각국이 선정한 품목에 대해 협상의 신축성을 부여할 수 있는 적절한 수의 품목을 말한다.

양허관세

무역협상을 통해 국제적으로 인정된 관세수준을 지칭함. 양허관세 수준에 해당하는 일정 세율 이상의 관세는 부여하지 않는다.

최소허용보조(de-minimiss)

최소한으로 허용되는 국내보조금 수준을 말한다. 농업생산액 대비 일정 수준을 국내보조할 수 있도록 한다.

허용보조(Green Box)

무역왜곡효과가 거의 없거나 미미하여 허용되는 국내보조금임·농산물 수입국들은 허용보조만으로 농업의 비교역적 기능이 충분히 살아나기는 어렵기 때문에 이 기준을 완화해야 한다고 주장하고 있다.

최혜국대우

통상조약이나 항해조약 등에서 한 나라가 다른 나라에 부여하고 있는 가장 유리한 대우를 상대국에 부여하는 것을 의미한다.

G7

미국·영국·프랑스·일본·캐나다·독일·이탈리아로 서방 7개 선진공업국을 지칭한다. 서방 7개국 인구는 세계인구의 14%, 부는 세계의 3/5를 점유한다. 1인당 GNP는 세계평균 GNP의 4배에 달한다. 97년 이후 러시아가 참가하여 G8이 되었다.

저자 **고영수** 강원 양구 출생으로 강원대학교와 필리핀 국립 대학교에서 사회학을
공부하였으며 서강대학교에서 문학박사(사회학)학위를 받았다.
열정적으로 문제제기 본능과 계급문제에 관심을 가지고 있다.
왜냐하면 계급이란 자기정체성의 문제이고 자기현실의 문제이기 때문이다.
농업과 관련한 계급문제와 가난 등에 관심이 있으며 이 분야를 더 공부할 계획이다.
현재 농협중앙회 부천여신관리단에 근무하면서 업무를 통해 금융의 흐름이 농촌에
미치는 영향을 경험하고 있지만 이론과 실상은 많이 다르다는 것을 느낀다. 농협
안성교육원 교수를 거쳤으며 안양대학교 초빙교수이기도 하다.

❖ 사진출처 http://blog.paran.com/hwoogo

신자유주의와 한국농업의 위기
– 수입개방 이후 농업통상 그리고 정책과 관련하여 –

초판인쇄 | 2009년 4월 10일
초판발행 | 2009년 4월 10일

지은이 | 고영수
펴낸이 | 채종준
펴낸곳 | 한국학술정보㈜
주 소 | 경기도 파주시 교하읍 문발리 513-5 파주출판문화정보산업단지
전 화 | 031) 908-3181(대표)
팩 스 | 031) 908-3189
홈페이지 | http://www.kstudy.com
E-mail | 출판사업부 publish@kstudy.com

등 록 |
가 격 | 28,000원

ISBN 978-89-534-1760-1 93330 (Paper Book)
      978-89-534-1765-6 98330 (e-Book)